C.A.BURLAND

VÖLKER DER SONNE

Azteken, Tolteken, Inka und Maya

Aus dem Englischen von
Harald Händler

BASTEI-LÜBBE-TASCHENBUCH
Band 25 013

Sonderausgabe
© by C. A. Burland
Titel der englischen Originalausgabe:
Peoples of the Sun. The Civilization of Pre-Columbian America
© 1977 für die deutsche Ausgabe:
Gustav Lübbe Verlag GmbH, Bergisch Gladbach
Die Karten wurden von Tony Garrett gezeichnet.
Einbandgestaltung: Roberto Patelli
Druck und Bindung: Ebner Ulm
ISBN 3-404-25013-3

Der Preis dieses Bandes versteht sich einschließlich
der gesetzlichen Mehrwertsteuer

Inhalt

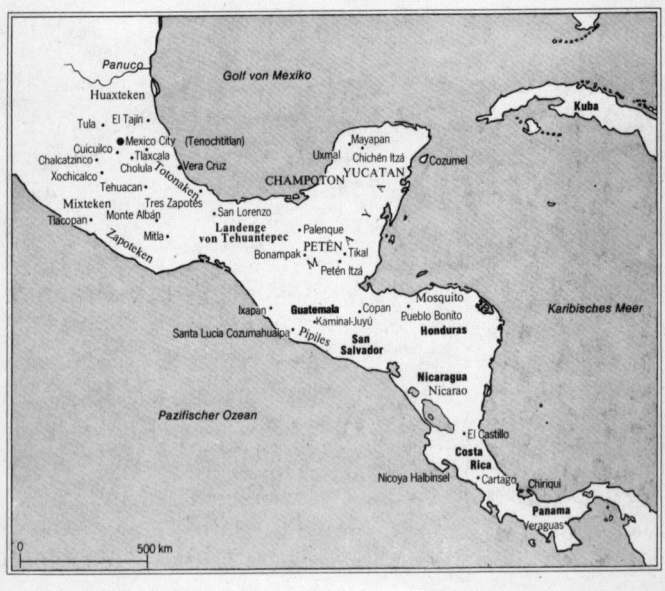

Panuco

Golf von Mexiko

Huaxteken

Tula • El Tajin

Cuicuilco • Mexico City (Tenochtitlan)
Chalcatzinco • • Tlaxcala
Xochicalco • Cholula Totonaken
Tehuacan •

Mixteken Tres Zapotes
Tlacopan • Monte Albán • San Lorenzo
Mitla •
Zapoteken

Landenge
von Tehuantepec

Mayapan
Uxmal • Chichén Itzá
Vera Cruz • Cozumel
CHAMPOTON YUCATAN

• Palenque
Bonampak • PETÉN • Tikal
M • Petén Itzá

Ixapan • Guatemala • Copan
• Kaminal-Juyú Pueblo Bonito
Santa Lucia Cozumahualpa • Pipiles Honduras
San
Salvador

Mosquito

Nicaragua
Nicarao

Kuba

Karibisches Meer

Pazifischer Ozean

• El Castillo

Costa
Rica
Nicoya Halbinsel • Cartago Chiriqui

Panama
Veraguas

0   500 km

1. Die Geschichte der Indianer

Wir müssen im vorgeschichtlichen Dunkel beginnen, denn wir sind zwar überzeugt davon, daß die ersten amerikanischen Indianer von Sibirien aus über die Beringstraße und Alaska auf den Doppelkontinent gelangten, wir wissen aber nicht, wann diese Bewegung begann.

Nach kürzlich in Niederkalifornien durchgeführten C 14-Messungen läßt sich ein Zeitpunkt von vor ungefähr 50 000 Jahren annehmen. Das Klima während der letzten Eiszeit (der Wisconsin-Eiszeit in Nordamerika) schwankte jedoch ständig zwischen strenger und gemäßigter Kälte. Durch die Vereisung wurden gewaltige Wassermassen auf den Polarkappen gebunden; dies hatte zur Folge, daß in extrem kalten Perioden der Meeresspiegel um mehr als dreißig Meter tiefer lag als heute. So bildete das Gebiet der Beringstraße von Zeit zu Zeit eine mächtige Landbrücke, die bis zu 100 km breit wurde und die zwar extrem kalt, aber eisfrei war. Der eisfreie Bereich erstreckte sich über Alaska an der östlichen Seite der Rocky Mountains bis in die wärmeren Gebiete Nordamerikas.

Im Land gab es eine reiche Tierwelt: angefangen von Moschusochsen, Fuchs, Wolf und Polarhasen bis zum mächtigen, zottigen Mammut. Es gab den Karibu (nordamerikanisches Rentier), und in den Meeren Seehunde, Seelöwen und riesige Schwärme von Kaltwasserfischen. Das war eine Welt für den Jäger, vorausgesetzt, er konnte aus den Fellen seiner Beutetiere bereits eine Art Schuhwerk und Kleidung herstellen, um sich gegen die Kälte zu schützen. Wer diese ersten Indianer waren, wissen wir nicht. Es gibt ein paar Stellen, an denen man Feuerspuren, schwer bearbeitete Steinschaber, leichtere Steinklingen und Pfeilspitzen gefunden hat; diese Funde sind aber älter als die bisher entdeckten Skelettreste früher Amerikaner.

Die wenigen vorhandenen Belegstücke lassen darauf schließen, daß sich die ersten Bewohner des amerikanischen Doppelkontinents von den heutigen Indianern in einigen Punkten unterscheiden. Sie zeigen aber auch, daß das Spektrum der Schädelformen in frühen Zeiten ebenso breit war wie heute. Allem Anschein nach waren die ersten Amerikaner eine Mischrasse. Als Einwanderungsperiode muß mit ziemlicher Sicherheit die Wisconsin-Eiszeit angenommen werden, die mit ihren verschiedenen Vorstößen vor etwa 70 000 Jahren einsetzte. Bis jetzt wurden in Amerika noch keine menschlichen Spuren gefunden, die so weit zurückreichen. Unter welchen Umständen sich die Einwanderung vollzog, ist nicht bekannt. Möglicherweise kamen einige Jägerfamilien während einer extrem kalten Periode auf der Suche nach Jagdbeute über die Landbrücke nach Amerika. Denkbar ist auch, daß einige der primitiven Jäger auf dem Seeweg einwanderten. Sie hatten zwar noch keine Werkzeuge, mit denen sie große Bäume hätten fällen können, aber sie konnten bereits Äste und junge Bäume abschneiden und daraus Rahmenkonstruktionen anfertigen, in die sich Tierhäute spannen ließen. Boote wie die *umiaks* der Eskimos lagen sicher im Bereich der Möglichkeiten der späten altsteinzeitlichen Kulturstufe, und so läßt sich nicht ausschließen, daß seetüchtige Jäger an den Rändern der Eisschicht entlang nach Amerika eingewandert sind; von Sibirien aus mag dies durchaus möglich gewesen sein. Dagegen kann man eine

Einwanderung aus Europa ausschließen; ein Leben auf dem offenen Meer muß den Menschen dieser Periode wohl unmöglich gewesen sein. Die Ähnlichkeit der spätsteinzeitlichen Steinklingen Europas und Nordamerikas ist eher die Folge davon, daß die gleichen Materialien mit vergleichbaren Zwecksetzungen bearbeitet wurden und auf diese Weise ohne Kontakte zu anderen Kulturen eine ähnliche Technologie entstand.

Das Amerika, das die frühen Jäger vorfanden, unterschied sich stark von dem der indianischen Hochkulturen, über die dieses Buch berichtet. Zu dieser Zeit lebten viele große Tiere, die in der Folgezeit ausstarben. Sowohl für Nord- als auch für Südamerika läßt sich nachweisen, daß die Jäger dem Mastodon und dem Mammut nachstellten. Es gibt Hinweise darauf, daß Jägergruppen in Argentinien Riesenfaultiere regelrecht in Höhlen einschlossen. Die Hauptstütze dieser Jäger scheint jedoch das amerikanische Pferd gewesen zu sein, ein voll entwickeltes, ziemlich stämmig gebautes Pferd, das die Steppen durchstreifte. Dieses Tier hätte überleben können, wenn es die Jäger nicht ausgerottet hätten. Das muß vor etwa 5 000 Jahren geschehen sein. Auch riesige kamelartige Tiere auf dem südlichen Kontinent, die so ähnlich wie Lamas aussahen, wurden bis zur Ausrottung bejagt. Auf dem nördlichen Kontinent müssen auf gleiche Weise die Riesenbisons zum Aussterben gebracht worden sein; die klimatischen Veränderungen dieser Zeit waren zu geringfügig, um ihr Verschwinden zu erklären.

Die Besiedlung der beiden amerikanischen Kontinente dauerte wahrscheinlich viele Jahrhunderte. Die Erkenntnisse, die man kürzlich über die wenigen noch lebenden primitiven Jägervölker gewonnen hat, zeigen, daß sie eigene Jagdgebiete zu besitzen trachten. Diese bilden ihre

Heimat, und sie teilen sie unter den Familiengruppen auf, jede Gruppe jagt in dem ihr zustehenden Gebiet. Einmal im Jahr treffen sie sich an einem ausgewählten Lagerplatz. Andere Jagdgründe suchen sie normalerweise nicht auf, oder nur dann, wenn sie von anderen Menschen oder durch klimatische Veränderungen dazu gezwungen werden. Es hat deshalb wohl lange gedauert, bis Jägergemeinschaften die Magellanstraße im äußersten Süden erreicht hatten. Nach an Funden aus der Palle-Aike-Höhle vorgenommenen C 14-Messungen – hier lebte eine Jägerfamilie, die Fischen und anderen Meerestieren nachstellte – ist dieser Zeitpunkt vor fast 9 000 Jahren anzusetzen. In der Fells-Höhle in Patagonien fand man Siedlungsspuren einer Jägergruppe, die dort vor 11 000 Jahren lebte. Diese Menschen bearbeiteten bereits geschickt den Feuerstein. Sie fertigten daraus fischschwanzförmige Projektilspitzen, die man leicht an gespaltenen Stöcken befestigen konnte, um sie als Wurfspieße zu verwenden. Ein noch früher zu datierendes Werkzeugarsenal, durchweg feingearbeitete Stücke, fand man bei Piki Machay in Zentralperu. Sie sind etwa 20 000 Jahre alt. Werkzeuge und von Menschen bearbeitete Tierknochen ähnlichen Alters tauchten auch in Venezuela auf. Weit übertroffen in handwerklicher Fertigkeit werden diese Funde von etwa 14 000 Jahre alten Steinklingen mit abgespanten Rändern (bei Chivateros in Peru).

Die Geschichte Mexikos und Mittelamerikas verlief ähnlich. Die frühesten Fundstücke stammen aus den Ablagerungsschichten des Valsequillo-Stausees; sie sind nach Radiokarbon-Messungen etwa 20 000 Jahre alt. Die Werkzeugformen entwickelten sich nur sehr langsam; erst vor ungefähr 12 000 Jahren wurden Geschoßspitzen, wahrscheinlich von Wurfspießen, allgemein bekannt. In diese Periode gehört auch ein bearbeitetes Knochenstück vom Kreuzbein eines lamaähnlichen Riesenkamels, aus dem ein Coyotenkopf geschnitzt wurde – das bisher einzige Fundstück altsteinzeitlicher Kunst vom amerikanischen Doppelkontinent. Das berühmte menschliche Skelett, das man bei Tepexpan in den Resten eines vorzeitlichen Moores im Tal von Mexiko fand, wird neuerdings als das einer jungen Frau angesehen, die während einer Mammutjagd getötet wurde. Offenbar haben alle aktiven Mitglieder eines Stammes an der Jagd dieses gewaltigen Tieres teilgenommen. Aber schon vor 10 000 Jahren wurden die urtümlichen Riesentiere selten. In den folgenden zwei Jahrtausenden starben sie dann allmählich aus; das amerikanische Pferd war eines der letzten in dieser Zeit ausgerotteten Tiere.

Diese Aufstellung ist notwendigerweise unvollständig; einmal wegen der natürlichen Zerstörung der Überreste, zum anderen wegen der Schwierigkeit, entsprechende Fundorte auszumachen. Sicher ist, daß der gesamte Doppelkontinent zu einem frühen Zeitpunkt – wahrscheinlich einige tausend Jahre vor den oben erwähnten Zeitpunkten – von ziemlich kleinwüchsigen Menschenrassen, die den heutigen Indianern nicht unähnlich waren, bevölkert gewesen ist. In kleinen Gruppen durchstreiften verwandte Familien kreuz und quer ihre Jagdgründe. Es gab ausreichend Jagdbeute, Wurzeln und Früchte – wahrscheinlich ein glückliches Leben. Die Jäger in den kälteren Gebieten könnten irgendwelche Pelzumhänge getragen haben, obwohl man bedenken sollte, daß die Bewohner Feuerlands zu Darwins Zeiten oft nackt umherliefen oder nur mit einem kurzen Pelzumhang bekleidet, den sie von einer Schulter zur anderen bewegten, um den Wind abzuhalten. Die Bewohner tropischer Regionen waren wohl nackt, wenn man von Bemalung und Federschmuck einmal absieht.

Geht man vom Verhalten heutiger Jägerstämme aus, dann müssen die Paläo-Indianer einfache religiöse Vorstellungen über die Naturkräfte gehabt haben, die in ihren Legenden oft als Geister oder menschliche Wesen personalisiert wurden. Wir kennen jedoch kein einziges Beispiel einer Legende, deren Ursprung zeitlich so weit zurückreicht, wissen aber, daß die Stämme immer geschickter beim Formen und Behauen ihrer Steinwerkzeuge wurden, wenn auch der Fortschritt überraschend langsam vor sich ging.

Die Frauen hatten in der Jagdgesellschaft eine niedrige Stellung. Die Zusammenhänge um die Empfängnis wurden wohl nur allmählich verstanden, denn in vielen Jägergruppen hielt sich die Vorstellung, daß die Kinder von einem Geist in die Frau getragen würden und sich dann entwickelten. Sexuelle Vergnügungen zählten zu den freudigen Erlebnissen, aber sie unterlagen einer Art sozialer Kontrolle wie z. B. der Heirat, denn die Männer waren natürlich eifersüchtig auf andere Männer, die sich mit ihrer Frau vergnügten. Das Leben in einer Jagdgesellschaft ist hart für eine Frau. Ständig geht es von einer Raststelle zur nächsten, es gibt kein häusliches Leben, und es ist schwierig, die kleinen Kinder zu versorgen. Gewöhnlich hat die Frau in der Jagdgemeinschaft die Aufgabe des Kochens und, als Ergänzung zur Fleischkost, Wurzeln, Früchte und Sämereien zu suchen.

Wahrscheinlich hat die Welt den Ackerbau den Frauen zu verdanken. Merkwürdigerweise fällt diese Errungenschaft sowohl in der Alten wie auch in der Neuen Welt in die gleiche Periode, nämlich in die Zeit von vor 9 000 Jahren. Die Frauen eines Stammes im Norden Mexikos mußten bei ihren ständigen Wanderungen bemerkt haben, daß sie jedes Jahr an derselben Stelle eine kleine Pflanze wiederfanden, die eßbare, paarig angeordnete Körner trug. Angenommen, sie nahmen einige Körner mit und steckten andere in den Boden: letztere würden keimen, wie auch diejenigen, die – wie sie beobachtet hatten – zufällig aufs Erdreich gefallen waren. Im nächsten Jahr waren die Saaten aufgegangen und hatten Pflanzen mit weiteren Körnern gebildet. Es hat wohl viele Jahrhunderte gedauert, bis man das Leben auf einer landwirtschaftlichen Basis gegründet hatte, mit regelrechten Dörfern, in denen die Frauen bleiben konnten, um nach den Saatpflanzen zu schauen, während die Männer hinauszogen, um den Hauptteil der Nahrung zu erlegen, das Wild. Aber in jenen unbekannten Jahrhunderten, in denen sich die Landwirtschaft entwickelte, mußten die Frauen weiter mit den Männern als Nomaden durch die Jagdgründe ziehen. Das ständige Suchen nach Wurzeln und Früchten war ein hartes Geschäft, und beim Umherziehen gab es wenig Zeit, sich um die Kleinkinder zu kümmern. Die Kindersterblichkeit muß hoch gewesen sein. Trotz der Stammesfeste und Tänze müssen die Frauen weit weniger glücklich als die Männer gewesen sein. Ob sie Gegenstände der Bildkunst waren wie die Frauen der späten Altsteinzeit Europas, ist unsicher, da keine Belege dieser Art überliefert sind, aber es spricht einiges dafür, daß sie in ihrer Weiblichkeit gesehen wurden und geschätzt waren wie alle Wesen, die Leben hervorbrachten.

In Mexiko lassen sich die frühesten Spuren von Maisanbau in Amerika nachweisen; im Tehuacan-Tal fand man im Siedlungsschnitt einer Höhle Reste frühester Maissorten. Zu jener Zeit war Mais ein kleinwüchsiges Wildgras, das nicht wie heute große Kolben, sondern nur zwei Samenkörner trug. Die Pflanze wurde mit Sorgfalt kultiviert, bis schließlich die Selektion durch den Menschen zu jener kolbentragenden Pflanze führte, die für ihr weiteres Überleben vollständig auf die Aktivität des Menschen angewiesen war. Die Anfänge des Maisanbaus liegen in der Zeit, in der die größeren Wildtiere nahezu ausgestorben waren. Ob sich dies als Antrieb zur Kultivierung von Nahrungspflanzen ausgewirkt hat, ist unsicher, denn auch die jüngere Fauna Amerikas sollte den Jägern durchaus genügend Nahrung geboten haben, wie sie es den nichtagrarischen Stämmen heute noch bietet.

Andere Nahrungspflanzen, die in jenen frühen Tagen Mexikos angebaut wurden, waren der Amarant, der einen feinen eßbaren Samen lieferte, der Chilipfeffer als Gewürzpflanze, Avocados mit ihrem nahrhaften, breiigen Inhalt und kürbisartige Pflanzen wie Flaschenkürbis, Melone und Gartenkürbis. Später wurden die Bohnen eingeführt und die Früchte des Sapotillbaumes gesammelt.

Seit wann es die ersten dauerhaften Dörfer mit zunächst kleinen Behausungen gab, wissen wir nicht. Jedenfalls beginnt hiermit das seßhafte und sichere Leben der Frauen in der Gemeinschaft. Sie hatten nun ein Zuhause und mußten nicht mehr ständig mit den Jägern umherziehen. Wahrscheinlich erlangten sie nun höheres Ansehen, denn die Männer mußten sicherlich die Erde als Nahrungsquelle mit Mutterschaft in Verbindung bringen. Die Kinder von Mutter Erde waren nicht mehr nur die Tiere, deren Geister in ihrem Schoß lebten, sondern auch Früchte und Getreide, die sie denen schenkte, die sie kultivierten. Die Gegenstände des täglichen Gebrauches änderten sich. Körbe und Beutel der Sammler wurden von Steinnäpfen verdrängt, die die frühen Dörfler der mexikanischen Hochebene aus Steatit herstellten. Es gab herrliche Kugelschalen, die sehr gut als Getreidespeicher geeignet waren. Mit diesem Entwicklungsstand, der in der Zeit von vor 7 000 bis 4 000 Jahren erreicht war, befanden sich die Bewohner der mexikanischen Hochebene auf der Schwelle zur Zivilisation.

Einen ähnlichen Stand hatte man auch weit im Süden, an den Wüstenküsten und dem gebirgigen Hochland von Peru erreicht. Die Anfänge der Landwirtschaft liegen hier etwa 7 000 Jahre zurück, als einige Bergstämme in der Nähe von Ayacucho mit dem Anbau von Samenpflanzen begannen und wahrscheinlich das Lama zähmten. Andere Gruppen, die hauptsächlich von Fischfang lebten, entwickelten zusätzlich den Gemüseanbau, und zwar auf den *lomas* der öden Küstenstriche; das waren Gebiete mit Wintervegetation, die die erforderliche Ergänzungsnahrung bereitstellten. Man baute hier eßbare Flaschenkürbisse an. Im Hochland lieferte das gezähmte Lama Wolle, Häute und Fleisch, und man hielt Meerschweinchen als wohlschmeckende Fleischreserve.

Das Dorfleben scheint zuerst in der Küstenregion eingesetzt zu haben: vor mindestens 6 000 Jahren errichtete man bei Quiani an der Nordküste Chiles bereits ein Dorf. Es war von Fischern bewohnt, die aber auch ein nahegelegenes Flußtal aufsuchten, um die vielseitig verwendbaren Binsen zu holen und offensichtlich auch Ackerbau zu treiben.

Im Laufe einer etwa 2 000 Jahre dauernden Entwicklung war die Küste Perus schließlich mit Dörfern übersät, die alle auf Ackerbau ausgerichtet waren und in der Nähe der gut bewässerten Täler der Gebirgsflüsse lagen. Ihren Höhepunkt erreichte die Entwicklung in der Zeit von vor 4 500 bis 4 000 Jahren, als man der Nahrungsvielfalt noch Bohnen und Früchte hinzugefügt hatte. Ins Hochland war der Maisanbau aus dem fernen Mexiko vorgedrungen.

Schließlich kam es zu einer Überbevölkerung der Dörfer, und man legte Siedlungen in den Flußtälern an, wo man landwirtschaftliche Güter gegen Meeresprodukte tauschte. Die Dörfer in den Tälern wurden zu kleinen Städten mit größeren Gebäuden aus luftgetrockneten Ziegeln oder Bruchstein.

In allen Dörfern gab es das Töpferhandwerk. Die Kunst des Töpferns hat sich wohl in Südamerika getrennt entwickelt, und zwar wahrscheinlich in den Bergregionen hinter der venezolanischen Küste, wo man sehr frühe Keramikstücke gefunden hat. Von dort breitete sie sich über Kolumbien nach Ecuador aus und drang vor 4 000 Jahren in Peru ein. In der Küstenregion Ecuadors stellten Dörfler der Valdivia-Kultur bereits vor etwa 5 000 Jahren Tonfiguren von Frauen her, die offenbar Röcke trugen und hübsche Frisuren hatten. Man hat vermutet, daß diese Kleinfiguren auf das Eindringen seefahrender Fischer aus Japan hinwiesen, aber ihre Entstehung liegt für die japanische Jomon-Kultur außerordentlich früh, und sie sind so einfach gearbeitet, daß die Annahme einer regionalen Entwicklung näher liegt.

In Mittelamerika tritt die Töpferei vor etwa 4 500 Jahren auf. Die südliche Region um Panama scheint von Südamerika beeinflußt, die Entwicklung in Mexiko verlief dagegen offensichtlich selbständig. Es muß eine lange Entwicklungsperiode verstrichen sein, bis man entdeckt hatte, daß man das Zerbrechen des Tons beim Brennen durch Beimischen von Sand verhindern und Gefäße in Kugelschalenform herstellen konnte (denn die Tongefäße zerbrachen während des Brennens wegen der scharfen Kanten). In Europa hatte man Kleinfiguren aus gebranntem Ton schon viele Jahrtausende früher hergestellt, wie Funde bei Dolní Věstonice in der Tschecheslowakei bezeugen. Aber die Jäger hatten dem Ton Abrieb von Mammutelfenbein beigemischt, was sich als großer Fehler erwies. Es gab deshalb keine kontinuierliche Produktion, bis viel später die Sandbeimischung entdeckt wurde. Die mexikanischen Töpfer hatten viel Geschick, und die gefundenen Bruchstücke ihrer Keramikarbeiten zeigen, daß sie an schönen Formen Gefallen fanden. Bei Tehuacán und in Guerrero stellte man schon sehr früh Tontöpfe her, auch in der mexikanischen Hochebene fand man an Siedlungsplätzen ähnlich frühe Tonscherben.

Die frühen Tontöpfe weisen alle eine graue Färbung auf, wahrscheinlich weil beim Brennen ein auf den Töpfen liegender Haufen Blätter die völlige Oxidation des Tons verhinderte. Die Kriegerfiguren oder die eines Sonnengeistes sind einfache, eingeritzte Konturzeichnungen, deren Färbung durch ein eingebranntes Gemisch aus Pulver und Harz erzielt wurde. Die Farben verliefen nicht, da die eingeritzten Konturen Begrenzungen bildeten.

Die mexikanischen Dörfler brachten eine Anzahl Formentypen hervor, in denen sich wahrscheinlich Stammesunterschiede widerspiegeln. Eine wichtige Strömung in der mexikanischen Dorftöpferei bildete eine Gruppe von Kleinfiguren, die einige männliche, zum größten Teil aber weibliche Personen darstellten und die Fruchtbarkeit zum Thema hatten. Sie sind zum Teil von hohem künstlerischem Niveau. Wahrscheinlich dienten sie als Fruchtbarkeitssymbole, die in bestimmten Jahreszeiten hergestellt wurden, denn man fand sie in größeren Mengen in dörflichen Bruchsteinhaufen, aber auch in Begräbnisstätten. Bei den männlichen Figuren ist manchmal ein Lendenumhang angedeutet; Nacktheit ist hier selten. Dagegen sind die Frauen in dieser frühen Periode immer nackt dargestellt. Sie haben aufwendige Haartrachten und Bemalungen auf dem Körper. Beide Geschlechter tragen Ohrenschmuck und Halsketten, die, wie bekannt ist, aus Ton und hartem Stein gefertigt waren.

Die Häuser dieser Periode scheinen aus Lehmstein gebaut worden zu sein, der entweder zu einer monolithischen Wand aufgehäuft oder in großen Vierkantblöcken wie Ziegel aufgeschichtet wurde. In den Dörfern kultivierte man Mais und Kürbis, außerdem Chilipfeffer und Früchte, vor allem die des Sapotillbaumes. Es gab viele Haustiere, so Hunde, Truthühner und Schlangen, die Ratten fingen und das Haus schützten.

Betrachtet man die frühen indianischen Siedlungen insgesamt, so sind die auf der mexikanischen Hochebene untypisch, denn sie liegen im offenen Land ohne Schutz gegen Eindringlinge, wenn man von den Schilfdickichten der Seen absieht. Fast alle anderen Gebiete, in denen Zivilisationen entstanden, waren entweder durch abschirmende Wüstenzonen oder hohe zerklüftete Gebirge geschützt. Die Gefahren einer heranwachsenden Zivilisation werden deutlich, wenn man nordwärts blickt zu den Ruinen von Pueblo Bonito. Dieser große Siedlungskomplex war ständig von den Indianern der Great Plains bedroht. Als im 13. Jahrhundert eine Trockenheit die Stämme in Bewegung brachte, griffen sie die Siedlung an und zerstörten sie so gründlich, daß dort nie wieder eine Zivilisation Fuß faßte. Wahrscheinlich hat es in der indianischen Geschichte mehrere ähnliche Tragödien gegeben, denn die Indianer waren nie geeint, hatten nie ihre grundsätzliche Einheitlichkeit erkannt.

Die vielen Siedlungsplätze im Tal von Mexiko waren geschäftige Orte, deren Bewohner Getreide anbauten, töpferten, Stoffe für ihre kärgliche Kleidung webten, Holzschnitzereien und auch einige Steinskulpturen anfertigten. Im späten 2. Jahrtausend v. Chr. gab es einen Wandel, der besonders bei Tlatilco in den Außenbezirken des heutigen Mexico City nachgewiesen wurde. Dort tauchten eine Anzahl neuer Topfformen auf, Gefäße mit eingeritzten Zeichnungen und, noch wichtiger, Tonfiguren und -köpfe, die sich von der lokalen Machart unterschieden. Das waren die ersten Anzeichen einer neuen Kultur, der ersten zentralisierten Hochkultur in Mexiko, nämlich der der Olmeken. Der neue Stil erinnert an die Steinskulpturen von Chalcatzingo in Morelos, wo dieselben merkwürdigen Formen in ihrer frühesten Entwicklungsstufe aufzutauchen scheinen. Dies legt den Schluß nahe, daß der olmekische Stil einheimischen Ursprungs ist, also nicht von außerhalb hineingetragen wurde.

Wir müssen nun jedoch Mexiko verlassen und uns wieder dem peruanischen Gebiet zuwenden, wo ungefähr zur gleichen Zeit eine ähnliche Entwicklung einsetzte. Wie in Mexiko entstand die Zivilisation in den Dörfern. In den küstennahen Siedlungen hatte die Weberei vor der Töpferei begonnen. Unter den Geweberesten, die man bei den Ruinen im wüstenartigen Küstenstreifen fand, gibt es einige, die ornamentale Durchbrechungen aufweisen. Diese Art der Musterbildung wurde dann eine Zeitlang aufgegeben, einige Jahrhunderte später aber wieder aufgenommen. Man spezialisierte sich in den Küstendörfern zunächst auf die Herstellung geflochtener Webstücke. Vor ungefähr 4 000 Jahren, als die Töpferei erfunden war, entwickelte man einen einfachen Bandwebstuhl mit einer einzigen Litze, mit dem sich feine, dichtgewebte Stoffe herstellen ließen. Man färbte die Stoffe mit dauerhaften pflanzlichen Farbstoffen. Im weiteren Verlauf der Kulturentwicklung wurden die Gewebe mit leuchtend farbigen Mustern, göttliche Wesen darstellend, bestickt.

Vor nicht ganz 4 000 Jahren zogen Dörfler der Gaviota-Periode in die Flußtäler und errichteten kleine Städte, oft auf steinbepflasterten Terrassen. Dies taten sie, indem sie einen großen Platz an zwei oder drei Seiten mit eingeschossigen Gebäuden umgaben; an der vierten Seite standen eine oder zwei Stein- und Lehmpyramiden. Derartige Städte mit bis zu 2 000 Bewohnern eigneten sich hervorragend für die Entwicklung von Handelsbeziehungen mit der Küste und die Entstehung von Kunst. Es gab bereits Arbeitsteilung, und die Spezialisten hatten genügend Zeit für ihre Einzelaufgaben. Offensichtlich bedurfte man einer Priesterkaste; wahrscheinlich gab es einen obersten Herrscher und Spezialistengruppen im Töpfer- und Weberhandwerk.

Ganz gewiß war die Küste Perus um 1 600 v. Chr. ein sicherer Ort für mehrere kleine Staaten, die jeweils ein paar Städte in den Flußdeltas umfaßten. Sie verfügten über ein durchorganisiertes Kultwesen und standen handwerklich auf hohem Niveau. Manche stellten Steinskulpturen her, alle arbeiteten mit Ton, sowohl in der Töpferei, als auch bei Stuckarbeiten. In Kotosh am östlichen Gebirgsrand baute man Gebäudereihen auf mehrere gestaffelte Terrassen. Es gab viele Steinhäuser, aber in vielen anderen Siedlungen im Küstengebiet begnügten sich die Bewohner mit Behausungen aus hölzernen Pfosten und Wänden aus Rohrgeflecht. Ihre einzige Erfahrung mit Luftfeuchtigkeit waren die Winternebel, die manchmal die Küstenstriche einhüllten. Regen war ein Naturereignis, das alle hundert Jahre einmal stattfand. Dies erklärt den außerordentlich guten Zustand der hier gefundenen Textilien. Es wurden derart viele große Webstücke gefunden, oft über und über bestickt, daß man sich eine überaus fleißige Bevölkerung vorzustellen hat, die wahrscheinlich in dazu bestimmten Räumen auf Geheiß öffentlicher Organe gearbeitet hat. In ähnlicher Weise legt auch die Größe der aus Stein und Ton errichteten Pyramiden die Annahme einer hochentwickelten Arbeitsorganisation nahe. Bei La Florida in Lima wurde eine Pyramide mit einer Kantenlänge von über 300 Metern und einer Höhe von 30 Metern gebaut, die eine Kultstätte für mehrere kleine Siedlungen war und deshalb im freien Gelände stand. Auch der von Tempeln umsäumte Hof bei Las Haldas im Casma-Tal lag außerhalb der Wohnsiedlungen. Nicht weit von dort im selben Tal bei Cerro Sechin befindet sich eine Kultstätte, in deren eine Wand Darstellungen von Kriegern und ihren Opfern eingeritzt sind. Bei Kotosh hat man eine Wandstukkatur entdeckt, die gekreuzte Arme symbolisiert.

Es scheint keinen Versuch einer nationalen Gruppierung gegeben zu haben und auch keine Vorstellung einer grundlegenden Einheitlichkeit der Indianerrassen, bis im späten fünfzehnten Jahrhundert die Inka den Gedanken von Tahuantinsuyu, von den vier Teilen der Erde, entwickelten.

Die Küstenkulturen entwickelten sich isoliert von anderen Völkern. Sie hatten alles, was sie für ein seßhaftes Leben mit kontinuierlichem Fortschritt brauchte. Unter Umständen hätten sie sich im Laufe der Zeit zusammengeschlossen und eine noch größere, noch zentralisiertere Zivilisation gebildet, aber es sollte anders kommen. Ihre Kultur wurde von einem mächtigen Volk aus dem Hochgebirge im Nordosten Perus geändert. Diese Invasoren brachten eine andere Religion und ihren eigenen Kunststil mit. Sie stammten aus dem Quellgebiet des Maroñon und könnten dort durchaus Kontakt mit noch älteren Kulturen gehabt haben. Man nennt ihre Kultur nach dem berühmten Fundort bei Chavín de Huántar, die Chavín-Kultur. Sie waren um 1 000 v. Chr. voll entwickelt, und ihr Einfluß in Peru erstreckt sich über sieben Jahrhunderte. Die Chavín-Siedlungsplätze lagen nicht nur hoch in den Bergen, sondern auch gut 300 Kilometer nördlich der Küstenregion im Süden Perus, die sie wahrscheinlich beherrscht haben. Die Motive in den Steintempeln des Gebirges ähneln denen auf den Chavín-Textilien der Küste, besonders den bei Paracas gefundenen, so stark, daß man einen außerordentlichen Einfluß auf die Küstenbevölkerung annehmen muß. Wahrscheinlich sind nicht nur die hochentwickelten Kunstformen, sondern auch ein neuer Kult übernommen worden.

Die Kunstwerke der Chavín-Kultur sind typisch indianisch: Sie verwenden glatte Oberflächen mit Linienschmuck, heben die Kontur hervor und arbeiten mit Symbolen, die eine Geschichte ausdrücken. Es wird deutlich, daß die der Kunst zugrundeliegende Theologie gewalttätigen Charakter hat. Die immer wiederkehrenden Motive sind der hochfliegende Kondor mit einer Zahnmaske auf jeder Feder seiner ausladenden Schwingen und ein grimmig bleckender Jaguar. Es gibt viele Darstellungen von Schlangen, die wahrscheinlich unterirdische Mächte repräsentieren. Bei den Menschendarstellungen handelt es sich um kauernde hochgewachsene Indianergestalten, deren Gesichter gewöhnlich hinter Masken mit wilden Jaguarzähnen versteckt sind – manchmal hinter einer ganzen Reihe gestaffelter Masken. Besonders bei den Bewohnern der Küstenregion findet man Stickereien, die monströse, Schlangen herumwirbelnde Gestalten darstellen; das soll den Blitz symbolisieren. Manche dieser Gestalten fliegen durch die Luft und halten dabei Menschenköpfe in den Händen, andere sollen Krieger darstellen, die Keulen tragen und an deren Kleidung Köpfe hängen. Die Menschenköpfe sehen klein aus, was die Vermutung nahegelegt hat, daß die Herstellung von Schrumpfköpfen Chavín Brauch gewesen ist. Das Auffinden schädelloser Körper hat jedoch erwiesen, daß die Köpfe lediglich Trophäen waren, die man den Besiegten abnahm und die man an der Schädeldecke durchbohrte, um sie aufhängen zu können. Bei der Herstellung der Stoffe hat man wahrscheinlich keinen besonderen Wert auf die richtigen Proportionen gelegt, und die Figuren stellen wohl eher Götter als gewöhnliche Krieger dar.

Die steinernen Gebäude der Chavín-Kultur muten uns fremd an. Man errichtete sie aus sorgfältig bearbeiteten Steinquadern inmitten der felsigen Andenschluchten. Die Außenflächen verjüngen sich leicht nach oben, aber die Seiten sind keine Mauern, die Räume einschließen. Das Ganze ist ein massiver Block, in den man Gänge und schmale Durchlässe eingebaut hat, ein Monument mit einem System von Durchgängen und heiligen Steinen. Die Kargheit der Außenwände wird nur selten mit Menschenköpfen und Tieren geschmückt, Darstellungen, die reliefartig behauen und mit Zapfen angebracht sind. Es handelt sich durchweg um furchterregende Gestalten mit hervorquellenden Augen und Mäulern, in denen Jaguarzähne wild blecken. In den Gängen findet man eingravierte lineare Figuren und behauene Steinblöcke, auf denen grausam anmutende Abbildungen zu sehen sind. In einem Gewölbe steht ein seltsam gekrümmter Steinblock mit Ornamenten und einem furchterregenden Dämonenkopf; das Ganze sieht aus wie eine vom Gewölbe herabhängende Schlange. Man nennt den Block *lanzon*, weil er der Klinge einer Lanze gleicht, die in den Boden stößt. Hier sind Schönheit und Schrecken miteinander vereint.

Vielleicht handelt es sich um das Bildnis einer Erdgottheit, sicher ist es aber ein hervorragendes Beispiel des Kunststils der Chavín-Kultur.

Die Arbeitsmethoden bei den Steinarbeiten waren im wesentlichen einfach, aber sehr gut durchdacht. Die Steinblöcke wurden im Gebirge gebrochen. Ohne Zweifel wurden manchmal dadurch Risse im Gestein erzeugt, daß man Feuer machte und den rotglühenden Stein mit kaltem Wasser übergoß. Die Blöcke wurden mit Holzstangen herausgebrochen und wahrscheinlich auf Baumstämmen zur Baustelle gerollt. Zum Bearbeiten der Blöcke verwendete man harte, feinkörnige Steine wie z. B. Diorit. Glatte Oberflächen bekam man, indem man zunächst Steinbrokken auf die Blöcke warf, die Vertiefungen ausglich und schließlich die kleineren Unregelmäßigkeiten mit gleichhartem Gestein abrieb. Jeder Gesteinsblock erforderte harte Arbeit. Wie die Rechtwinkligkeit der Oberflächen erzielt wurde, ist nicht bekannt, aber sie ist exakt. Endlich wurden die Blöcke aufeinandergeschichtet und mit Tonmörtel vermauert. Dieses Bauverfahren hat es ermöglicht, daß die Bauwerke in einem für seine Erdbeben bekannten Gebiet 29 Jahrhunderte unzerstört blieben. Bei Erderschütterungen wurden die Blöcke ein kleines Stück nach oben geschleudert und fielen anschließend in ihre alte Lage zurück. Wahrscheinlich war dieser Effekt nicht Teil der Planung, aber das Verfahren hat sich bewährt. Man hat keinerlei Spuren von Farben an den Bauwerken gefunden, und es scheint bemerkenswert, daß ein derartig kunstsinniges Volk auf den Wert der Farbe bei seiner symbolischen Kunst verzichtet haben soll.

Im Küstengebiet entfaltet der Chavín-Stil nur in den Stickereien seine Farbigkeit. Bauwerke kennt man sowohl an der Nord- als auch Südküste; ihr Material ist der gewöhnliche Lehmstein, also die Zusammensetzung aus Ton und Sand mit einer geringen Grasbeimischung. Fast alle Materialien hatten jedoch einen leblosen Charakter. Es gibt kleine Tiere darstellende Steinfiguren. Man verwendete Waschgold aus den Flußbetten zur Herstellung von Schmuckplatten mit Motiven des Chavín-Stils, die in Stirnbändern getragen oder auf die Kleidung genäht wurden. Am ausdrückvollsten zeigte sich die Chavín-Kunst bei einigen späteren Grabfunden auf der Halbinsel Paracas. Hier wurden in tiefen Schachtgräben hohe Standespersonen beerdigt. Verschiedentlich hat man deren Mumien in einem Raum, in den man durch einen Stollen gelangte, ringförmig angeordnet. In anderen Fällen wurde für einige Leichen eine Kammer gegraben, zu der ein brunnenartiger Schacht hinabführte. Möglicherweise hat man die Leichen vor der Beerdigung getrocknet, und mitunter ist durch Entfernung der Hirnmasse und der Eingeweide eine einfache Form der Mumifizierung durchgeführt worden. Die Leichen wurden erst in feingewebte Umhänge gehüllt und anschließend in große, prächtige Tücher gewickelt, die oft drei Meter in der Breite und fünf Meter in der Länge maßen. Letztere waren glatt gewebt und mit einer dunklen, vollen Farbe – rot, grün, braun oder schwarz – eingefärbt. Ihre gesamte Oberfläche war bedeckt mit feinen Stickereien, die Götter, Dämonen und Tiere darstellten, alles mit leuchtend farbiger Baumwolle gearbeitet. Auf die mögliche Bedeutung dieser Motive wollen wir später eingehen, wenn wir die Nazca-Kultur besprechen, die ebenfalls an der Küste heimisch war. Die Götter- und Dämonengestalten finden sich in den Chavín-Skulpturen wieder. Sie treten uns als farbige, kraftvolle Formen gegenüber, die sich eng in die Gesamtheit der Chavín-Motivik einfügen.

Die großen bestickten Tücher aus der Begräbnisstätte

bei Paracas fallen in die Zeit um 900 bis 400 v. Chr. Es werden keine Wandteppische hergestellt; das geschieht erst später. Auf dieser frühen Kulturstufe bilden die riesigen Ziertücher mit ihren endlosen Wiederholungen der Göttermotive Zeugnisse eines aristokratischen Gesellschaftssystems. Sie sind wahrscheinlich von Frauen einer Gruppe hergestellt worden, in der nach einem bestimmten Plan Teilaufgaben verteilt waren; eine einzelne Frau würde Jahre gebraucht haben, um ein etwa zwanzig Quadratmeter großes Tuch über und über mit zehn Zentimeter hohen Figuren zu besticken. Ein derartiger Aufwand für ein Begräbnis kann nur für eine Person von hoher gesellschaftlicher Stellung erbracht worden sein. Die exakte Ausführung der Stickerei nach feststehendem Muster legt die Annahme einer zentralen Kontrolle nahe, die möglicherweise direkt vom Chavín-Gebiet aus stattgefunden hat, obwohl es keinen ersichtlichen Grund gibt, warum nicht eine der Küstenstädte Verwaltungszentrum gewesen sein soll. Die außerordentliche Bedeutung der Göttermotive läßt einen wichtigen theologischen Hintergrund vermuten. Möglicherweise waren die Oberhäupter dieser wachsenden Zivilisation gleichzeitig die obersten Schamanen, die für sich beanspruchten, über die Naturgewalten zu herrschen. Vielleicht befehligten sie die Heere der Stämme, die sie repräsentierten, vielleicht führten sie Kulthandlungen durch. Es sind keine Legenden überliefert, die uns hier irgendwelchen Aufschluß geben könnten. Aber auch als die Chavín-Zivilisation in den Gebirgsregionen unterging, lebte sie in den Küstenstrichen, wo sie in die Nazca-Kultur überging, noch kraftvoll weiter. Die Goldschmiedekunst entwickelte sich fort, die Muster der Textilien lebten als Topfbemalungen weiter, und die Weberei wandelte sich zur Wandteppichkunst.

Die Grundnahrungsmittel der frühen Anden- und Küstenkulturen waren Quinoa, ein körnertragendes Gras, Mais, Bohnen und Kartoffeln. Im Gebirge ergänzten Hochwild und Nagetiere den Speiseplan. An der Küste gab es ständig Nahrung aus dem Meer: Fische, Seehunde und Seevögel. Niemand brauchte zu hungern.

Der Kulturraum war vom übrigen Amerika durch die Atacama-Wüste im Süden und durch große Wälder im Osten und Norden abgeschnitten. Es gab jedoch einen Seehandelskontakt mit ausgehöhlten Kanus, seit einige Stämme Beile und Äxte mit schweren Steinklingen, die man für das Aushöhlen brauchte, herstellen konnten. In Nordperu und Ecuador wächst der Balsabaum, dessen leichtes Holz sich hervorragend zum Bau von Flößen eignet. Diese wurden in einer ähnlichen Form gebaut wie die aus Riedbündeln gefertigten Fischerboote. Es scheint aber, als sei der Kulturkontakt mit dem Norden hauptsächlich mit Hilfe des ausgehöhlten Kanus erfolgt.

Das Kanu war auch das Transportmittel der Menschen im Amazonas und Orinocobecken. Bis zur neuzeitlichen Kulturstufe um etwa 1 000 v. Chr. gab es hier nur sehr wenige Bewohner. Von da an aber breiteten sie sich in Dörfern aus; man baute Maniok, Kürbisse und Bohnen an. Die Bedingungen des Landes verhinderten die Entstehung einer Hochkultur, sogar in Gebieten mit stark entwickeltem Töpfergewerbe wie auf der Insel Marajo in der Amazonasmündung. An der karibischen Küste Südamerikas gab es jedoch ausgeprägtere Entwicklungen, die an den Küsten Venezuelas und Kolumbiens auch zu mehr oder minder hochstehenden Zivilisationen führten. Man kannte dort die Kunst des Töpferns, und es scheint, als hätte Kontakt zu Siedlungen im Landesinneren bestanden, die möglicherweise die frühesten Tonwaren herstellenden Kulturen Amerikas gewesen sind. Einflüsse dieser Art sind bereits für die Zeit um 3 000 v. Chr. nachweisbar. Im ganzen karibischen Raum gab es eine langsame Bevölkerungsbewegung, die auf das Kanu zurückzuführen ist. Schon früh hatten Maniokbauern die Landenge von Panama überquert und waren an der Pazifikküste bis Südguatemala vorgedrungen, wobei sie ihre wichtigen Werkzeuge wie Raspeln und Pressen mitgenommen hatten. Sie waren derart selbstgenügsam, daß sie nicht einmal den Maisanbau von den Hochländern übernahmen. Eine ähnliche Situation stellte sich an der karibischen Küste von Costa Rica und Nicaragua ein. In dem Land gab es reiche Goldvorkommen, aber sie wurden in jener frühen Zeit noch nicht ausgebeutet. Dies geschah nicht früher als bei der Chavín-Kultur in Peru. Die Kunststile jedoch, die sich im Zeitraum von 900 bis 600 v. Chr. erkennen lassen, weisen Einflüsse der Olmeken auf (genauer der La Venta-Kultur).

Die La Venta-Kultur setzt gegen 1 250 v. Chr. im Hochland von Morelos bei Chalcatzingo ein, wo es eine Gruppe von Steinmetzarbeiten gibt, die bereits eine vollentwickelte Relieftechnik und ansatzweise die Bildung von Symbolzeichen erkennen lassen. Eine noch bedeutendere olmekische Fundstelle entdeckte man bei San Lorenzo auf der Landenge von Tehuantepec. Hier wurden aus einer Entfernung von 70 Kilometern Skulpturen aus hartem Gestein herangebracht und auf einer hohen Plattform, die mit ebenfalls von weither gebrachtem Erdreich aufgeschüttet worden war, aufgerichtet. Diese Kultstätte, die durch die Arbeit sehr vieler Menschen zustande kam, ist sicherlich aus religiösen Gründen entstanden. Sie existierte seit etwa 1 250 v. Chr., wurde aber 300 Jahre später feierlich verlassen. Die großen behauenen Steinblöcke und die Gesichter von acht riesigen Köpfen wurden entstellt, umgestoßen und vorsichtig begraben. Weshalb? Wir wissen es nicht. Vielleicht war Krieg, aber das förmliche Begräbnis großer Steine würde einige Zeit gedauert haben. Vielleicht war es eine Kulthandlung, die die Leute aus wohlerzogenen religiösen Gründen vornahmen. Aber wir wissen es nicht. Es gibt an der Küste des Golfes von Mexiko zwei weitere olmekische Kultstätten, La Venta und Tres Zapotes, die bis etwa um 600 v. Chr. ihre Funktion erfüllten. Die Zeitangaben beruhen auf C 14-Messungen, und bis diese Zahlen nicht durch Baumring-datierungen korrigiert sind – dies kann die Angaben um etwa 300 Jahre zurückverlegen –, können wir sie nicht mit den Daten des Kalendersystems in Verbindung bringen.

Es besteht kein Zweifel, daß sich die olmekische Kultur auf religiöse Regeln gründete und daß ihr Einfluß alle zivilisierten Gebiete Mexikos und Guatemalas durchdrang. Sie drückt sich in einem Kunststil aus, der eine gewisse Ähnlichkeit zu dem der Chavin-Kultur ahnen läßt. Ein direkter Kontakt der Kulturen ist zwar möglich, aber wenig wahrscheinlich. Auch die Religionen ähneln sich, vor allem in der Verehrung der Erde und des unterirdischen Bereichs als Gegenpol der Himmelssphäre. Der Sonnengott wird dargestellt, wie er dem Rachen der Erde entweicht; er trägt ein kleines Kind mit Jaguargesicht, das später seine Mutter verläßt und mit erhobener Axt einen Feind angreift. Die Steinbilder erinnern an die Aztekengeschichte von Huitzilopochtli, der die Sterne des Nachthimmels vernichtet. Es ist allerdings keine olmekische Legende überliefert, und bei den wenigen bekannten Symbolen scheint es sich um Kalenderdaten zu handeln.

Die Einführung eines schriftlich fixierten Kalenders scheint auf die Olmeken zurückzugehen. Dies ist ein Teil einer Reihe von Kulturmerkmalen, die die Entwicklung Südostasiens parallelisieren und möglicherweise auf ein Eindringen von Kulturträgern aus diesem Raum hindeuten.

Die wenigen überlieferten olmekischen Schriftzeichen sind eher mit der westmexikanischen Tradition wie der zapotekischen Schrift als mit dem toltekischen Schriftsystem vergleichbar. Man besitzt aber nur wenige Zeichen, und diese sind nicht zweifelsfrei entschlüsselt. Der Kunststil stellt eine beeindruckende Vereinigung von plastischer Skulptur und eingravierten Detaillinien dar. Diese Einheit findet breiten Ausdruck in den großen steinernen ›Altären‹ der olmekischen Kultstätten, wo Figuren plastisch aus dem Steinblock heraustreten, der seinerseits mit Linienzeichnungen versehen ist, die das Maul eines Erdungeheuers darstellen. Eine auffallende Eigenart der olmekischen Kunst ist die realistische Wiedergabe der menschlichen Gestalt: der lange Körper mit kurzen Beinen, der hohe Schädel mit flachem Hinterkopf, die dicken Lippen und die breite Nase, all das kennzeichnet auch den heutigen Mexikaner. Ein etwas vorschneller Autor hat gemeint, daß der typisch olmekische Schädel negroide Rassenmerkmale aufweise, aber dies ist völlig falsch. Die schwarzen Figuren auf späteren Zeichnungen stellen Menschen dar, die sich wegen ihrer priesterlichen Aufgaben mit schwarzer Farbe bemalt hatten. Die realistischen Olmekengestalten sind die freistehenden Steinplastiken und die Reliefs. Die stilisiert kleinen und vereinfacht dargestellten Hände und Füße bilden ein typisch olmekisches Stilelement und sind für die Charakterisierung ebenso wichtig wie die Gesichtszüge.

Eine völlig andere Form der Skulptur ist der riesenhafte Steinkopf. Die Höhe dieser freistehenden, aus Basalt gemeißelten realistischen Köpfe schwankt zwischen 1,50 und 2,70 Meter. Sie gehören der frühen olmekischen Kulturstufe an – zumindest die bei San Lorenzo – und bilden in sich geschlossene Kunstwerke, zu denen nie ein Körper oder ein Hals gehört hat. Sie kommen im Kernland der Olmeken vor, wo sie auf flachem, besonders hergerichtetem Untergrund aufgestellt wurden. Man könnte vermuten, daß sie Gottheiten von anderen Planeten darstellen sollen, aber das ist Spekulation. Jeder Kopf hat einen massiven Kopfputz aus Riemen, ähnlich dem Helm eines amerikanischen Footballspielers. Manche tragen vorne ein Zeichen, das vielleicht ihren Stand anzeigt. Aber darüber wissen wir nichts. Wie bei allen olmekischen Skulpturen wurden die Steine sorgfältig ausgewählt, und im Falle San Lorenzos wie auch La Ventas aus einiger Entfernung herangebracht. Die Steinmetze verfügten über keine Metallwerkzeuge. Sie bearbeiteten ihre Blöcke deshalb mit Steinwerkzeugen, meist Gesteinsbrocken, mit denen sie auf die Oberfläche einschlugen. Die Linienzeichnungen wurden mit Steinmeißeln gezogen, die wohl aus besonders hartem Gestein wie Jade gefertigt waren.

Wie es scheint, waren die Olmeken bedeutende Astronomen. Sie verwendeten Zahlensymbole, und dies läßt vermuten, daß sie die ersten waren, die das mexikanische Kalendersystem einführten. Seine Schwierigkeiten – ständig zwischen dem 360 Tage dauernden *tun* und dem astronomischen Jahr mit 365 Tagen auszugleichen – lassen einen frühen Ursprung vermuten, wie auch unser 360 Grad zählender Kreisbogen die noch ältere babylonische Zeitrechnung widerspiegelt. Der alte Kalender Mittelamerikas hatte andere Ausgleichsmethoden, die ihn unserem modernen Kalender leicht überlegen machen. Der Kalender und seine Varianten haben sich als nützliches Mittel erwiesen, die folgenden Entwicklungen der Stammesgruppierungen dieses Raumes zu beobachten.

Im Verlaufe ihrer Kulturentwicklung stellten die Olmeken verschiedenartige Kunstgegenstände her, darunter eine ziemlich grobe, dickwandige Töpfereiwarenart, die so charakteristisch ist, daß wir aus ihrer Verteilung die Ausbreitung des olmekischen Einflusses über ganz Mittelamerika erkennen können. Man fragt sich, ob es eine durchorganisierte Militärherrschaft über Städte und andere Stämme gegeben hat. Einige Kultgegenstände deuten auf die Opferung Gefangener durch Erschlagen mit Keulen hin. Eine Skulptur bei Chalcatzingo zeigt eine Gruppe maskierter Krieger, die ein am Boden hockendes Opfer mit ruderähnlichen Keulen töten, und auf olmekischen Skulpturen gibt es Götterdarstellungen mit Kopfmasken. Wenn es eine militärische Herrschaft gegeben hat, warum wurde dann im 10. Jahrhundert v. Chr. die Kultstätte von San Lorenzo niedergemacht? Es scheint, daß seit dieser Zeit der olmekische Einfluß in den übrigen Teilen Mexikos schwächer geworden ist, aber in ihren Hauptzentren entwickelte sich die Kultur noch 300 Jahre in voller Stärke, und gelegentliche Funde olmekischen Ursprungs außerhalb dieser Zentren zeigen an, daß der Einflußrückgang gar nicht so bedeutend gewesen sein kann.

Eine Gottheit der Olmeken hatte ein Jaguarmaskengesicht und könnte als Kind der Sonne gegolten haben. Aber zerteilten sie Kinderschädel, um die seltsamen Gesichter herzustellen? Sicherlich kannten sie Opferungen. Zu ihren heiligsten Gegenständen gehören schwere Steinäxte aus Jade und anderem grünen Kristallgestein. Jede wiegt etwa 10 Pfund, und ihr Blatt wird von einem Hals und einer stumpfen Hammerspitze gebildet, der die Form einer Jaguarmaske mit einer Spalte in der Mitte des Schädels gegeben wurde. Die Maske ist als Relief gearbeitet und trägt oft fast menschliche Züge. Auf der Vorderseite des

Blattes sind die Arme der Figur mit flachen Kerblinien umrissen. Die Hände halten einen Stab, der mit der Kontur eines Andreaskreuzes versehen ist. Ein solches Symbol weist gewöhnlich auf den Himmel hin, und es ist gut möglich, daß die Figur den Träger des Himmels beim Sonnenaufgang darstellt. Man kann dies mit dem aztekischen Mythos von den Ozeloten vergleichen, die heulen, wenn sich die Sonne über den östlichen Bergen erhebt und die Dunkelheit besiegt ist.

Wo immer es möglich war, arbeiteten die Olmeken – sehr genau und schön – mit blauem Jadestein. Deshalb verwendeten sie nicht die apfelgrünen Teile der Jadekristalle, die später bei den Mayastämmen besonders geschätzt waren. Diese Entscheidung hatte man sich offensichtlich wohlüberlegt, denn auch Anhänger, Ohrpflöcke und besonders feine Meißel, Ahlen sowie andere Werkzeuge waren aus bläulich getöntem Jade gefertigt. Die Einfachheit der olmekischen Jadearbeiten trägt viel zu ihrer Schönheit bei, und wenn auch die Konvention bestimmte Entstellungen bedingt, ist die Intention insgesamt eine realistische. Es sei bemerkt, daß die Olmeken auch mit anderen harten Gesteinsarten arbeiteten, so dem Obsidian, einem schwarzen vulkanischen Glas, das sie in kleinen Stücken abschlagen und zu Kleinfiguren schleifen konnten. Eine davon erlangte in jüngster Zeit Unsterblichkeit durch ein Bild des Malers David Alfaro Siqueiros, das den Titel »Das Echo eines Schreis« trägt.

Der wichtigste Beitrag der Olmeken zur mexikanischen Zivilisation war die Einführung der Kultzentren. Dies war ein Komplex von Bauwerken, der gewöhnlich eine hochgebaute pyramidenähnliche Konstruktion einschloß. Er umfaßte Erdwälle und kultische Hofräume, alles längs einer Achse angeordnet, die in den wenigen noch nachprüfbaren Fällen ein klein wenig westlich der Nordrichtung weist, als sollte sie auf den kleinen Bären zielen. Zum Aufbau des Kultzentrums bei San Lorenzo mußten aus 70 Kilometer Entfernung Millionen Tonnen von Material herbeigeschafft werden, das um einen natürlichen Hügel aufgeschüttet wurde und die Plattform für die Monumente bildete. Bei La Venta wurde der größte Teil der Kultstätte mit festem gelbem Lehm bedeckt, der nur einige Kilometer entfernt lag. Man nahm aber nicht den an Ort und Stelle befindlichen Lehm, was bedeuten muß, daß man diesem Material besondere heilige Eigenschaften zuschrieb. Im Inneren eines Hofes, der auf einer 6 Meter hohen Auffüllschicht lag, fand man in 3 Meter Tiefe eine ganz im üblichen Stil hergestellte, fast an den Teotihuacán-Stil erinnernde Jaguarmaske, die als Mosaik aus Serpentinsteinen gefertigt war. Sie war sehr sorgfältig gearbeitet, hatte eine genau bestimmte kultische Funktion und wurde doch 3 Meter unter dem heiligen gelben Lehm begraben. Sicher eine wohlüberlegte Handlung, aber ihr Sinn bleibt uns verschlossen, weil wir keine echten Kenntnisse über die olmekische Mythologie haben. In dem ganzen Komplex gab es zwei Höfe, die von Steinköpfen, ›Altären‹ und zwei Sarkophagen flankiert waren. Einer bestand aus Säulenbasalt und glich eher einer Blockhütte ohne Tür; an einem Ende erhob sich etwa 15 Meter hoch eine Tonpyramide mit gerillten Seiten.

Die Olmeken stellen eines der großen Rätsel der mittelamerikanischen Kulturentwicklung dar. Woher kamen sie? Was waren die Ursprünge ihres Schriftsystems? Wie viele Generationen waren an der Entwicklung ihres Kalenders beteiligt? Wir verdanken ihnen einige der schönsten Skulpturen der alten amerikanischen Kunst. Aber dann, etwa um das Jahr 600 v. Chr., verschwanden sie.

Sie hinterließen vielen Völkern eine Tradition und eine neue Art zu leben, aber als einheitliche Kultur gab es sie nicht mehr. Waren sie eine imperialistische Eroberungsgruppe, denen die Macht genommen worden war? Oder waren sie ein religiöses Volk, das seine Nachbarn bekehrt hatte?

Auf der mexikanischen Seite der Grenze zu Guatemala, auf dem westlichen Kamm des Gebirgszuges, lag die bedeutende Stadt Izapa, die nach dem Verblassen von La Venta für etwa drei oder vier Jahrhunderte der Mittelpunkt eines neuen Kunststils wurde. Der Izapa-Stil bewahrt Elemente der Olmeken-Kultur, ist aber komplexer. Auf den reich verzierten Stelen findet man Gestalten mit Fledermausmasken und Windmasken. Man verwendet den gewöhnlichen mittelamerikanischen Kalender, und auch die Götter, die man verehrte, gleichen denen Zentralmexikos. Ursprünglich bestand die Stadt aus einer großen Kultstätte mit Tempeln und Hofräumen, um die sich ein wachsendes Gebiet mit Priester- und Handwerkerwohnungen schloß. Man muß annehmen, daß die Stadt ein Kultzentrum nach olmekischem Muster für die große Masse der in Bauerndörfern lebenden Bevölkerung war. Offensichtlich war die ganze Periode gekennzeichnet von verstreuten Stammeszentren, die sich um verstärkte Machtstellung bemühten, aber nie die Kontrolle über das ganze Land erlangten. Man muß sich Völker vorstellen, die zwar im grundsätzlichen gleiche Kulturen besaßen, aber unterschiedlicher Herkunft waren, verschiedene Sprachen hatten und an ihrer jeweiligen besonderen kulturellen Spielart festhielten. Technologisch befanden sie sich in der Steinzeit. Teilweise hatten sie ein organisiertes Kultleben, und sie waren reich genug, um eine begüterte Klasse sowie hochspezialisierte Priester und Handwerker, die als Bauleute und Steinmetze an den kul-

tischen Bauwerken arbeiteten, zu erhalten. Solche Kultzentren gab es in Kaminal-Juyú und Izapa. Etwas Ähnliches entwickelte sich weiter nördlich im Tal von Mexiko.

Die Bauern in den dortigen Dörfern wie Tlatilco und Ti-
coman lebten ein ruhiges Leben und bauten reichlich Ge-
müse, Mais, Kürbisse, Chilipfeffer, Bohnen usw. an. Es
ging ihnen gut, und die Bevölkerung wuchs offensichtlich
an. Bei Cuicuilco hat es bereits viel früher eine Siedlung
gegeben, deren Medizinmänner sich ein geheiligtes Haus
gebaut hatten. Dazu stellten sie große Gesteinsplatten
nach innen geneigt ringförmig auf, so daß eine Art ge-
wölbte Hütte entstand. Möglicherweise wurde die offene
Oberseite mit Tierhäuten verschlossen. In die Innenseiten
der Steinplatten hatte man die Konturen mehrerer Figuren gemeißelt, von denen die Klapperschlange die wichtigste war. Bei den späteren Azteken wurde die Klapperschlange als Symbol der Armut der Mutter Erde verehrt,
die alles für ihre Kinder hergab. Wir können davon ausgehen, daß die heilige Hütte bei Cuicuilco auf einer dem
Erdgeist geweihten Stelle stand. Die Zeiten vergingen.
Aus einem kleinen Dorf wurde ein Gemeinwesen mit einer Tempelplattform in der Nähe der alten Kultstätte und
einem sich darum schließenden Häuserring. Die Siedlung
wuchs, und man errichtete mehrere mit Steinen einge-
faßte Erdwälle. Das zentrale Heiligtum blieb aber die geheiligte Stelle. In ihrer Nähe fand man eine Steinfigur, die
einen alten Mann mit einer Schale in der Hand darstellt.
Es handelt sich hier zweifellos um ein Bildnis des Feuergottes Xiuhtecuhtli, der in der Gegend von Cuicuilco besonders wichtig gewesen sein mag, weil das vulkanische
Gebirge von Ajusco mit dem Vulkan Xictli in der Nähe lag.

Der Bau von Cuicuilco begann um 900 v. Chr. Zu den
Hinweisen auf die ersten Bauleute zählt eine im olmeki-

schen Stil gehaltene Figur mit Kindergesicht. Es wurden auch viele Tontöpfe hergestellt, die meisten nach lokaler Machart, einige aber auch im olmekischen Stil. Als die olmekische Tradition verblaßt war, entstand die runde Tempelanlage, die mindestens zweimal vergrößert wurde. Der Kern des konischen Tempels wurde aus Lehmstein (Ton mit Grasbeimischungen) errichtet und mit Steinen eingefaßt, um das Einstürzen bei Regen zu verhindern. Die letzte Erweiterungsschicht wurde mit Platten aus Lavagestein abgedeckt, ein Hinweis auf einen Lavastrom in der Nähe. Der große, quadratisch angelegte, offene Altar auf der Oberseite, der wie ein Feueraltar aussieht, wurde bei jeder Erweiterung neu aufgebaut. Um 350 v. Chr. jedoch wurde Cuicuilco verlassen, wahrscheinlich weil ein besonders heftiger Vulkanausbruch die Felder zerstört hatte. Die Stadt war groß genug gewesen, um die gesamte Gegend zu beherrschen, und es entstand hier in der Folgezeit nie wieder ein Zentrum, das so groß und bedeutend war wie Cuicuilco. Mit dem Verlassen des Ortes war dessen Schicksal besiegelt. Schutt wurde hinabgespült und die alten heiligen Einzäunungen mit Schlamm bedeckt. Dann brach der Xictli aus, und aus einer Spalte ergoß sich ein gewaltiger Lavastrom, der – inzwischen verfestigt – heute in der Nähe der Universitätsstadt von Mexiko City liegt und den Namen Pedregal trägt. Dieser begrub unter seinen glühenden Massen die unteren Partien der dreistöckigen Pyramide und versiegelte so eines der faszinierendsten späten Dörfer. Nach Radiokarbonmessungen ereignete sich der Ausbruch um 300 v. Chr.

Nicht lange nachdem Cuicuilco verlassen wurde, bauten die Bewohner eines anderen etwa 34 Kilometer entfernten Dorfes nördlich des Sees einen kleinen Erdwalltempel. Sie bedeckten ihn immer höher mit Lehmstein und faßten den Wall mit Steinen ein. Dies war die Geburtsstunde von Teotihuacán, »dem Platz, an dem die Götter entstanden«. Auf dem mexikanischen Plateau war eine einheimische Hochkultur im Entstehen begriffen.

Inzwischen hatte sich im westlichen Mexiko eine Menge ereignet. Ein Volk, das sich die Pipiles nannten, breitete sich an der Küste von Honduras entlang und nördlich an der Pazifikküste Guatemalas langsam immer weiter aus. In ihrer späteren Entwicklung schufen sie beschriftete Monumente und hinterließen eingemeißelte Kalender einer Art, wie sie später von den Azteken verwendet werden sollten. Sie waren geschickte Töpfer und eifrige Astronomen und gaben ihrer Kultur in hervorragenden Steinreliefs einer fast realistischen Stilrichtung Ausdruck. Als sie ihren hohen Kulturstand erreicht hatten, scheint Teotihuacán bereits über seine Anfänge hinaus gewesen zu sein.

Im Westmexiko lebte ein schriftsprachiges Volk, dessen Steinarbeiten olmekischen Einfluß verraten, das knapp einen Kilometer nördlich der heutigen Stadt Oaxaca den Gipfel eines Hügels in gestaffelte Terrassen zerschnitt und diese bebaute. Die ersten Siedlungen dieses Platzes, Monte Albán genannt, datieren bis 500 v. Chr. zurück und sind nicht, zumindest was den Kunststil betrifft, den Zapoteken zuzuschreiben, obwohl diese hier lebten und den Platz im 1. Jahrhundert n. Chr. zu einem bedeutenden Zentrum ihrer Kultur machten. Zu den aus der früheren Zeit stammenden Resten von Monte Albán gehört ein Bauwerk, das mit behauenen Steinblöcken eingefaßt ist. Auf den Blöcken finden sich eingemeißelte Menschengestalten in verzerrten Stellungen. Viele der Figuren stellen bärtige Männer dar; neben einigen erkennt man Schriftzeichen, die Vorläufer der späteren zapotekischen Schrift zu sein scheinen. Der Stil aber nähert sich eher der olmekischen Kunst. Die Figuren sind alle nackt; die Geschlechtsorgane wurden ihnen abgeschlagen und winden sich in wilden Linien auf ihren Körpern. Möglicherweise stellen die Figuren geopferte Gefangene dar. Sie galten als heilig, was auch daraus ersichtlich ist, daß, als später ein Tempel über dem Platz gebaut wurde, ein Tunnel zu den Skulpturen angelegt wurde, um sie – zumindest im Licht der Fackeln – noch sehen zu können. Was die Schriftzeichen betrifft, so ist klar, daß hier das olmekische System in Richtung auf die spätere zapotekische Schrift entwickelt wurde. Weiter südwestlich entwickelte sie sich zur Maya-Schrift. Im ganzen gesehen, handelt es sich wohl, wie später bei den Maya, um ein silbisches System.

Ein anderer Wesenszug der frühen Monte-Albán-Kunst sind die Keramikurnen, meist Vasen in der Form menschlicher Schädel. Man verwendete den grauen Ton von Oaxaca und polierte die Stücke gewöhnlich glatt. Die Gesichter waren nicht olmekisch, wiesen aber noch viele olmekische Züge auf – selbst 500 Jahr nach dem Verlassen des heiligen La Venta war die alte Tradition noch nicht tot. Einige von ihnen trugen Stirnbänder, die entweder mit einem dreiblättrigen Symbol (verwandt mit späteren Zeichen für die Zapoteken) oder dem Ring mit einem X-förmigen Kreuz darin (ein Verbindungsstück zur Vergangenheit) verziert waren.

An der Ostküste Mexikos gab es weitere Kulturen, die sich recht früh entwickelten. Bei El Tajín gehört die frühere Kultur in die letzten Jahrhunderte v. Chr. und entwickelte sich zur späteren klassischen Stilrichtung dieses Raumes. Weiter im Norden im Raum der Mündung des Panuco entstand die huaxtekische Töpfereitradition innerhalb einer Stammesgruppe mit primitivem Maya-Dialekt. Diese muß sich von den Maya, die viel früher nach Petén und Yucatan gezogen waren, getrennt haben.

Wenn man sich das Material dieses Kapitels ansieht, wird deutlich, daß es vor den Chavín im südlichen Peru und den Olmeken in Mexiko keine einheitliche Kultur gegeben hat, und selbst während dieser Perioden finden wir um die Zentralgebiete viele lokale Einzelentwicklungen. Zwischen den beiden Räumen mag es Verbindungen gegeben haben, aber dies ist zweifelhaft. Als Wichtigstes ist hervorzuheben, daß die Indianer in den beiden Zentren um das Jahr 100 v. Chr. seßhafte Bauern geworden waren, die gewaltige Kultzentren bauen konnten. Ihr gesellschaftliches Leben scheint sich bis zur hochspezialisierten Arbeitsteilung entwickelt zu haben, und sie verfügten über ein durchorganisiertes religiöses Leben. Die Religionen der beiden Gebiete waren wahrscheinlich verschieden; ihre offensichtliche Grausamkeit mag die Traurigkeit eines Totenkults widerspiegeln, in dem die Kräfte des Todes und der Zerstörung mit der Erde verbunden sind. Lebensfreude und Sonnenschein finden Ausdruck in den kleinen Keramikfiguren, die von den Bewohnern des mexikanischen Hochlandes hergestellt wurden. Diese scheinen Schönheit und Fruchtbarkeit genossen zu haben.

Wir müssen uns daran erinnern, daß die Kulturen sich nur langsam entwickelten und daß die sozialen Bedingungen auf dem amerikanischen Doppelkontinent eine solche Entwicklung nur in Gebieten zuließen, die eine ausreichende Nahrungsmittelproduktion gewährleisteten und Schutz vor Feinden boten. Die 20 000 Jahre altsteinzeitlicher Jägerkultur waren ein Vorspiel zu einer 3 000 bis 4 000 Jahre währenden Periode sich allmählich ausbreitender Agrarkultur.

2. Die Entwicklung Mexikos

Teotihuacán entstand plötzlich. Im 2. Jahrhundert v. Chr. gab es hier in der staubigen Ebene knapp 25 Kilometer nordwestlich des heutigen Mexico City nur eine kleine Pyramide, auf der Einheimische ihre Götter verehrten. Dann begannen sie plötzlich, über dies Pyramide eine neue, größere zu bauen, die Sonnenpyramide. In dem verwendeten Lehm hat man viele alte Tonfiguren gefunden, und man nimmt an, daß diese kleinen Gegenstände von da an nicht mehr als besonders heilig galten. Die Pyramide scheint in einem einzigen Bauabschnitt vollendet worden zu sein, denn es findet sich keine innere Gliederung. An der Basis hat sie etwa die gleichen Ausmaße wie die größte Pyramide Ägyptens, ist aber nur knapp halb so hoch, nämlich 60 Meter. Sie ist in Stufen angelegt, die geringfügig gegeneinander abweichende Winkel bilden. Nach einer Sage soll früher ein gigantisches Standbild der Sonne auf ihrer Spitze gestanden haben, aber davon ist nichts mehr zu erkennen. Das ganze Äußere war ursprünglich mit Steinplatten bedeckt, die aber zerbrachen und deren Reste von dem bedeutenden Archäologen Leopoldo Batres entfernt wurden; Batres hatte gehofft, mit dem Wegschaffen des Gerölls die originale Gestalt des großartigen Bauwerkes wiederherzustellen. Wie herrlich muß dieses Monument erst mit den Decksteinen ausgesehen haben! Gegenwärtig ist man dabei, es zu restaurieren. Wir wissen nicht, welche Bauzeit diese gewaltige Pyramide in Anspruch nahm und wie viele Menschen an ihr arbeiteten.

Es kann aber kein Zweifel daran bestehen, daß es der unerhörten Anstrengung einer ganzen Gesellschaft bedurfte, um allein die riesigen Lehmsteinmassen zum Überdecken des alten Bauwerkes heranzuschaffen. Mit dem Bau des gewaltigen Monuments um 50 v. Chr. haben die Teotihuakaner eindrucksvoll ihre Bedeutung dokumentiert.

Vor der Pyramide befand sich ein Weg für Prozessionen, der von Göttertempeln auf Säulenplatten eingefaßt war. Am Ende dieses Weges, etwas seitlich versetzt, stand die Mondpyramide, nicht so groß wie die Sonnenpyramide, aber ebenfalls sehr eindrucksvoll. Auf einer Seite öffnete sich dann ein großer Tanzhof, der Tausenden von Tänzern Platz geboten hat. Daneben befand sich ein Tempel des Windes und des Regens, der in der 600 jährigen Geschichte der Stadt mehrere Male wiederaufgebaut wurde. Zunächst bestand die Stadt aus zwei Teilen, die später verschmolzen und schließlich eine bebaute Fläche von etwa 17 Quadratkilometern bildeten. In den äußeren Bezirken waren Hütten auf flachen Erdwällen gebaut, in den näher beim Kulzentrum gelegenen Gegenden gab es Paläste und Wohnviertel für Priester und Handwerker. Wie Ausgrabungen bewiesen, besaß jedes Handwerk sein eigenes Stadtviertel. Die Schätzungen über die Bevölkerungszahl Teotihuacáns schwanken zwischen 100 000 und einer Million. Wahrscheinlich ist die höhere Zahl richtiger, wenn man den Menschenzustrom an hohen Festtagen mit berücksichtigt.

Die Versorgung Teotihuacáns mit Nahrungsmitteln hing stark von intensiver Landwirtschaft und großräumigem Handel ab. Grundnahrungsmittel waren Amaranthkorn, Mais, Kürbisse, Tomaten und ähnliches, während die Fleischversorgung auf Truthahn, Wildschwein und einigen Hochwildarten basierte. Ein knapp 10 Kilometer entfernter See lieferte Fische und Wasservögel. Die Häuserdämme in den Außenbezirken waren großzügig angelegt, so daß wahrscheinlich jedes Haus einen Garten besaß. Das Zentrum der Stadt war allein der Religion vorbehalten, die in erster Linie auf der Agrikultur beruhte. Das Stadtgebiet verfügte über eine gute Entwässerung mit unterirdischen Anlagen, vor allem unter den Höfen, die unterhalb des Prozessionsweges sanft abfielen. Die Gegend der Priesterhäuser ist besonders interessant, denn hier tragen die Wände, die die Zerstörung der Stadt überdauerten, Fresken mit Götterdarstellungen, meist von Tlaloc, dem Herrn über alle Wasserquellen. Fast alle Gestalten spreizen die Hände und gießen Wasser aus oder Korn oder Edelsteine. Von den Göttern kam Leben und Freude. Über allen stand der Regengott, einbezogen in eine komplizierte Theologie. Auf einigen Malereien erkennt man den Gott auf der Erde als großen himmlischen Vogel, der seinerseits beseelt ist von einem manchmal mit Sternen umgebenen, strahlend blickenden Zauberwesen in höheren Sphären.

Die wunderschönen Fresken gehören zu Teotihuacán III, einer Zeitperiode vom 3. bis 4. Jahrhundert n. Chr., die die bedeutenste in der Geschichte der Stadt war; wie es scheint, hatte sie zu dieser Zeit die Herrschaft über Mexiko. Elemente der teotihuakanischen Kunst in Form von Töpfereiwaren, Skulpturen und Malstilen finden sich bis Kaminal-Juyú in Guatemala und beeinflußten die aufstrebende Maya-Kunst, westlich bis Monte Albán in Oaxaca, wo die meisten Gebäude den teotihuakanischen Architekturstil widerspiegelten, und selbst nordöstlich in der Kunst der Maya-Dialekte sprechenden Huaxteken. Vermutlich wurde die Macht im ›Reich‹ von Teotihuacán mit militärischen Mitteln aufrechterhalten: Man findet gelegentlich Kriegsdarstellungen und hat große Mengen Pfeil- und Speerspitzen aus Obsidiansplittern entdeckt.

Ausgeübt wurde die Macht wahrscheinlich durch einen göttlichen Herrscher, einem Priesterkönig wie Uija Tao bei den Zapoteken. Alle archäologischen Forschungsergebnisse bestätigen die zentrale Bedeutung der Religion und die Tiefgründigkeit der teotihuakanischen Theologie. Nur sehr wenig deutet in der großen Stadt auf einen weltlichen Palast hin. Die großen Häuser waren geheiligte Stätten, in denen Priester lebten und inmitten ihrer religiösen Fresken diskutierten.

Man kann die Entwicklung der Teotihuakaner anhand ihrer Tonfiguren rekonstruieren. Die frühesten haben zart modellierte winzige Gesichter und rhythmische Körper und gleichen in jeder Hinsicht den Tänzern auf dem Fresko ›Irdisches Paradies‹ von Tetila. Die Hälse sind zerbrechlich, und häufig haben wir es mit den Köpfen allein zu tun. Bei den Figuren ist nur sehr einfache Kleidung angedeutet: Lendentücher bei den Männern, Wickelröcke und Umhänge bei den Frauen. In der Phase Teotihuacán II sind die Gesichter der Figuren realistischer, die Kleidung vielfältiger und stärker geschmückt; einige der kleinen Figuren weisen eine Gesichtsbemalung auf, wie sie von den Wandfresken her bekannt ist. An der Frauenkleidung finden sich oft Fransen, und die Männergestalten tragen aufwendigen Kopfschmuck. Phase IV bringt stärkere Ausarbeitung, aber weniger Formgebung. Die in Phase III gefundenen Götterabbilder tauchen auch in Phase IV wieder auf, sind aber plötzlich komplizierter und künstlerisch schwächer.

Die mexikanische Archäologin und Kunsthistorikerin Laurette Sejourné hat viele teotihuakanische Götter mit später in Mexiko verehrten Gottheiten identifizieren können. Sie hat nachgewiesen, daß neben dem Hauptgott Tlaloc auch andere göttliche Wesen auftraten: der Korngott, der Gott der Leiden, der Herr der Winde und mehrere Göttinnen. Wir können ihre ehemaligen Namen nicht nennen, denn wir haben keine Kenntnis von der teotihuakanischen Sprache. Es steht aber außer Zweifel, daß die Teotihuakaner eine typisch mexikanische Götterwelt verehrten, obwohl ihr sehr individueller Kunststil sie von allen übrigen mexikanischen Kulturen abhebt.

Außer Kalenderzeichen und einigen Symbolreihen mit Göttern und deren Gaben sind uns keine schriftlichen Zeugnisse aus Teotihuacán überliefert. Sicherlich muß eine derart bedeutende und machtvolle Kultur über eine Schrift verfügt haben, aber wahrscheinlich waren alle Dokumente aus Papier oder Leder und haben sich im Laufe der Zeit aufgelöst. Selbst beschriftete Tontöpfe zeigen selten mehr als ein oder zwei Symbole, die wahrscheinlich Schriftzeichen bedeuten. Dies ist merkwürdig, denn die zeitgenössischen Maya beschrifteten Tonwaren und Steine häufig mit Kalenderangaben, und bei Kaminal-Juyú trieb eine große teotihuakanische Stadt Handel mit den Maya.

Es scheint, daß sich die teotihuakanische Vorherrschaft über Mittelamerika nach und nach ausgebreitet hat. Stark beeinflußt, aber wahrscheinlich nicht beherrscht von ihnen, waren einige Völker des umgehenden Raumes wie die Totonaken im südlichen Vera Cruz und unter Umständen auch die Zapoteken in Oaxaca. Bei beiden Völkern waren Architektur und Formgebung der Masken vom charakteristischen teotihuakanischen Stil. Der allgemeine Kunststil weicht dagegen ab. In allen übrigen Teilen des zivilisierten Mexiko, vom guatemaltekischen

Hochland bis zum Panuco im Norden und an der Pazifikküste im Osten gibt es überwältigende Beweise für eine
breite Verteilung der Kunstgegenstände, was die Annahme einer teotihuakanischen Herrschaft nahelegt. Man
hat sich ein ausbeuterisches System vorzustellen, das die
unterworfenen Stämme zu Tributzahlungen zwang, ähnlich wie bei den späteren Azteken.

Die hervorstechendsten Leistungen der teotihuakanischen Kunst sind die steinernen Göttermasken. Sie sind
aus vielen Steinen hergestellt, gewöhnlich aus dunkel-
grünem Serpentin. In einem Falle ist ein Großteil der
Deckschicht aus Jade-, Türkis- und Muschelschalenmo-
saik übriggeblieben, und zeigt uns, daß die Maske in der
Farbe gehalten war, die für die jeweils dargestellte Gottheit charakteristisch war. Die Augenwinkel und die Ränder des Mundes hat man angebohrt, um Augen und
Zähne einpassen zu können. Die Rückseiten der Masken
wurden ausgehöhlt, um sie, wie man annehmen kann,
Holzfiguren aufzusetzen. Wahrscheinlich wurden die
Masken, wie auch später bei den Azteken, im jahreszeitlichen Wechsel gemäß ihrer jeweiligen Kultfunktion ver-
ändert. Auf der flachen Oberseite der Maske befinden sich
gewöhnlich zwei Durchbohrungen, so daß man sie aufhängen oder am Kopfschmuck befestigen konnte. Nach
den Wandmalereien scheint es, daß man die Masken ko-
stümierten Gestalten aufgebunden und sie mit aufwendi-
gem leuchtendfarbigem, für die jeweilig dargestellte
Gottheit typischem Federschmuck umgeben hat.

Den wichtigsten Aufschluß über die Ausbreitung der
teotihuakanischen Vorherrschaft liefert der charakteristi-
sche Stil der Keramikarbeiten. Es gibt hohe, weithalsige
Vasen und eine große Vielfalt von Kleinfiguren und Schalen, aber typischster Gegenstand der teotihuakanischen

Töpferei war das zylindrische Gefäß mit drei kurzen – hohlen oder massiven – Füßen. Die Wände des Gefäßes sind gewöhnlich nach innen gekrümmt, was beim Brennen dünnwandiger Gefäße normalerweise eintritt. Nach Aufbringen des typisch teotihuakanischen dunkelroten Streifens wurde die Oberfläche gewöhnlich poliert. In die Gefäße sind mitunter Schmuckmuster eingeritzt, unter denen sich nicht selten ein oder zwei Schriftzeichen oder sogar eine Götterkopfzeichnung befinden, die auf die zeitgenössische Maya-Kunst verweist. Eine besondere Variante der Zylindergefäße ist mit Fresken verziert, was sie für den täglichen Gebrauch untauglich machte. Wahrscheinlich wurden sie in Tempeln oder anderen sicheren Orten aufbewahrt. Bei der Herstellung überzog man die Gefäße mit einer dünnen Schicht von feinem weißem, hartem Gips, in die dann eine Zeichnung (gewöhnlich die eines Gottes) geritzt und mit Wasserfarbe ausgemalt wurde. Die Farben sind bleich, meist ein sanftes Erbsengrün, Weiß, Gelb und weiches Magentarosa.

Die bisherigen Ausgrabungen von Teotihuacán lassen eine Zone heiliger Stadtviertel erkennen, in denen wohl die Priester gelebt haben. Hierzu gehört der von Laurette Sejourné ausgegrabene Palast von Zacuala, der aus einem ganzen Komplex von Räumen und Höfen bestand. Die inneren Wände, soweit sie erhalten sind, wurden mit Fresken überdeckt, und zwar in jener seltsamen Farbzusammenstellung, wie sie für die teotihuakanische Kunst kennzeichnend ist. Viele der dargestellten Gestalten wurden als Götter identifiziert, die auch in späterer Zeit noch verehrt wurden. Die meisten Räume scheinen in einen Hof geführt zu haben, und sie hatten an der offenen Seite eine Reihe quadratischer Pfeiler, so daß sie von kühlem Licht erfüllt waren. Leider ist die Stadt gewaltsam zerstört worden, deshalb sind die Räume mit den Trümmern der Dächer und der oberen Wandteile angefüllt, aber dennoch sind die Überreste wunderschön. In derselben Gegend gibt es Gräber: runde Gruben, in denen man die Toten in hockender Stellung mit ausgesuchter Töpfereiware zu Füßen bestattet hat.

Eine andere Gruppe bemalter Gebäude wurde bei Tetitla, einem weiteren Stadtteil von Teotihuacán, freigelegt. Hier fand man das berühmte Fresko vom ›Irdischen Paradies‹, auf dem die Geister mit Schmetterlingen tanzen und mit Blumen und miteinander spielen. Es ist eine Szene großer Glückseligkeit, so, als ob das Jenseits der Teotihuakaner nichts Furchteinflößendes hätte, zumindest für die nicht, denen Tlaloc befohlen hatte, seine Welt des Regens und des Regenbogens zu bewohnen. Diese bemalten Häuser mit ihrer Aussage, daß die Götter Schönheit und Nahrung geben und Opfer verlangen, erweisen Teotihuacán trotz seines ungewöhnlichen Kunststils als typisch mexikanische Kultur. Die riesige Stadt war das Machtsymbol ihrer Zeit, ihr Reichtum und ihr Ruhm waren unerhört in der damaligen Welt, und ihre Krieger und Handelsleute reisten weit, um für Tlaloc und die Gottheiten der Fruchtbarkeit Tribut einzubringen. Selbst die Opferrituale scheinen fest institutionalisiert gewesen zu sein. Es gibt viele Darstellungen von Herzen, aus denen Blut tropft, und von Opfermessern. Eine Tonfigur des Britischen Museums stellt ein menschliches Opfer dar, das über einen Stein gestreckt ist und sein eigenes Herz zum Opfer darbietet. Solche Opferungen sollten Fruchtbarkeit und Lebenskraft in das Land bringen im Austausch mit wenigen Menschenleben.

Es läßt sich nicht mehr genau abschätzen, wie weit das Herzopfer in Mexiko zurückgeht; es mag bereits bei den

Olmeken vorgekommen sein, aber es ist keine direkte Darstellung bekannt. Im Leben der Teotihuakaner spielte es jedoch eine bedeutende Rolle, und es findet in der religiösen Kunst starken Ausdruck. Aber es gab auch einen anderen Geist, den Morgenstern, der die spätere Gestalt Quetzalcoatls vorwegnahm und wahrscheinlich die Vorstellung von einem Gott verkörperte, der Blutopfer ablehnte und dem man Früchte und Blumen opferte. Das ist kein Widerspruch, sondern Ausdruck der Wichtigkeit von Gegensätzen in religiöser Mythologie. Eine solche Dualität wird erstmals in Teotihuacán deutlich. Dasjenige, was man mexikanische Kultur nennen kann, ist Realität geworden und in dieser mächtigen Stadt zu hoher Blüte gelangt.

Bei Kaminal-Juyú, im Süden, standen die teotihuakanischen Händler in engem Kontakt mit den Maya-Stämmen, und eine Reihe von Fundgegenständen läßt Einflüsse beider Völker erkennen. Einige Maya-Stelen zeigen auch teotihuakanische Motive, und umgekehrt finden sich teotihuakanische Töpfe mit Mustern im Maya-Stil. Dennoch existieren keine Belege für eine echte Vereinigung der Kulturen. Im Gebiet der heutigen Außenbezirke von Guatemala-City – hier lag Kaminal-Juyú – gab es also eine große teotihuakanische Stadt, die in erster Linie Handelszentrum gewesen ist und nie eine politische Kontrolle über eine Maya-Gruppierung erlangt hat.

Weiter im Norden, in den Bergen von Oaxaca, lebten die in verschiedener Hinsicht interessanten Zapoteken. Dieses Volk hatte seine eigene – sehr klangvolle – Sprache, und seine Geschichte läßt sich bis in die letzten Tage der Aztekenmacht Ende des 16. Jahrhunderts verfolgen. Mit dem Aufstieg Teotihuacáns veränderte sich die Kunst der Zapoteken am Monte Albán, und besonders in der

Zeitperiode vom 3. bis 5. Jahrhundert, die wir Monte Albán III nennen, war dieser Einfluß beträchtlich. So wurden die zu den Tempelfundamenten hinaufführenden Treppen an beiden Seiten mit abgeböschten Einfassungen versehen, die mit durchbrochenem Steinfächerwerk überdeckt waren – ein typisch teotihuakanisches Stilelement. Ein Großteil der Einfassungen wurde mit feinem Schmuck überzogen; Stuckmalereien sind jedoch nicht erhalten.

Die Grabstätten der Zapoteken waren wesentlich aufwendiger als die der Teotihuakaner. Gewöhnlich handelte es sich um saubere unterirdische Räume, über deren Türöffnungen sich eine Reihe Tonurnen mit Götterfiguren befand; vermutlich waren dies die Totenwächter. Die Leiche wurde auf den Boden gelegt und mit reich verzierten Tüchern bedeckt; einige Steinperlen und Einsätze sind erhalten. Manchmal standen auf einem erhöhten Sims weitere reich verzierte Vasen. Die Rückwand und die Seiten des Grabes waren oft mit gipsunterlegten Fresken bemalt.

Auf diesen Fresken sind Prozessionen von Priestern und möglicherweise Göttern dargestellt. Die Kleidung ist reichhaltiger als auf teotihuakanischen Abbildungen; die meisten Gestalten tragen dichte Röcke und Umhänge in vollen Farben. Hochgestellte Personen zeigen aufwendigen Kopfschmuck, der teilweise an den teotihuakanischen erinnert und seinem Träger das Aussehen eines Jaguars, einer Fledermaus oder eines Vogels verleihen soll. Er war vermutlich aus Holz mit Stoffteilen und Federn gefertigt, wie überhaupt der Federschmuck für die Indianer typisch ist; besonders beliebt waren die langen Schwanzfedern des Quetzalvogels wegen ihres schillernden Grüns. Insgesamt dominierten auf den Fresken die grünen Farbtöne, wenn auch der Vordergrund weiß gehalten ist. Manchmal findet man Figuren, die als große Farbflächen mit klaren Konturen erscheinen. Sie machen den Eindruck gigantischer gleitender Wesen, wahrscheinlich Geschöpfe der Unterwelt, die den Tod begleiten.

In der Periode Monte Albán III. (3.–5. Jh. n. Chr.) sind die Bemalungen der Graburnen typisch zapotekisch, was das Ornamentale und die Kleidung der Figuren betrifft, aber teotihuakanisch, wenn man die Gesichtszüge der oft sitzenden Figuren betrachtet. In einigen Fällen wurden die meist großen, grauen Urnen erst mit einer schwachen Grundfarbe angestrichen und dann mit Farben bemalt, die heute im allgemeinen verschwunden sind. Es gibt aber ein paar dunklere Vasen, deren tiefrote Pulverfarbe sich in den inneren Kanten der Zeichnungen bis heute gehalten hat.

Die Graburnen der Zapoteken sind bemerkenswerte Kunstwerke, die uns im jeweils charakteristischen Stil aus allen Kulturepochen überliefert sind. Sie treten zuerst als 25 bis 40 Zentimeter hohe zylindrische Vasen mit flachem Boden auf. Auf diese wurden breite Lehmstreifen, die die Kleidung der Gestalten bildeten, und ausmodellierte Lehmstücke für Gesicht, Körper, Hände und Füße gekittet. Jeder Töpfer wird bestätigen, daß es ein schwieriges Geschäft ist, ein Tongebilde so mit Streifen und Platten zu besetzen, daß diese beim Brennen nicht abblättern. Die zapotekischen Töpfermeister stellten ihre kultischen Gefäße jedoch mit großer Sicherheit her, und obwohl viele teilweise zerbrochen sind, waren fast alle fest und unversehrt, als man sie ins Grab stellte. Es ist nicht geklärt, ob das Innere der Figur, die zylindrische Vase also, mit Korn oder einer Flüssigkeit gefüllt war. Der Ton ist jedenfalls leicht porös. Normalerweise ist auf den Gefäßen eine

Gruppe dargestellt, in deren Mitte sich eine größere Gottheit befindet. Die flankierenden kleinen Gestalten tragen oft Regenhüte, die sich bis zu den Schultern herunterziehen. Viele der Hauptfiguren stellen den zapotekischen Regengott Cocijo dar, ein Analogon zu Tlaloc. Ein anderer trägt eine hundeähnliche Maske, und es ist gut möglich, daß er der Gott des Abendsterns ist, der die Sonne in die Dunkelheit schickt und der deshalb die angemessene Gottheit für Bestattungen ist. Wieder andere stellen einen rundgesichtigen jungen Mann mit Streifen auf den Wangen dar, wahrscheinlich ein Sonnengott. Schließlich kommen noch mehrere weibliche Gottheiten vor, vermutlich die Göttinnen der Blumen und der Unterwelt.

Die Urnenfiguren geben uns Aufschluß über die Kleidung jener Epoche. Obwohl nach normalem mexikanischem Brauch die Männer Lendentuch und Sandalen, die Frauen Wickelrock und Umhang trugen, gibt es einen breiten Spielraum für Kleiderschmuck, durch den sich die zapotekischen Arbeiten herausheben. Noch informativer ist der Kopfschmuck, zumal er vorne gewöhnlich ein Symbol zeigt, daß uns Klarheit über die dargestellte Gottheit vermittelt. Manchmal erweitert sich der Kopfschmuck regelrecht zu Vogelschwingen. So ist ein besonders schönes Exemplar von einem Vogel gekrönt, der möglicherweise den Planeten Venus symbolisiert; er ist eulengesichtig und gleicht eher dem Klagevogel der Maya als dem Quetzalvogel Quetzalcoatls.

Zweifellos gab es bei den Zapoteken eine gebildete Priesterschicht. Einige aus dieser Gruppe könnten die großen Keramiken entworfen haben, insgesamt gesehen lag aber bei den Zapoteken die Töpfereikunst in den Händen der Frauen. Es muß auch eine Militärschicht gegeben haben, wahrscheinlich mit einer Gruppe spezialisierter Befehlshaber, im wesentlichen aber bestehend aus einer alle jungen Männer umfassenden Miliz. Die Zapoteken waren ein strenges, stark der Tradition verbundenes Volk. Sie bewahrten die alte Einrichtung des Gottkönigtums bis zu ihrer Niederlage gegen die Azteken Ende des 16. Jahrhunderts. Obwohl sie von den Teotihuakanern und später von den Tolteken wahrscheinlich nie unterworfen wurden, übten deren Kulturen starken Einfluß auf sie aus. Ihre wissenschaftlichen Leistungen lagen, wie für das damalige Mittelamerika üblich, auf dem Gebiet der Astronomie. Sie bauten auf dem Monte Albán ein sehr zweckdienliches Observatorium mit Laufgängen und Öffnungen, die eine exakte Beobachtung der Sternen- und Planetenbewegung ermöglichten. Ursprünglich war das Bauwerk ohne Zweifel der Aufgabe geweiht, Zeittafeln für die Organisation der Feldarbeit aufzustellen. An seinen Außenwänden finden sich hauptsächlich eingeritzte Symbole im zapotekischen Stil, die Ortsnamen bedeuten.

Die Zapoteken hatten ein Schriftsystem mit Symbolzeichen, von denen Alfonso Caso die Kalenderzeichen entziffern konnte. Wie in allen mittelamerikanischen Kalendern wurden die Tage in Zwanzigereinheiten gruppiert; mit 13 Zahlzeichen kombiniert ergibt sich eine magische Periode von 260 Tagen, die bei Voraussagungen eine Rolle spielt. Das Jahr hat aber 365 Tage, was sich als $20 \times 18 + 5$ darstellen läßt.

So entsteht ein Rahmen, in den die Geschichtsdokumente der Zapoteken, die vor allem in Steinstelen eingraviert sind, eingepaßt werden können. Diese historische Berichterstattung ist jedoch nicht kontinuierlich, wie dies bei den gemalten Büchern ihrer Nachbarn, den Mixteken, der Fall war. Ihre Kultur selbst überstand jedenfalls alle

Umwälzungen der mexikanischen Stammesgeschichte, und sie lebt heute noch in hohem Maße fort. Der große Präsident Benito Juarez, der die französischen Eindringlinge vertrieb, war reinrassiger Zapoteke. Möglicherweise hat ihnen die gebirgige Natur ihrer Heimat bei der Bewahrung ihrer Kultur geholfen. Diese Kultur war nur einmal bedroht, als der große Mixtekenführer Yac Quaa (Acht Hirsche) Ozelotpranke die Zapoteken immer wieder auf dem Schlachtfeld besiegte und den obersten Zapotekenführer bei Mitla schließlich zwang, sich zu ergeben; zu dem Zeitpunkt hatten die Mixteken bereits den Pazifik erreicht. Auf der entsprechenden Zeichnung im Codex Zouche-Nuttall im Britischen Museum erkennen wir aber überraschenderweise, daß der Sieger den besiegten Zapotekenfürsten als lebenden Gott verehrt.

Die Mixteken lebten während der ganzen Zeit der teotihuakanischen Vorherrschaft in ihrer hohen Sierra, ohne sichtbar in die Geschichte einzutreten. Dies geschah erst Ende des 6. Jahrhunderts mit dem Niedergang Teotihuacáns, falls sich dieser nicht schon früher ereignet hat. Später wurden sie ein Element im Herrschaftsgefüge der Tolteken, über die im nächsten Kapitel zu reden sein wird.

Am Gold von Mexiko entwickelten sich während der teotihuakanischen Periode zwei unterschiedliche Kulturen, die der Huaxteken und die der Totonaken. Beide Völker haben äußerst geschickte Bildhauer vorzuweisen, und so wurden einige Zeugnisse ihrer Kulte überliefert. Ihre künstlerischen Stilrichtungen gehen jedoch weit auseinander, ebenso ihre Sprachen. Die Huaxteken sind den weit im Süden lebenden Maya sprachlich verwandt, und sie stellen vermutlich die Restbevölkerung eines ehemals weitverbreiteten Volkes dar, die durch die späteren Invasionen aus dem Hochland abgesprengt wurde.

Die späteren Azteken verachteten die Huaxteken, weil die Männer völlig und die Frauen oberhalb der Hüfte nackt herumliefen. Ursache dieser Eigenheit war im wesentlichen die hohe Feuchtigkeit ihrer tropischen Küste, aber sie milderten ihre Nacktheit, indem sie ihrer Haut schwarze Muster aufprägten und farbige Flächen ausmalten. Solche Muster finden sich auch auf ihren Bauwerken, und wenn man sich an die wuchtigen Formen gewöhnt hat, merkt man, daß sich die Muster zu Götter- oder Tierfiguren entwickeln. Es ist eine einzigartige Kunstform, die für die Huaxteken charakteristisch ist. Die schwarze Farbe wird aus einheimischem Öl, das aus den Felsen bei der Mündung des Panuco sickert, hergestellt; hier befinden sich heute die großen Ölfelder Mexikos.

Die Huaxteken haben nicht viele große architektonische Monumente hinterlassen, aber ihre Skulpturen sind für das Verständnis der mexikanischen Kulte wichtig, weil ihre Götterbilder die ersten Darstellungen der toltekischen und aztekischen Götter in ihrer klassischen Form sind. Hier findet sich vor allem auch Quetzalcoatl, der Morgenstern-Gott, der seinen symbolischen, aus dem Endstück der großen Seemuschel gefertigten Windjuwel trägt. Seine symbolischen Schlangen winden sich um ihn, und er trägt einen typisch huaxtekischen Hut, einen hohen Sombrero. Es gibt auch große hohe Natursteinsäulen, in die die Gestalt und die Symbole des heiligen Quetzalcoatl eingraviert sind. Dies ist nicht verwunderlich, denn die nach Osten gewandte Küste machte den Morgenstern, der über der See vor der Sonne aufgeht, für die Huaxteken gut sichtbar. Diese Periode huaxtekischer Kunst reicht vom späten Teotihuacán bis über die gesamte toltekische Epoche. Ihr Einfluß drang auch in die aztekische Überlieferung ein, wie die folgende Legende zeigt. Als Tezcatlipoca, der Schattengott, die Tolteken vernichten wollte, erschien er in Mexiko als nackter huaxtekischer Händler. Sein bemalter Körper, besonders aber sein schöner Penis, beeindruckte die königliche Prinzessin so stark, daß sie sich so sehr vor Liebe nach dem Mann verzehrte, daß ihr Vater in eine Heirat mit ihm einwilligte. Sie wurde Mutter des toltekischen Quetzalcoatl, unter dem sich das Reich im Bürgerkrieg selbst zerstörte.

Die huaxtekische Kunst zeigt sich am besten in der Keramik. Man knetete Menschen- und Tiergestalten aus Tonstreifen, glättete sie und strich sie dann schwarz an. Über die beliebtesten Tätowierungsmuster erfahren wir am meisten von den Tonfiguren. Diese stellen, soweit sie Menschen abbilden, rundliche, sogar fette Indianer dar, die alle einfache Kopfbedeckungen zum Schutz gegen die Sonne tragen. Es existieren auch Tongefäße in Form einer drachenköpfigen Kröte, wahrscheinlich des Erdungeheuers, dessen hervorspringender Hals und Kopf eine Tülle bilden. Alle Gefäße sind wohlgerundet, wie auch einige anderer Art, die vorn eine hohe Tülle und hinten eine kürzere haben. Dies erleichtert das Ausgießen, weil durch die jeweils andere Öffnung Luft eindringen kann. Ein größerer Teil der meist kugelförmigen Gefäße, stellte nach Modellierung und Bemalung einen menschlichen Kopf dar. Da aber die meisten offene Augen haben, läßt sich daraus nicht schließen, daß die Huaxteken Kopfjäger waren. Sie widmeten sich vielmehr dem Singen und Tanzen und hatten eine große Vorliebe für das *patolli*-Spiel, das mit Bohnen oder Kieselsteinen gespielt wurde und unserem Mensch-ärgere-dich-nicht ähnelt.

Es besteht kein Zweifel daran, daß die Huaxteken von Teotihuacán abhängig waren, aber auch nach dem Untergang dieser Kultur gingen sie ihren eigenen Weg weiter.

Selbst die beherrschenden Azteken gestatteten in späterer Zeit den Huaxteken, im Ursprungsland ihrer größten Gottheiten zu leben. Zu dieser Zeit hatte die Bedeutung der Huaxteken jedoch bereits beträchtlich abgenommen, wahrscheinlich weil der Produktivität ihres Heimatlandes Grenzen gesetzt waren.

Südlich der Huaxteken wohnten die Totonaken, ebenfalls ein Küstenvolk. Auch sie gehen über die Herrschaftsperiode Teotihuacáns hinaus, und sie waren ihren nördlichen Nachbarn kulturell weit voraus. Ursprünglich landwirtschaftlich ausgerichtet und mit der Herstellung gefälliger Tonfiguren befaßt, entwickelten sie ihre Städte unter starkem teotihuakanischem Einfluß. Sie bauten die üblichen Pyramidentempel und verwendeten dabei ihre eigenen durchbrochenen Fächerwerke über dem abgeböschten Fundament auf jeder Stufe der Bauwerke. Ihr Wohngebiet an der östlichen Küste der Landenge von Tehuantepec machte sie empfänglich für alle kulturellen Einflüsse, die sich von hier aus ausbreiteten. Sie selbst zogen einen florierenden Handel mit den Erzeugnissen ihrer tropischen Heimat auf, wobei der Kakao eine wichtige Rolle spielte. Sie verfügten auch über einen beträchtlichen Reichtum an Mineralien, denn in ihrem hügeligen Land gab es Stellen, an denen bereits die Olmeken ganze Blöcke echten Jadegesteins gefunden hatten. Dieser bedeutende Grundstoff war nicht nur als Handelsgut wertvoll, als wichtiger noch galt seine magische Kraft.

Mit den Mayavölkern im Süden hat es immer Kontakt gegeben, wahrscheinlich wurde ein reger Handel betrieben, und zwar besonders mit der Stadt Palenque, die innerhalb weniger Tage – und nach ein paar schwierigen Flußüberquerungen – erreichbar war. Dies mag einige Maya-Merkmale in ihren Kunstprodukten erklären. Mit fortschreitender Zeit nahm die teotihuakanische Macht ab, und die Landenge von Tehuantepec wurde Schauplatz eines kulturellen Wandels, der aus dem Westen kam. Dies scheint jedenfalls die einzige Erklärung für das Auftauchen künstlerischer Elemente unbekannter Art an der Westküste Guatemalas und auch in totonakischen Städten an der Golfküste zu sein. Hierzu zählen eine große Anzahl *hachas*, flache Steinplatten mit quadratischen Konturen, wohl eher Axtblätter, die in gespaltenen Stöcken befestigt werden konnten. Vielen hatte man durch Behauen die Gestalt von Gesichtern gegeben. Eine Anzahl dieser *hachas* fand man in den Trümmern kleiner Hüttenkomplexe innerhalb der Kultbauwerke bei Palenque.

Bald nach dem Niedergang Teotihuacáns erlangte die teotihuakanische Stadt Tajín größere Bedeutung. Die Tempelarbeiten wurden intensiviert, besonders am Nischentempel, den man mit 365 Nischen anlegte, in denen wohl jeweils ein Abbild oder Symbol des Gottes des Tages gestanden hat. In der Stadt finden sich Wände mit sehr flachen Reliefs, auf denen kultische Ereignisse dargestellt sind. Diese Arbeiten wurden oft besonders hervorgehoben, indem man die Konturenlinien verdoppelte und eine bestimmte typisch totonakische Art von Schnörkeln anbrachte. Dieser Kunststil taucht teilweise auf einer Seite der Einleitung des alten Codex Laud (der aber ansonsten in die Zeit der Azteken gehört) wieder auf. Die erwähnten Wände zeigen Opferszenen; die Gestalten tragen einige fremdartige Ornamente, die zwei berühmten totonakischen Kunstgegenständen stark ähnelten, nämlich *palma* und *jugo*. Bei diesen handelt es sich wohl um symbolischen Schmuck der Spieler beim geheiligten Ballspiel, und man findet Parallelen zur Kleidung bestimmter Figuren von der Pazifikküste, die den *jugo* um die Taille tragen.

Die starke Ausschmückung der kleinen Relieffiguren stellt einen der Glanzpunkte totonakischer Kunst dar. Man findet Symbole, Personen, Tiere und Pflanzenmotive in Hochrelieftechnik, wobei die Ränder hervorspringender Flächen mit Perlen wulstartig verziert sind, was den charakteristischen Eindruck der doppelten Konturlinie vermittelt. Die abgebildeten Gestalten gehören Kultvorstellungen an, die denen der Aztekenperiode nahestehen. Es ist nur der Kunststil, der die späte totonakische Kulturperiode von der religiösen Kunst der Tolteken und Azteken abhebt. Auch in der Keramik zeichnen sich die Totonaken durch feine Modellierkunst aus. Sie stellten große Figuren in sitzender Stellung mit wirklichkeitsnahem Aussehen dar. Die männlichen Gestalten tragen das bekannte Lendentuch, die weiblichen, die oberhalb der Taille nackt sind, einen bis unter das Knie reichenden Wickelrock. Die exakte Modelliertechnik verrät Sinn für körperliche Schönheit und betont Hautbeschaffenheit und Gestalt. Selbst die Darstellungen des Alters, wie z. B. eine berühmte Statue des Feuergottes, zeigen trotz abgezehrter Glieder glatte Muskeln und schöne Oberflächen.

Der reiche Schmuck und das hohe bildhauerische Niveau der Totonaken machen ihr Gebiet zu einem bedeutenden Zentrum mexikanischer Kunst. Es scheint eines der großen religiösen Zentren des Landes gewesen zu sein. Aber vieles verdankt es auch seiner Umgebung: Man verehrte die Götter der Huaxteken, das Ballspiel kam von der Pazifikküste, die Bildhauerei war mit derjenigen aus Xochicalco in Zentralmexiko verwandt. Xochicalco war eine alte Stadt, deren Ursprünge bis in die Blütezeit Teotihuacáns zurückgehen und die jahrhundertelang bestanden hat. Inmitten ihrer Ruinen findet sich als letztes großes Bauwerk der berühmte Tempel, die abgestumpfte Pyramide, an deren Seiten sich riesige Reliefs der Gefiederten Schlange befinden und Gestalten, die in den Windungen der Schlange sitzen und an den Maya-Stil erinnern. Auf dem Monument ist das Datum einer achttägigen Unsichtbarkeit des Planeten Venus nach dem mexikanischen Kalendersystem verzeichnet. Der für Xochicalco späte Tempel erinnert nach Kunststil und Kalendersystem an die späteren Tolteken und deutet damit an, daß es bereits eine andere Kultur gab, die in den südlichen Teil des mexikanischen Hochlandes einzudringen begann. Die Schlangen sind mit Doppellinien konturiert; ähnlich wie in Tajín.

Standen Tajín und Xochicalco der Ausbreitung kultureller Einflüsse aus Westmexiko im Wege, so war die treibende Kraft, die die vorzeitige Evakuierung der Maya-Stadt Palenque erzwang, die bedeutende Stadt Cholula. Das Zentrum der Verehrung Quetzalcoatls, des Morgensterngottes, war Cholula. Zwar wurde er in ganz Mexiko verehrt, sein Symbol, der fünfzackige Windjuwel und das Wortbild seines Namens – Quetzal-Schlange – schmücken viele Bauwerke, aber in Cholula hatte er auf der Spitze einer Pyramide sein heiliges Haus. Die riesige Erdaufschüttung trug einen sich ständig erweiternden Gebäudekomplex, der alle 104, vielleicht sogar alle 52 Jahre neu bearbeitet und ausgedehnt wurde. (52 Jahre – das kleinste gemeinsame Vielfache von 260 und 365 Tagen.) Man hat Tunnels ausgegraben, die sich unter dem Komplex befanden, und eine Wand nach der anderen, darunter viele mit Wandschmuck, freigelegt. Letztere stellten die Einfassungen von Pyramiden dar, die jeweils als Erweiterung auf die ältere aufgebaut wurden, als im Verlauf der Zeit die Bedeutung des Pyramidentempels immer größer wurde. Die nachgewiesenen Kunststile sind Ausdruck der sich wandelnden Kulturen, die Mexiko in den verschiedenen Zeiten beherrschten. Nach einer aztekischen Überlieferung aus dem Jahre 1520 wurde Cholula vom Volk der Olmeca-Xicalanca erbaut. Zu einem späteren Zeitpunkt muß sich aber geschichtliche Überlieferung und Mythologie so vermengt haben, daß wir sie nicht mehr entwirren können. Es könnte sein, daß ein kautschukanbauendes Volk, das natürlich den Namen Olmeca erhalten hätte, dort gelebt hat. Sicherlich weisen auch Überreste von Fresken aus der innersten Pyramide gewisse olmekische Stilelemente auf. Wir wissen aber, daß die Bezeichnung Olmeken nicht der echte Namen des ersten Kulturvolks in Mexiko ist. Es mag auch sein, daß die Teotihuakaner Xicalanca genannt wurden, wir haben aber keinen Beweis dafür. Gesichert ist dagegen, daß Cholula zur Blütezeit Teotihuacáns eine heilige Stätte war. Es bildete auch einen Teil des späteren Toltekenreiches, und nach dessen Niedergang blieb es bis zur Unterwerfung unter die Azteken das Zentrum der Verehrung Quetzalcoatls. Aber selbst noch unter den Azteken blieb Cholula eine heilige Stadt von großer gesellschaftlicher Bedeutung.

Das mächtige Cholula, manchmal unabhängiger Staat, manchmal unterworfen, muß – ähnlich den Zapoteken in Westmexiko – ein Hemmnis für radikale Veränderungen gewesen sein. Es hatte eine stabile Kultur und übte über die ganze Zeit eine einende Kraft aus, denn es war Pilgerzentrum für alle Völker Mexikos. Es besaß eine beträchtliche militärische Macht durch eine starke Miliz, aber es war nie eine imperiale Stadt. Cholula war eher ein bedeutendes Marktzentrum, das über das ganze Land Handelsbeziehungen unterhielt, und seine Märkte waren gewöhnlich gut besucht. Tausende von Pilgern kamen, um die unzähligen Treppenstufen zu den Tempelkomplexen auf dem heiligen Erdwall, dem größten von Menschen geschaffenen Bauwerk, zu erklimmen. Auf dem Gipfel fanden sie einen kreisförmigen Bau, die Heimstatt des Gottes, der Sünden vergeben und Fruchtbarkeit einhauchen konnte. Hier lebte der am meisten geschätzte Gott Mexikos, obwohl seine Macht, verglichen mit der des Weltschöpfers Tezcatlipoca, des Gauners, dessen Name ›rauchender Spiegel‹ bedeutet, gering war. In Cholula jedoch regierte Quetzalcoatl als oberster. Heute steht auf seinem Tempelhügel eine kleine katholische Kirche, und die alten Treppen wurden weggeschwemmt. Es sind nur noch die Tempel unter den Schuttmassen, die die alte Heiligkeit fortdauern lassen.

In den ersten 6 Jahrhunderten unserer Zeitrechnung war Mexiko von Teotihuacán beherrscht. Die Azteken lagen sicherlich nicht falsch, als sie das große Ruinenfeld der Stadt mit ihren gewaltigen Pyramiden »Den-Platz-an-dem-die-Götter-entstanden« nannten. Als sich die Macht der Stadt ihrem Ende zuneigte, blühten die Künste noch einmal auf, und der Reichtum ihrer Bewohner drückte sich in nie gekannter Kleiderpracht aus. Die Stadt war ein großartiges Zentrum agrikultureller Religion, die sich auf den Regen- und Wassergott Tlaloc gründete, ohne dessen Gnade Mexiko nicht existieren konnte. Die aus den Priesterhäusern erhaltenen Malereien lassen eine tiefgründige Weisheit in der Religion erkennen. Eine Malereidarstellung Tlalocs zeigt ihn als Gott der Berge, der sich von der Erde erhebt, aber sie zeigt auch eine spätere Erscheinung des Gottes über den Wolken im himmlischen, mystischen Raum jenseits der Sternensphäre. Es kann gut sein, daß ein Gutteil der Kultvorstellungen auf

Olmekischer Riesensteinkopf von La Venta, zwischen 900 und
700 v. Chr.

Olmekische Stele, die einen Kriegsgott mit Streitaxt und mannig-
faltigem Kopfschmuck zeigt. La Venta, zwischen 900 und 700 v. Chr.

Die Sonnenpyramide von Teotihuacán. 100–750 n. Chr. Die Bauten im Vordergrund sind Teil eines kultischen Weges, der Straße des Todes. 2. oder 3. Jh. n. Chr.

Steinsäule mit der Maske des Regengottes Tlaloc. Azcapotzalco,
6. Jh. n. Chr.

Totonakische Keramikdarstellung eines singenden Mädchens mit
Rock und Muschelornamenten. Vera Cruz, zwischen dem 10. und
12. Jh. n. Chr.

Seite aus dem mixtekischen Kodex, die von Vermählungen handelt.
Codex Zouche-Nuttall, heute im Britischen Museum; 14. Jh. n. Chr.

Aztekische Kriegstrommel mit Reliefdarstellung des Sonnengottes als Huitzilopochtli, dem Herrn des Krieges. Toluca, 15. Jh. n. Chr.

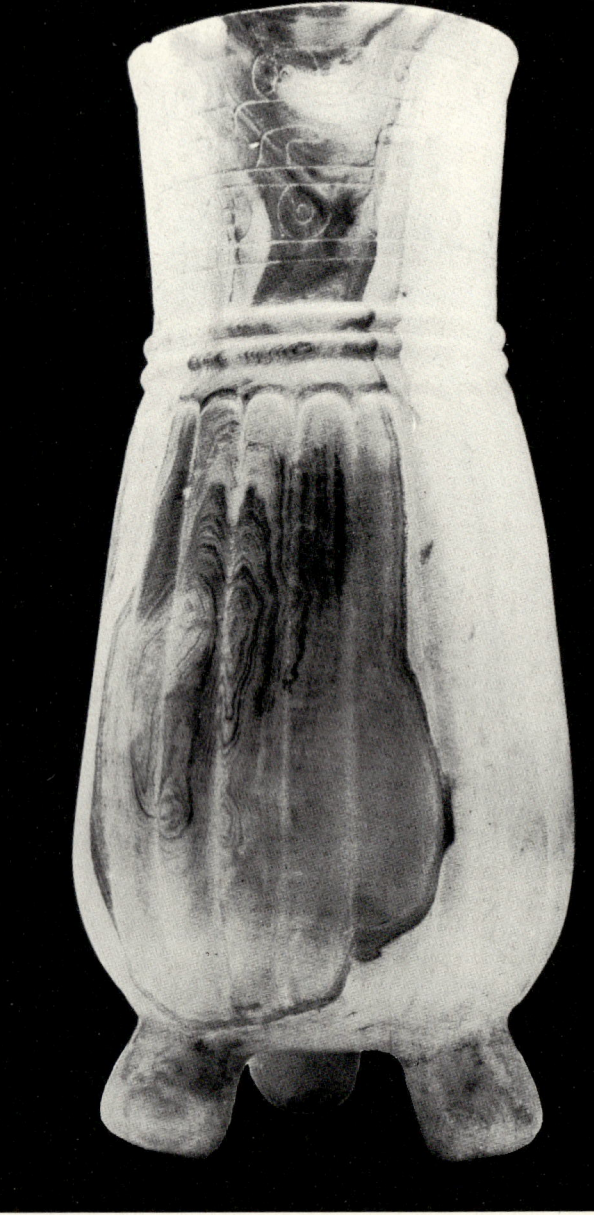

Aztekisches Reliefgefäß aus Kalzit zur Aufbewahrung von Kakao. 16. Jh. n. Chr.

der Basis von Drogen in einer strikt kontrollierten Umgebung aufrechterhalten blieb. Die Priester suchten nach Erleuchtung, und alle trugen als Statussymbol ständig ihren Weihrauchbeutel mit sich. Zweifellos fasteten sie und übten schmerzliche Selbstzucht, so streng wie ihre aztekischen Nachfolger. Aber dann war plötzlich diese ganze Welt zerstört.

Die Umstände der Zerstörung Teotihuacáns sind uns völlig unbekannt. Zwischen dem Niedergang Teotihuacáns und dem Aufbau des nächsten Machtzentrums bei Tollan, wo die Toltekenfürsten residierten, klafft eine Lücke von über hundert Jahren. Professor S. Linné hat bei einer Ausgrabung in Teotihuacán ein frühes toltekisches Grab gefunden, das durch die Wände eines zerstörten und verschütteten Hauses hindurch ausgeschachtet worden war. Was war zwischen der Zerschlagung Teotihuacáns und der Bestattung des Toltekenführers auf dem Ruinenfeld geschehen? Wir können es nicht sagen. Nach gängiger Auffassung geht man vom Einfall primitiverer Stämme aus dem Norden aus. Aber obwohl die Tolteken Nahuat (eine alte Form des aztekischen Nahuatl) sprachen, das mit den Sprachen einiger nordamerikanischer Indianerstämme verwandt ist, begann doch die eigentliche Wanderung der Indianer aus dem Norden erst mit den Chichimeken im 11. Jahrhundert. Dagegen lebte im Süden an der Pazifikküste Guatemalas schon lange ein Volk, das den toltekischen Kalender benutzte und deren Keramikarbeiten bis hinunter zu den Küsten San Salvadors und zeitlich zurück bis zur Gründungszeit Teotihuacáns nachgewiesen werden können. Es ist denkbar, daß dieses Volk von der frühen Wanderbewegung der Maniokbauern von den Südküsten der Karibik ergriffen wurde.

Dieses Volk, das sich selbst die Pipiles (die Prinzen) nannte, wurde an den Küsten Guatemalas seßhaft und erreichte eine hohe Kultur mit einem reichen, fast realistischen Kunststil. Mittelpunkt dieser Kultur wurde Santa Lucia Cozumahualpa, wo mehrere gewaltige Stelen errichtet wurden, die über ihre Religion Aufschluß geben. Einige der Monumente weisen Tagessymbole mit Zahlenangaben auf, die als Datumsangaben nach der Art toltekischer Kalender gelesen werden können. Bei El Castillo gibt es eine dieser interessanten Säulen, auf der bildlich dargestellt ist, wie die schwarze Eule des Planeten Venus zurück in die aufgehende Sonne fliegt, gerade als der Stern Aldebaran zur Sonne aufsteigt. Die Datumsangaben auf dem Monument beruhten, wie sich erwies, auf einer nach den Phasen der Venus ausgerichteten Zeitrechnung. Dachte man bis dahin, daß die Kultur aus dem 9. oder 10. Jahrhundert datiert, so wurde diese Auffassung durch das dargestellte astronomische Ereignis, das im Dezember des Jahres 416 n. Chr. zu beobachten war, revidiert.

Wir besitzen hiermit eine vortoltekische Inschrift von der Westküste Guatemalas aus der Zeit, als Teotihuacán noch eine bedeutende Macht in Mexiko war. Der Venusdurchgang fand an der Küste Guatemalas gegen Sonnenaufgang statt, so daß es möglich ist, daß die pipilischen Astronomen die Bewegung des schwarzen Flecks über die Sonnenscheibe durch den Morgennebel über den Bergen beobachten konnten. Es ist aber auch nicht auszuschließen, daß sie zur Beobachtung einen polierten Obsidianspiegel verwendeten; diese Technik brauchten sie nicht, neu zu erfinden, denn seit olmekischen Zeiten sind konkave Vergrößerungsspiegel, mit denen man erfolgreich arbeiten konnte, bekannt. Das wichtigste an dieser Erörterung ist aber, daß sich das angegebene Datum exakt in unseren Kalender einordnen läßt und genau mit den alten aztekischen Kalendern übereinstimmt. Damit ist erwiesen, daß der Kalender toltekischer Art eine bis ins frühe 5. Jahrhundert zurückgehende Tradition hat.

Die Skulpturen auf den Stelen der Gegend um Cozumahualpa, von denen viele heute in Berlin stehen, vermitteln uns Kenntnisse über die Religion der Pipiles. Offenbar gab es Menschenopfer; den Göttern wurden sowohl Herzen als auch Köpfe dargebracht. In einem Falle ist ein geschrumpfter, getrockneter Kopf zu sehen, der auf einem x-förmigen Kreuzstab, wie ihn die mexikanischen Astronomen für ihre Beobachtungen verwenden, angebracht ist. Auf einer berühmten, heute in Berlin befindlichen Stele bekommt der Planet Venus eine beängstigende Gestalt, nämlich die einer großen Schlange, geschmückt mit dem Symbol des Morgensterns, die aus dem Maul eine Göttergestalt ausstößt, wahrscheinlich Quetzalcoatl, dem das Herz eines menschlichen Opfers dargeboten wird. Der künstlerische Wert der Darstellung ist beträchtlich, aber sie scheint allem, was wir über den Quetzalcoatl-Kult wissen, zu widersprechen. Auf anderen Monumenten finden sich Schädel und Skelette als Symbole göttlicher Macht. Die Datierungszeichen erscheinen als eine Reihe von Ringen, die die Zahlen ausdrücken, wobei mit jedem Ring ein Tageszeichen verbunden ist. Dies ist eine frühe Form der Datumsnotierung im toltekischen System, bei der Namen und Gottheit des einzelnen Tages wichtig sind. Noch bedeutender ist der Umstand, daß die Priester und/oder die hohen Standespersonen in kultischer Kleidung dargestellt sind, was an die späte olmekische Tradition erinnert. Es finden sich aber auch die symbolischen Ornamente der Ballspieler, wie sie auf den wahrscheinlich späteren Skulpturen von Tajín auftauchen.

Diese wichtige Gruppe von Bildhauereien aus Cozumahualpa nimmt eine Schlüsselstellung ein zum Verständnis der kulturellen Ursprünge des späteren Toltekenreiches. Bei den frühen toltekischen Skulpturen finden sich seltsame Stilelemente, wie beispielsweise die nach innen gebogenen Schienbeine stehender Gestalten. Diese Arbeiten sind zwar grob und primitiv, wenn man sie mit den realistischeren Stelen von Cozumahualpa oder dem feinen Dekor totonakischer Bildhauerei vergleicht, thematisch sind sie aber ähnlich. Es gibt eine stilistische Verbindung zwischen den Pipiles und den Erbauern des Tempels der Gefiederten Schlange bei Xochicalco. Es bedarf zwar noch weiteren Studiums, aber es scheint, als sei die gewaltsame Zerstörung Teotihuacáns von den Pipiles beeinflußt gewesen.

Der Fall Teotihuacáns muß sich vor dem Jahr 600 ereignet haben und war ähnlich wie in späteren Zeiten der Grund für den Fall der vorgelagerten Garnisonsstädte, die zum Teil verlassen wurden, zum Teil aber auch lokalen Aufständen zum Opfer fielen. Nur die Maya-Städte blieben von den Ereignissen unberührt. Auf mexikanischem Gebiet schien bei den Zapoteken der künstlerische Einfluß Teotihuacáns in den späten Stadien weniger ausgeprägt; die Keramik wurde typischer zapotekisch. Im Osten blieben die Huaxteken bei ihren alten Herstellungsweisen und schufen noch interessantere Tonwaren. Die Totonaken, deren Bedeutung weiter anwuchs, erreichten nach dem Fall Teotihuacáns ihre höchsten künstlerischen Leistungen. Cholula blieb die bedeutende, dem Quetzalcoatl geweihte Stadt. Es gibt keine Hinweise für den Ausbruch von Seuchen, wie sie in Bürgerkriegen gewöhnlich auftraten, wahrscheinlich gab es sie aber. Die großen Tempelpyramiden Teotihuacáns blieben weiterhin Pilgerzentren. Der einzige Ort, an dem teotihuakanische Kunst weiter betrieben wurde, war die kleine Stadt Azcapotzalco. Hier wurde der Kunststil aufwendiger und ziemlich dekadent, und allmählich mischte er sich mit dem toltekischen.

Der Haupteindruck, den diese vor dem eigentlichen Beginn der mexikanischen Geschichte liegenden Periode hinterläßt, ist geprägt von der Zerstörung der großen Stadt Teotihuacán und dem Aufkommen mehrerer kleiner Stadtstaaten mit geringfügig verschiedenen Kulturen. Wahrscheinlich war es die Zeit eines intensiven Kampfes um die Vorherrschaft. Die mexikanische Zivilisation gründete sich immer auf die Stammesmacht. Nach dem Fall des theokratischen Teotihuacán trat der Kriegshäuptling stärker in den Vordergrund. Er führte seinen Stamm in die Schlachten, um die Herrschaft über andere Völker zu erringen. Wer angegriffen wurde, scheint unwichtig gewesen zu sein; die Hauptsache war die Demonstration von Macht, die Sicherung von Tributen und Gefangenen als Opfer für die Götter. Wegen des Zusammenbruchs einer einenden Kultur und bedingt auch durch das Fehlen historischer Dokumente, läßt sich keine durchgehende geschichtliche Linie erkennen. Wahrscheinlich haben wir es mit einem Interregnum zu tun, in dem fast völlige Stammesanarchie herrschte.

Man muß allerdings feststellen, daß das Kulturniveau Mexikos zur Zeit des Machtvakuums nach dem Niedergang Teotihuacán unvergleichlich viel höher war als in der Periode nach dem Versinken der olmekischen Kultur.

In der Zeit nach dem olmekischen Niedergang verschwand ein großer Teil der Kunstfertigkeit, über die man bereits verfügte, wenn auch Kalendersystem und Teile der Götterwelt tradiert wurden. Das städtebauliche Niveau blieb gering, und jede Einheitlichkeit schien zusammengebrochen. Das kulturelle Vakuum wird selbst in Oaxaca deutlich, wo die ersten Skulpturen auf dem Monte Albán erst fast 300 Jahre nach dem Zusammenbruch der zentralen olmekischen Kultur auftauchen.

Teotihuacán scheint unabhängig, nur gestützt auf die Agrarsiedlungen im Tal von Mexiko entstanden zu sein. Der ganze Umkreis künstlerischer Tätigkeit beruhte auf der Religion, und man kann in Mittelamerika Religion und Krieg nicht trennen. Die Götter Teotihuacáns waren agrikulturellen Ursprungs, aber sie tragen Waffen und treten verschiedentlich bei kriegerischen Auseinandersetzungen auf. Selbst wenn der oberste Führer der Stadt ein hoher Priester war, so kann er dennoch auch militärischer Führer gewesen sein. Belege für die Opferung von Herzen gibt es genügend auf den Malereien und in wenigstens einem Falle auch in Form einer Plastik. Es besteht kaum ein Zweifel, daß die Opfer, die man mit großem Zeremoniell in den Himmel schickte, wichtige Kriegsgefangene waren. Man kann sich schlecht eine indianische Zivilisation in Mexiko vorstellen, die sich auf Landwirtschaft und Handel gründet und die nicht zugleich über eine starke, aktive Militärmacht verfügt, um die Handeltreibenden zu schützen und das Umland zu Tributzahlungen zu zwingen.

Es ist gut möglich, daß gegen Ende der Herrschaft Teotihuacáns der Kontakt der Stadt mit den Völkern der Landenge und Guatemalas bis Kaminal-Juyú abgeschnitten wurde, und zwar aufgrund von Entwicklungen, die bei den Pipiles an der guatemaltekischen Küste und den Totonaken an der Golfküste ihren Ausgangspunkt hatten.

Das mußte der großen Stadt vorteilhafte Handelsbeziehungen und Tribute genommen haben, was sich im Mangel an Kautschuk, Kakao, tropischen Federn usw. ausgedrückt haben kann. Außerdem mag dies andere Städte zum Aufstand ermutigt haben. Für all das gibt es jedoch keine definitiven Belege. Aus Teotihuacán sind uns keine längeren Inschriften überliefert, und alles, was wir an schriftlichen Zeugnissen von den Pipiles besitzen, ist Information über Kalender und Religion, jedoch kein historischer Bericht. Selbst die bildschriftlichen Dokumente der mixtekischen Herrscher gehen nur bis wenige Jahre ins 7. Jahrhundert zurück. Was verdankt Mexiko Teotihuacán? Wahrscheinlich die Idee von einer herrschenden Gruppe, die die anderen Stämme unterdrückt; die volle Entwicklung einer Religion, die Verehrung von Naturgewalten, verbunden mit einer komplizierten Theologie eines drei- oder vierschichtigen Universums; Aufbau und Erhaltung eines großen Stadtkomplexes um ein zentrales Kultzentrum. Auf allen diesen Gebieten hat Teotihuacán die olmekischen Ansätze derart weit übertroffen, daß sich die Zivilisation vollständig wandelte. Es war eine große und wahrhaft mexikanische Indianerkultur entstanden, die alle folgenden Generationen überdauern sollte. Was die Künste anbetrifft, waren die teotihuakanischen Architekten Meister ihres Faches. In der Bildhauerei bestand die Neigung, die Gestalten im Vierkantblock zu belassen. In der Malerei und Töpferei leisteten sie Hervorragendes. Über Metalle verfügten sie nicht, aber sie fertigten sehr schöne Gegenstände aus Edelstein und Muschelschalen. Bei alledem waren sie den Beschränkungen der mittelamerikanischen Technologie unterworfen: sie verfügten nicht über das Rad, die Töpferscheibe oder den tragenden Bogen in der Baukunst. Aus ihren Gemälden läßt sich

schließen, daß ihre Weber mit ihren einfachen Bandwebstühlen Hochleistungen erzielten. Innerhalb ihrer Grenzen waren sie meisterhafte Handwerker und Künstler.

3. Tolteken und Azteken

Mit dem Aufkommen der Tolteken finden wir in Mexiko die erste breite Verwendung von Kupfer, Bronze und Gold. Man bediente sich einer einfachen Hohlgußtechnik, mit der sich bereits recht komplexe Formen beherrschen ließen. So finden sich gegossene Kleinfiguren und Glöckchen, die mit aufwendigen Verzierungen versehen sind und wie Drahtarbeiten aussehen. Im Nordwesten Mexikos gab es reichlich Kupfererz, und die hier ansässigen Stämme scheinen ihre eigenen Verfahren zur Herstellung von Waffen und Werkzeugen entwickelt zu haben. Gold war jedoch nicht so leicht zu finden, und wahrscheinlich bezog man einen Großteil davon aus Mittelamerika. Nirgendwo finden sich Goldminen; man gewann es durch Auswaschen des Flußsandes.

Auch die gesellschaftliche Organisationsform der Tolteken unterschied sich von den bis dahin bekannten. Die Macht wurde von einem militärischen Führer ausgeübt, der die gleiche Machtstellung wie der oberste Priester hatte und den gesamten zivilen Bereich des Landes verwaltete. Es war ein Militärstaat, der sich stark von den früheren Gottkönigtümern abhob. Der toltekische Herrscher wurde Uei Tlatoani (großer Sprecher) genannt, weil er für die vielen Stämme seines Machtbereiches sprach. Er führte auch die Bezeichnung Quetzalcoatl, weil er direkter Nachkomme des gleichnamigen Morgensterngottes, des Gründers des Herrschergeschlechts, war.

Wahrscheinlich hat es eine Wanderbewegung und eine

frühere Siedlungsstätte gegeben, bevor die Tolteken ihr Hauptzentrum Tollan aufbauten. Von hier aus, in der leicht gewellten Ebene, etwa 35 km nordwestlich von Mexiko City, breiteten die neun Uei Tlatoani der Tolteken ihre Herrschaft über ganz Mexiko aus. Diese Machtausdehnung verlief nach toltekischen Geschichtsbüchern sprunghaft, aber auch kontinuierlich, und unter dem Fürsten Neun-Winde des Zweiten hatte das ganze zivilisierte Mexiko die Herrschaft Tollans angenommen.

Man hat viel über zeitliche Einordnung der Tolteken gestritten. Die *Annales Cuauhtitlán* reichen mehrere Regierungsperioden zurück, aber da sich die Namen lokaler Führer oft wiederholten, mußten die Wissenschaftler einige aussondern. Die Listen wurden so angelegt, daß sie mit dem Jahr 1168, als die Azteken ihr Herkunftsland verließen und Tula fiel, in Übereinstimmung kamen. Selbst die Längen der Regierungszeiten der toltekischen Oberhäupter wurden durcheinandergebracht, weil der berühmte mexikanische Historiker Fernando de Alva Ixtlilxochitl einige Dokumente aus seinem Besitz so interpretierte, daß jeder der Toltekenführer von einem Jahr 1 beginnend eine 52jährige Periode regierte. Schließlich hat aber der Wiener Kodex (*Codex Vindobonensis, Mexic. 1.*) einiges Licht in die Sache gebracht.

Diese Schrift enthält eine Reihe von Mythen über die Erschaffung der Welt und geht dann zu der Zeit über, in der der Gott Quetzalcoatl auf die Erde kam, um die Macht der Tolteken zu begründen. Nach der Legende hat sich der Gott schließlich mit einer Prinzessin versündigt, die eine Göttin war. Als er seine Missetat, die freilich unter dem Einfluß des Zauberpilzes begangen worden war, erkannt hatte, schämte er sich über den ausgiebigen Gebrauch, den er von seinem riesigen Penis gemacht hatte.

Er verließ Mexiko und fuhr auf einem Floß aus Schlangenhäuten zur Sonne, deren Hitze das Gefährt verbrannte. Quetzalcoatls Herz stieg zum Himmel auf, wo es als strahlender Planet Venus sichtbar ist. Der Kodex beschreibt dieses Ereignis als eine Sonnenfinsternis, während der Sonne und Venus gleichzeitig sichtbar waren. Eine Überprüfung durch das königliche Observatorium von Hurstmonceux hat ergeben, daß die Verbindung der Venus mit einer Sonnenfinsternis selten vorkommt, und daß es sich bei der erwähnten um die am 16. Juli 790 n. Chr. eingetretene Verfinsterung handeln muß. Damit hatte man schließlich einen Datierungspunkt für die beginnende Toltekenherrschaft. Nach dem Dokument war der erste Quetzalcoatl eine göttliche Gestalt; der toltekische Schreiber glaubte fest daran, daß der Begründer der Herrscherlinie ein Gott, und zwar der des Morgensterns, war. Es mag hier eine Verbindung zur riesigen Schlange des Morgensterns geben, die anderthalb Jahrhunderte früher bei Cozumahualpa auftaucht, aber dies ist nicht sicher. Zweifellos hat es aber schon damals in Cozumahualpa eine vollentwickelte toltekische Version des mittelamerikanischen Kalenders gegeben.

Nach dem *Codex Vindobonensis* gab es neun toltekische Oberhäupter, was den aztekischen Historiker Ixtlilxochitl bestätigt. Aber während dieser schreibt, daß jede Regierungszeit im Jahre 1 begann und jeder Führer offiziell für die Dauer von 52 Jahren bestellt war, zeigt der ältere Kodex, daß die durchschnittliche Dauer der Regierungen eher bei 20 Jahren liegt. Nach dieser Quelle muß der Fall Tulas in der Zeit von 980 bis 990 n. Chr. liegen.

Der *Codex* zeigt auch an, daß die meisten, aber nicht alle Toltekenherrscher ihr Machtgebiet vergrößerten. Unter dem vorletzten Quetzalcoatl umfaßte das Reich das gesamte zivilisierte Mexiko. Zwei Herrscher führten keine Kriege nach außen, sondern veranstalteten statt dessen ›Blumenkriege‹, in denen sich die Kriegergemeinschaften Scheingefechte lieferten, dabei aber genügend Gefangene machten, um die Altäre der Götter an allen 18 Festtagen im Jahr mit frischen Menschenherzen zu versorgen.

Das Reich vollzog eine ständig aufstrebende Entwicklung, bis sich unter dem letzten Quetzalcoatl, der wie sein göttlicher Vorfahre am Tag Neun-Winde geboren wurde, ein plötzlicher Wandel vollzog. Vom mächtigen Toltekenreich waren nur noch ein paar Bergketten übrig. Der *Codex* gibt keine Gründe dafür an.

Nach mexikanischen Sagen war der Gott Huitzilopochtli, eine der Gestalten des furchtbaren Demiurgs Tezcatlipoca, der mit Zauberkraft gegen die Tolteken arbeitete, die Ursache des Niederganges. Dieser erschien als nackter huaxtekischer Händler auf dem Marktplatz von Tollan, wo ihm die schöne Prinzessin des Landes begegnete. Als sie ihn mit seinem schönen unverhüllten Penis sah, erfaßte sie eine große Sehnsucht nach dem Mann. Schließlich willigte ihr Vater in die Heirat mit dem Fremden ein. Ihr Sohn, der an dem magischen Tag mit Namen Neun-Winde zur Welt kam, führte später die Verehrung des Kriegsgottes wieder ein und heiratete ein wunderschönes Mädchen, das aber eine Bürgerliche war. Als nun sein Vater starb, wurde Prinz Topiltzin Quetzalcoatl Toltekenherrscher; der größte Teil des Adels verweigerte ihm deshalb die Gefolgschaft. Es gab einen Aufstand, und aus allen Himmelrichtungen rückten Heere heran, die so lange gegeneinander kämpften, bis Tollan vollständig zerstört war. Die Verwüstungen waren derart furchtbar, daß die Stadt erst Anfang dieses Jahrhunderts wieder entdeckt wurde, und die vorgefundenen Ruinen waren so unergiebig daß man zunächst glaubte, ein Dorf vor sich zu haben, und die Legenden von der Größe Tulas für Hirngespinste hielt.

Ausgrabungen während der letzten Generation haben dann jedoch ein riesiges Ruinenfeld von etwa 15 Quadratkilometern Ausdehnung zutage gefördert. Es läßt sich erkennen, daß die Tempelbauten, verglichen mit denen Teotihuacáns, klein waren. Interessant sind die Paläste, für die Innenhöfe mit umrandenden Säulengängen und quadratische Opferhügel in der Mitte charakteristisch sind. Die Zerstörung Tollans (heute Tula, nach dem nahegelegenen Dorf gleichen Namens) war so stark, daß selbst das behauene Außengestein der Tempel abgetragen war und die Paläste nur bis zu der Höhe erhalten blieben, wie sie von den Trümmern der Mauern und des verbrannten Holzes verschüttet waren. Die berühmten ›Neun Häuser‹ Quetzalcoatls wurden vollständig zerstört, und nur eine Muschelmosaikdarstellung des Kopfes dieses Gottes verweist auf die Stelle, wo wahrscheinlich das ›Haus der Muscheln‹ gestanden hat.

Die Kunst der Tolteken hatte man sich als besonders prachtvoll vorgestellt, wahrscheinlich weil die Bezeichnung *tolteca* sowohl »Person aus Tollan« als auch »vollendeter Baumeister« bedeuten kann. Leider erwies sich diese Kunst aber als sehr einfach, und das wenige, das die Zeit überdauert hat, ist grob und unreif. Man fand Wände mit durchbrochenen Verzierungen und Wolkendekor, die von Schichten überzogen waren, auf denen man Ozelote und Adler (Symbole auf der Kriegerkleidung bei feierlichen Aufmärschen) erkennen konnte. Ferner gab es Reihen von Schlangen, die Schädel hielten. All dies erstrahlte einst in herrlichen Farben. Die Kleidung ist nach der gewöhnlichen mexikanischen Machart gefertigt; Schmuckstücke sind bereits aus Gold. Man fand Tonperlen mit Goldbeschlag und fein gearbeitete goldene Ohranhänger. Röcke und Beinkleider wiesen Ziersäume auf, in denen Kupfer, manchmal auch Gold oder Legierungen aus Gold und Kupfer verarbeitet waren.

Wahrscheinlich stammt die Verwendung von Gold als Werkstoff von der Pazifikküste südlich Mexikos; von dort breitete sie sich nach Norden aus. Es handelte sich durchweg um Waschgold aus Flußsänden. Kupfer wurde in offenen Gruben abgebaut und ausgeschmolzen, ähnlich wie das Silber, das ein Nebenprodukt der Kupferherstellung gewesen zu sein scheint. Auch Quecksilber wurde gewonnen, und zwar durch Erhitzen des roten Zinnober. Man verwendete dieses Metall zur Herstellung von Amalgamen mit Gold und Silber, die bereits einfache Metallauflagen ermöglichten. Oft verschmolz man Gold und Kupfer zu einer Legierung, die nach dem Guß mit einer starken pflanzlichen Säure behandelt wurde. So wurde das Kupfer aus der Oberfläche entfernt, und es entstand eine poröse Schicht reinen Goldes, das man blank rieb. Nichts deutet darauf hin, daß es sich hierbei um eine mexikanische Erfindung handelt. Vielmehr gleicht das Verfahren denen, die in Panama und Costa Rica entwickelt worden waren, es erreichte jedoch nicht die Perfektion wie im Süden. Die Tolteken waren fasziniert von dem schönen Metall und glaubten, daß es vom Himmel getropft sei. Sie nannten es »Teocuitlat«, was soviel wie »Kot der Götter« bedeutet, aber vielleicht besser mit »himmlische Tropfen« wiedergegeben werden sollte.

Die Töpfereikunst machte in der Zeit der Toltekenherrschaft Fortschritte, die Töpferscheibe wurde jedoch nicht erfunden. Man wickelte die Gefäße spiralförmig aus kleinen Lehmrollen auf. Die schönsten Stücke wurden fein modelliert und mit einem orangefarbenen Überzug versehen. Viele polierte man vor dem Brennen mit feinem Kieselsand. Auf einigen Gefäßen finden sich Götterfresken, aber davon gibt es nur noch wenige. Es wurden auch viele ziemlich flache Tonfigürchen mit Götterdarstellungen hergestellt; einige zeigen noch die ursprüngliche Bemalung. Darauf deutet sich die prachtvolle Kleidung der herrschenden Klasse, der feingearbeitete Federschmuck und die große Vielfalt der Gesichtsbemalung an. Leider haben die meisten der erhaltenen Kleinfiguren ihre Farben verloren. Im südlichen Mexiko an der Grenze zu Guatemala gab es in toltekischen Zeiten Töpfer, die einen ganz besonderen Ton gefunden hatten. Wie sie ihn zubereiteten, ist nicht bekannt. Jedenfalls wurden die grauen Tongefäße mit einem Streifen dieses fein vermischten Tons versehen und anschließend gebrannt. Dabei bekam der Streifen eine harte und leuchtend tiefgrüne oder graugrüne Farbe. Man hielt das für eine Art Jade-Imitation, die sich großer Beliebtheit erfreute. Im ganzen Toltekenreich wurden Waren dieser Machart gehandelt. Aber noch vor dem Niedergang Tollans erschöpften sich die Vorräte dieses Wunderlehmes, und so bildet das Vorhandensein der grünlichen, ›verbleiten‹ Tonware einen sicheren Anhaltspunkt für die Datierung eines Fundortes in die toltekische Zeit. ›Verbleit‹ ist übrigens eine Fehlbezeichnung, die auf der Ähnlichkeit mit der Färbung europäischer Bleiglasurware beruht. In jüngster Zeit haben einige Händler herausgefunden, daß die Oberfläche verbleiter Stücke, die bei einer Temperatur von 1 200 Celsius gebrannt werden, zu einer echten Glasur von prächtigem Farbgemisch aus Grün und Weiß verschmilzt. Dies ist jedoch nicht das ursprüngliche Brennverfahren, denn die mexikanischen Töpfer arbeiteten mit Holzfeuer, mit dem sich kaum höhere Temperaturen als bis 950 Celsius erzielen lassen.

Leider sind keine toltekischen Textilarbeiten erhalten. Wir besitzen nur durch Malereien und Reliefs Kenntnis von ihnen, sie waren hiernach aber prachtvoll in Gestaltung und Farben. Die Frauen trugen Wickelröcke, die von der Hüfte bis übers Knie reichten. Den Busen bedeckte ein *quechquimitl*, eine Art bestickter Poncho mit verzierten Säumen. Rock und Poncho hatten an den Rändern Fransenschmuck. Die gewöhnliche Fußbekleidung waren Sandalen. Fuß- und Armspangen galten als normaler Gebrauchsschmuck, der durch kreisförmige Ohranhänger und Halsketten ergänzt wurde. Das Haar wurde auf die verschiedensten Arten geflochten und bebändert, und man bemalte sich das Gesicht häufig mit gelber Farbe, auf die rote Muster aufgebracht wurden. Die Männer schmückten sich mehr als die Frauen. Ihre Grundkleidung bestand aus einem Lendentuch und einem kurzen Rock, die manche durch einen Mantel oder Rückenumhang ergänzten. Die Vornehmen trugen breite Anhänger in Form stilisierter Vögel über der Brust, eine Art schulterkragenartige, oft aus Jade gefertigte Halskette, schmückende Fußbänder und Armspangen aus Federn sowie aufwendigen Kopfschmuck aus Muschelschalen und Federn. Die Krieger hatten weiche, biegsame, reich verzierte Schilde, und auf dem Rücken trugen sie kreisförmige Scheiben über den Nieren, die ebenfalls prächtig mit Muschelschalen und Türkisen verziert waren.

Im Laufe der Zeit wurden die Tolteken ein ruhmreiches Volk, deren Stadt Tollan sich immer weiter ausdehnte und große Pracht entfaltete. Aus dem *Codex Vindobonensis Mexic. I* geht hervor, daß sich das Reich durch eine Reihe von Kriegen gegen verschiedene andere Stadtstaaten Mexikos ausdehnte, bis das gesamte zivilisierte Gebiet unter seiner Herrschaft stand. Diese Kriege fügen sich ganz und gar in das mexikanische Muster ein, nach dem die eine oder andere Stadt die Macht über andere an sich reißt und ein Reich aufbaut, das auf Tributzahlungen gegen militärischen Schutz beruht. Es war in allen Fällen eine militärische Konstruktion, aber die Tolteken übten ihre Herrschaft im Rahmen einer neuen Form des alten theokratischen Machtanspruches aus, denn ihr Oberhaupt trat als direkter Nachkomme des göttlichen Quetzalcoatl, des Herrn des Lebenshauchs, auf. Hierin waren sie so erfolgreich, daß alle späteren mexikanischen Führer nur dann einen Herrschaftsanspruch erhoben, wenn sie in ihren Ahnenreihen einen zu den Tolteken führenden Ast nachweisen konnten. So behielt der Quetzalcoatl-Kult weiterhin Bedeutung, auch dann noch, als in der Regierungszeit des letzten Toltekenherrschers der Kriegsgott Tezcatlipoca-Huitzilopochtli die oberste Stellung in der Götterwelt zurückerlangte.

Über die neun Oberhäupter der Tolteken wird im *Codex Vindobonensis* im einzelnen berichtet. Nach deren Zeit aber erscheint in dem Dokument eine undatierte Reihe von Führergestalten. Ob es sich um Abkömmlinge des Herrscherhauses oder um Repräsentanten von Familien handelt, die den Zusammenbruch in Mexiko überlebt haben, ist nicht bekannt. Auf der Rückseite des *Codex* hat ein anderer Künstler eine Liste der Mixtekenfürsten von Tilantongo aufgezeichnet. Diese Führer sind von anderen mixtekischen Dokumenten her bekannt, woraus geschlossen werden konnte, daß die *Vindobonensis*-Liste kurz nach 1350 endet. Beim Niederlegen der letzten Herrschernamen muß der Schreiber unter Zeitdruck gestanden haben, denn hier hat er die Jahreszahlen weggelassen. Mögli-

cherweise fällt in die Zeit um 1350 eine furchtbare Niederlage der Mixteken, und dies könnte auch erklären, wie das
Dokument in die Hände der Azteken kam. Nachweislich
befand es sich bereits vor dem Ende der aztekischen Herrschaft in Europa, und das weist mit ziemlicher Sicherheit
darauf hin, daß der große Herrscher Montezuma II. es
Hernandes Cortés, den er für den zurückgekehrten Tolte-
kengott Quetzalcoatl hielt, geschickt hat.

Das Ende der Toltekenherrschaft über Mexiko war ein
schreckliches Ereignis. Es wurde nicht nur die Hauptstadt
Tollan entweiht und verwüstet, der Krieg griff auf ganz
Mexiko über. Aus jener Zeit ist eine große Seuche überliefert, die durch die vielen verwesenden Leichen verursacht
wurde. Nur sieben toltekische Adelsfamilien sollen im
Land verblieben sein. Es kam zu einem fast vollständigen
Zusammenbruch der Zivilisation. Einige Städte überleb-
ten jedoch, darunter ein paar, die von Familien toltekischer Abkunft kontrolliert waren. Wie berechtigt solche
Herrschaftsansprüche auch immer gewesen sein mögen,
viele Adelsfamilien anderer Gebiete versuchten, ihre
Söhne mit Töchtern solcher Familien zu vermählen, damit
ein Quentchen toltekischer Zaubermacht auch auf ihre
Kinder fallen und ihnen das ›göttliche Recht‹ zu herrschen
geben möge.

Nachdem uns die königlichen Datenangaben des *Wiener Codex* verfügbar geworden sind, hat sich das Bild der
Periode nach dem Fall von Tollan etwas erhellt. Wir befinden uns im 11. Jahrhundert, in dem nicht nur das Toltekenreich zusammenbricht, sondern auch Nordamerika
von einer furchtbaren Trockenperiode heimgesucht wird.
Sagen berichten, daß zu dieser Zeit der Mississippi ausge-
trocknet war. Nach archäologischen Erkenntnissen ist
dies die Periode, in der die Pueblo-Indianer gezwungen

sind, ihre Siedlungen in Höhlen zu bauen. Die Umstände sind Grund genug für das Auftauchen der Chichimeken, deren Name übrigens »diejenigen, die chi-chi-chi machen, wenn sie sprechen« bedeutet, also auf fremde Einwanderer mit unverständlicher Sprache hinweist.

Es gibt ausführliche Geschichten darüber, wie der große Chichimeken-Häuptling Xolotl seine Stämme organisierte und Stadtstaaten gründete. Die Invasion war erfolgreich, weil die toltekische Macht, die das Land hätte abschirmen können, nicht mehr existierte. Es wird berichtet, daß Xolotl beim Anblick der verbrannten Überreste Tollans geweint habe. Kein einziges Gebäude war stehengeblieben, und der Eindruck von der Tragödie, die hier stattgefunden hatte, muß überwältigend gewesen sein. Aber das Eindringen der Chichimeken bedeutete für Mexiko die Zufuhr frischen Blutes, die das kulturelle Niveau dieser Welt ein weiteres Mal anhob. Das Wort Chichimeke wurde zur Ehrenbezeichnung, die an tapfere Häuptlinge und große Eroberer erinnerte. Die Invasoren nahmen Mexiko ein. Aber sie gründeten kein Reich. Vielmehr wurden sie die Herrscher über unabhängige und mitunter sehr alte Städte. Texoco an den Ufern des Sees ist hierfür ein Beispiel. Es ist nicht ausgeschlossen, daß die Azteken eine chichimekische Gruppe sind; immerhin hat erwiesenermaßen ein früher aztekischer Führer die Stammesgeschichte der neu gewonnenen Größe seines Volkes angepaßt.

Interessanterweise stimmt die aztekische Darstellung der Ereignisse des 12. Jahrhunderts fast mit den mixtekischen Berichten über die nahezu 200 Jahre früher liegenden Ereignisse nach dem Fall Tollans überein. Dies erweist die *Selden Roll*, ein mixtekisches Dokument, das in der Bodleian Library in Oxford aufbewahrt wird.

Offenbar waren die Mixteken (ihr Name bedeutet Wolkenvolk und bezieht sich auf ihre Heimat im Hochgebirge Mexikos) ein wichtiger Eckpfeiler der toltekischen Vorherrschaft. Eines ihrer herrlichsten Geschichtsbücher, der *Codex Zouche-Nuttall* im Britischen Museum, berichtet über ihre Herkunft von einem heiligen Baum bei Apoala im 6. Jahrhundert n. Chr.

Später ist die Rede von einem großen mixtekischen Führer, dem Fürsten Rauchende-Augen, der in Tollan die edle Frau Drei-Stein-Messer heiratet. Offensichtlich haben die Mixteken geglaubt, daß ihr Führer vom Planeten Venus herabgestiegen ist. Kann dies bedeuten, daß er ein Oberhaupt der Tolteken war? Drei Generationen später gibt es erneut eine bedeutende Hochzeit, diesmal in den geschwärzten Ruinen einer Stadt, die sich durch ihr Schilfsymbol als Tollan ausweist.

Etwas später folgt der Bericht über den Mixtekenführer Acht-Hirsche Ozelotpranke, Herr der Stadt Tilantongo (Platz der schwarzen Erde). Dieser wird 1002 geboren und stirbt 1054 als selbstdargebrachtes Opfer. Seine bemerkenswerte Geschichte ist in allen Einzelheiten auf der Rückseite des *Codex* aufgezeichnet. Er war ein Fürst von untergeordnetem Rang, der zusammen mit seinem Bruder dem Sonnengott ein Opfer darbrachte. Der stieg vom Himmel herab, um es anzunehmen. Offensichtlich war Acht-Hirsche von da an diesem Gott geweiht. Nach einigen inneren Kämpfen baute er eine Streitmacht auf, mit der er viele Gebirgsstädte eroberte; das Dokument liefert uns die Namen der kleinen Städte und ihrer Oberhäupter. Dann wird berichtet, wie er die Berge hinabsteigt, um Städte im Zapotekengebiet von Oaxaca zu erobern. Schließlich nimmt er das Oberhaupt der Zapoteken gefangen, das zwar ein Gott ist und deshalb mit großem Respekt behandelt wird, was aber nicht von der Tributpflicht befreit.

Nach mehreren Abenteuern opferte Acht-Hirsche Ozelotpranke seinen Bruder, der die Erscheinung des Sonnengottes miterlebt hatte, und zwei Jahre später brachte er dem Gott sein eigenes Herz dar.

Diese Geschichte, die im schönsten uns überlieferten und ebenfalls gegen 1350 fertiggestellten Kodex aufgezeichnet ist, vermittelt einen guten Eindruck vom allgemeinen Kampf während des Machtvakuums zwischen dem Fall von Tollan und dem Aufstieg der aztekischen Stadt Tenochtitlan. Um die bedeutenderen Städte schlossen sich mehrere kleinere Städtegruppen. Bevor das Mixtekenheer losgezogen war, regierten die Zapoteken von Mitla aus. Im Osten setzten die Huaxteken und die Totonaken ihre lokale Vorherrschaft fort. Die große heilige Stadt Cholula blieb jahrhundertelang ein unabhängiges Bildungszentrum. Auch andere Städte waren unabhängig und verfügten über einige Macht. Alle verehrten dieselbe Götterwelt, und alle führten Kriege, um auf ehrenvolle Weise menschliche Opfer für ihre Götter gefangenzunehmen. In vielen Städten wurde die Macht von Führern chichimekischer Herkunft ausgeübt, die durch Heirat ein Stück Abstammung von den alten Quetzalcoatls der Tolteken erworben hatten. Nur wenige verfügten über eine lange Geschichte, denn jeder Krieg konnte mit der Zerstörung der Stammesüberlieferung enden. Besonders die kleine Stadt Cuautitlan (beim Platz des Adlers) bewahrte ihre Annalen, die bis zurück zu den Herrschern von Tollan über lokale und regionale Führer Auskunft geben. Wie kärglich diese Annalen auch sein mögen, sie bilden eine Brücke über die Jahre zwischen dem Fall des Toltekenreiches und dem Aufstieg der aztekischen Macht.

Nach ihren eigenen Angaben beginnt die Geschichte der Azteken in der Stadt des Kranichs (Aztalan), später Aztlan genannt. Ein Orakel ihres Gottes Huitzilopochtli (Kolibri auf der linken Seite, ein Symbol der Sonne) veranlaßte ihre Vorfahren, die Stadt zu verlassen. Sie versammelten sich um einen Baum und aßen von den verbotenen Früchten, was ihren Gott so verärgerte, daß er sie dazu verdammte, das Land zu durchstreifen, bis sie vollständig besiegt und versklavt waren.

Das geknechtete Volk erwies sich aber, wie der *Codex Boturini* berichtet, als echtes Ärgernis, und Coxcoxtli, der Herr von Culhuacan, schickte sie deshalb aus, um sie gegen einen überlegenen Feind kämpfen zu lassen. Sie nahmen das Bild ihres Gottes mit, legten einen Hinterhalt und konnten das ganze feindliche Heer gefangennehmen.

Zu Ehren ihres Gottes töteten sie alle Gefangenen und schnitten den Leichen das linke Ohr ab. Dann kehrten sie scheinbar mit leeren Händen zurück nach Culhuacan. Als man sie Feiglinge nannte, die dem Feind ausgewichen seien, öffneten sie ihre Taschen und schütteten Coxcoxtli Hunderte von Menschenohren vor die Füße.

Dieser erschrak furchtbar und schickte die Azteken zu einer Gruppe Felsen und kleiner Sumpfinseln im See. Dort gewahrten die armen Azteken eine Strömung roten und blauen Wassers, das Symbol für Krieg. Dann kamen sie zu einem Felsen, auf dem ein Kaktus wuchs. Auf der Spitze saß ihr Gott in Gestalt eines weißen Seeadlers, der in seinen Fängen eine Schlange hielt. Es wurde ihnen bewußt, daß dies ihre ständige Heimat werden sollte und daß sie den Auftrag hatten, alles Land zwischen den Meeren zu erobern. Sie erbauten einen kleinen Tempel, stellten das heilige Bild auf und brachten Opfer dar.

Der zweite Aztekenführer eroberte eine kleine Stadt auf dem Festland, der dritte heiratete eine Prinzessin echter toltekischer Abstammung und besiegte und zerstörte Culhuacan. Dann wurde eine Schlacht um die Quellen auf den Chapultepec-Hügeln geführt, die noch heute Mexiko City mit Trinkwasser versorgen. Von nun an gab es kein Zurück mehr; das aztekische Volk war zu einer Macht geworden, die von den umliegenden Städten beachtet werden mußte, zumal seine Führer durch zwei wohlüberlegte Heiraten das toltekische Recht auf Herrschaft erworben hatten. Noch verkörperten sie das demokratische Verständnis der Plains-Indianer, indem sie ihre Führer von der Gesamtheit wählen ließen, aber das sollte sich ändern.

Die Stadt sah sich einem organisierten Angriff mehrerer Nachbarstaaten unter der Führung Azcapotzalcos gegenüber. Die meisten Azteken fürchteten, von der, wie es schien, gewaltigen Übermacht geschlagen zu werden. Aber es gab noch einige unter ihnen, die sich an die Tage der Knechtschaft erinnerten. Die Häupter der drei edelsten Familien beriefen eine Zusammenkunft ein, auf der das Volk das gesamte Problem besprach. Zweifellos befanden sie sich in großer Gefahr. Die Häuptlinge waren der Meinung, daß Widerstand das einzig Mögliche sei, und sie erinnerten an das Versprechen ihres Kriegsgottes, daß sie einst hier am Kaktusfels seßhaft sein und die Herrschaft über das Land zwischen den Meeren innehaben sollten. Schließlich einigten sich alle dahin, daß die Edlen die Schlacht führen sollten und daß das ganze Volk die Folgen akzeptieren würde. Falls man geschlagen werden sollte, würden die Herrscher als Friedensopfer dargebracht, siegten sie aber, würde das Volk einverstanden sein, daß die obersten Führer nur noch aus den Familien der Edlen gewählt werden. Die jungen Krieger zogen bei Dunkelheit aus und legten in den erst kürzlich erworbenen Kornfeldern und Wäldern ihre Hinterhalte. Sie wußten, daß der Feind versuchen würde, sie vom Wasser aus Chapultepec abzuschneiden, und sie kannten damit die Hauptstoßrichtung des zu erwartenden Angriffs. Bei Sonnenaufgang opferten beide Seiten Gefangene zu Ehren ihrer Stammesgötter. Die Ozelotkrieger machten sich bereit und bewegten sich lautlos durch die Felsen. Als dann der Feind vorrückte, machten sie einen Bogen und schlichen sich an seine Nachhut heran. Die Armee bewegte sich auf das Seeufer zu, als der Angriff von der Flanke und der Nachhut aus begann. Kriegsschreie und Pfiffe wurden ausgestoßen, Pfeile und Schleuderspeere flogen durch die Luft und durchbohrten manchen Schild. Viele Krieger wurden dahingerafft und andere mit Seilen und Netzen gefangen, um sie später zu opfern. Dann, als große Verwirrung herrschte, griff die Hauptmacht der Azteken, die Adlerkrieger, vom Seeufer aus an. Sie drangen immer weiter vor und verengten dabei den Bewegungsraum des Feindes, so daß er systematisch niedergemetzelt oder gefangengenommen wurde. Die Schlacht endete mit einem totalen Sieg der Azteken. Für alle Zukunft mußten die Städte am Nordufer des Sees den Aztekenherrschern von Tenochtitlan Tribute zahlen.

Eine große Zahl Gefangener wurde auf den Tempel gebracht und den Göttern geopfert. Die Leute aßen viele kleine Stücke Menschenfleisch von den Gliedmaßen der Opfer. Der Kriegsgott war zufriedengestellt, und das Volk war glücklich. Trotz des Erfolges aber befand sich der Aufbau der Aztekenherrschaft erst am Beginn eines langdauernden Prozesses. Der große Kriegsführer war Itzcoatl (Schlange der scharfen Steine), der bis 1440 als bedeutender und gefährlicher Kriegsherr regierte; er scheint auch der Mann gewesen zu sein, der die alten Berichte vernichtete und die zurückliegende Geschichte seines Volkes rekonstruierte. Seine Darstellung ist wohl aus Quellen toltekischen Ursprungs übernommen, denn sie findet sich einwandfrei in mixtekischen Geschichten, in denen von Kontakt mit Tolteken die Rede ist. Den wichtigsten Teil bildet die Legende von einer Stammesheimat, die als Chicomoztoc, die sieben Höhlen, bekannt ist. Von hier sollen alle Völker Zentralmexikos losgezogen sein, zuletzt die Vorfahren der Azteken. Die Dokumente beschreiben dann, wie die Mächte der Finsternis die Menschheit von der Notwendigkeit der Menschenopfer überzeugt hätten. Nach archäologischen Erkenntnissen verlegt die mixtekische Geschichtsschreibung dieses Ereignis in das 11. Jahrhundert, wohingegen nach aztekischer Version diese Offenbarungen erst im späten 12. Jahrhundert erfolgt sind. Als Wanderstämme hatten sie verstümmelte Opfer auf Kaktuspflanzen gesehen. Ihr Gott hatte ihnen gesagt, daß die Opfer durch Herausnehmen des Herzens darzubringen seien, und sie dann auf ihren siegreichen Wanderzug geführt.

Die Azteken pflegten auch freundschaftliche Beziehungen zu den am See ansässigen Stämmen. Mit der kleinen Stadt Tlacopan, deren Bevölkerung sie unterstützt hatte, bildeten sie eine Allianz. Später ergaben sich auch Kontakte zu Texcoco. Die texcokanischen Oberhäupter sahen sich als Nachkommen des großen Chichimekenführers Xolotl, der bei den Ruinen von Tollan weinte, und erwiesen sich als die einsichtigsten und intelligentesten Herrscher Zentralmexikos. Lange Zeit lebten sie in freundschaftlichem Einvernehmen mit der mexikanischen Bevölkerung, besonders unter ihrem klugen Führer Hungriger-Coyote (Nezahualcoyotl), der von einem seiner Vettern im Streit um die Macht ins Exil getrieben worden war. Im Zusammenhang mit einer Erhebung der Anhänger von Hungriger-Coyote, der seinen Namen den Entbehrungen im Exil verdankt, griffen die Azteken Texcoco an. Sie hatten mit ihrer Aktion Erfolg, und von da an akzeptierten die Texcokaner eine Dreierallianz von Texcoco, Tenochtitlan und Tlacopan, ein Bündnis, das bis zum Eintreffen der Spanier Bestand hatte. Mit der Zeit änderten sich die Machtverhältnisse, und die Azteken wurden zum dominierenden Partner; bei der Gründung der Allianz hatten die Texcokaner damit gerechnet, diese Rolle zu spielen. Die Azteken aber vertrauten der Prophezeihung ihres Gottes. Itzcoatl zog seine Heere um den ganzen See von Mexiko, nahm viele kleine Städte ein und eroberte insbesondere Xochimilco, das Feld der Blumen, das noch heute der Blumengarten von Mexiko ist. Er wurde ein großer Kriegsfürst und nahm schließlich den Titel Uei Tlatoani an, der die Herrschaft über viele Völker voraussetzte, und den man ungefähr mit Kaiser wiedergeben kann.

Als Itzcoatl im Jahre 1440 starb, wurde Moctecuzomatzin Ilhuicamina (starker Arm, der zum Himmel schießt), uns besser als Montezuma I. bekannt, sein Nachfolger. Er war ein Mann der Zivilisation, und er führte das Wasser von Chapultepec über einen Aquädukt (der noch heute funktionstüchtig ist) in seine Inselstadt. Der Bereich, den die Alliierten mit Kriegen und Beutezügen heimsuchten, erstreckte sich hauptsächlich nach Westen und Süden. Die Altäre von Tenochtitlan und Texcoco waren ständig rot von Menschenblut. Aber der Ruhm der Azteken und die Furcht vor ihnen hatten sich ausgebreitet. Die anderen Stämme zahlten ihre Tribute und zitterten dem Tag entgegen, an dem sie erobert werden würden. Montezuma hatte jedoch auch den toltekischen Brauch des Blumenkrieges wiederbelebt, so daß man in einer Art Turnierschlacht auch dann Gefangene machen konnte, wenn kein echter Krieg an der Tagesordnung war. Damit wurde den Göttern ständig genügend Nahrung und Verehrung zuteil.

Auf Montezuma I. folgte 1469 Axayacatl (Wassergesicht). Unter seiner Herrschaft begann die auf derselben Insel wie die Hauptstadt der Azteken liegende Stadt Tlatelolco einen Krieg. Deren Führer Moquiuhix war ein Feigling, der nach seiner Niederlage von der Spitze seiner Tempelpyramide sprang. Dieser Selbstmord war so entwürdigend, daß man die Leiche an der nunmehr entweihten Stelle verrotten ließ. Tlatelolco wurde ein Teil Tenochtitlans und gehört heute noch zu Mexiko City. Den wichtigsten Beitrag Axayacatls zur mexikanischen Kunst stellt eine große Porphyrplatte dar, in die er Symbole für die Sonne und den Zeitablauf meißeln ließ. Sie wurde auf halber Höhe der großen Tempeltreppe aufgestellt und diente der Berechnung von Sonnenfinsternissen sowohl in der Zukunft als auch in der Vergangenheit. Unter seiner Regentschaft eroberten die aztekischen Heere die Landenge von Tehuantepec. Sie versuchten auch, in den Nordwesten vorzudringen, erlitten aber gegen eine taraskonische Armee eine furchtbare Niederlage; sie tauchten später nie wieder dort auf.

Im Jahre 1479 kam Tizoctzin zur Macht, ein kleinmütiger Herrscher, den seine Heerführer verachteten. In seine Regierungszeit fallen wenige und unbedeutendere Eroberungen, obwohl er einen riesigen Rundstein für Gefangenenopfer herstellen ließ. Die Bildhauereien auf dem Rand des Steins zeigen Tizoctzin in der Kleidung des az-

91

tekischen Kriegsgottes, wie er die Herrscher verschiedener Städte gefangennimmt und sie an den Haaren zur Opferung schleift. Die Bilder stellen jedoch Taten dar, die sein verstorbener Bruder auf seinen Eroberungszügen ausführte. Zu Tizoctzins Leistungen zählt aber der Beginn der Tempelerweiterung, die ähnlich den früheren Baumethoden, in einer Überdeckung der vorhandenen Tempelpyramide mit einer sorgfältig gearbeiteten neuen Deckschicht bestand, was die Anlage vergrößerte. Als die Arbeiten hierzu zur Hälfte vollendet waren, fand 1486 die Regentschaft Tizoctzins ein plötzliches Ende. Verschiedentlich wird behauptet, daß der unglückliche Kaiser einer Verschwörung der Heerführer zum Opfer gefallen ist.

Nachfolger Tizoctzins wurde der ruhmreiche und luxusliebende Führer Wildes-Wassertier, Ahuitzotl. Von ihm wird gesagt, daß die schönsten Frauen der Stadt alle seine Nebenfrauen waren und daß wegen seiner Musikliebe die Stadt ständig von Liedern widerhallte, die aus seinem Palast drangen. Er brachte wesentlich mehr Gold in die Stadt als sein Vorgänger und ließ viele Gebäude kunstvoll schmücken. Seine eigentliche Leistung war die Vollendung des Tempels des Kriegsgottes und des Regengeistes. Immer wieder trieb er die Arbeiten voran, und er brachte Steinmetze aus Malinalco heran, die das prachtvolle Dekor fertigten. Und dann unternahm er, um den Ruhm und die Macht seines Volkes darzutun, einen Kriegszug in die Berge Oaxacas, wo er alle Männer dreier mixtekischer Stämme gefangennahm. 20 000 Männer wurden nach Tenochtitlan gebracht, gefesselt und mit weißen Adlerdaunen bepflastert, die in ihrem Blut kleben blieben. Sie alle wurden auf der Pyramide hingeschlachtet: Die Edelleute der Azteken und Texcokaner töteten die ersten; dann übernahmen Priester die Arbeit, nämlich

Aufschneiden des Brustkorbes und Weiterreichen des Herzens, das auf der Oberseite der Götterbilder verrieben wurde. Es wurde so viel getötet, daß die Leute das Fleisch der Gliedmaßen gar nicht essen konnten und die Hälfte der Leichen in den Sumpf geworfen wurden. Mexiko war schockiert. Nezahualpilli, der Herrscher von Texcoco, protestierte gegen die Greuel, aber erfolglos. Für die Tempelweihe wären nur 20 Opfer vonnöten gewesen, aber die Azteken bestanden auf 20 000. Diese selbstverherrlichenden Gewalttaten sollten auch dazu dienen, bei allen Stämmen die Furcht vor ihrem Namen zu verbreiten. Statt dessen bestand ein zutiefst empfundenes Gemisch aus Furcht und Haß, das eine Schlüsselrolle bei der Zerstörung der Aztekenmacht spielen sollte. Mit der Unterwerfung der Mixteken und dem Erreichen der Pazifikküste hatte sich unter Ahuitzotl auch die Weissagung ihres Kriegsgottes erfüllt: ihre Macht reichte von Meer zu Meer, ihr Land war im wahrsten Sinne des Wortes Anahuac, »zwischen den Wassern«. Im Süden hatten die Heere Guatemala erreicht, und auch die große Stadt Cholula, das heilige Zentrum Quetzalcoatls, war endlich unterworfen. Lediglich die Tlaxcalanen waren noch frei, aber nur deswegen, weil dieses kriegerische Bergvolk für den Fall, daß es sonst keine Möglichkeiten mehr gab, als nützliches Reservoir für die Menschenopfer angesehen wurde.

Ahuitzotls Tod kam plötzlich. Nach einem Vulkanausbruch war eine verheerende Flutwelle kochenden Wassers auf die Stadt niedergebrochen und hatte einen Großteil des Schutzwalls zerstört. Als Ahuitzotl die Reparaturarbeiten, an denen auch Männer aus Texcoco teilnahmen, besichtigte, glitt er auf einer Mauer aus, fiel und verletzte sich am Kopf. Drei Tage später war er tot. Der Stammesrat wählte seinen Neffen Moctecuzoma Xocoyotzin (Mächtiger Herr mit starkem Arm) zu seinem Nachfolger als Sprecher der Völker. Dieser bedeutende Herrscher war ein schlanker, hellhäutiger junger Mann mit dünnem Bart. Er war knapp über dreißig und hatte sich bereits als Kriegsführer hervorgetan. Als er 1503 als Montezuma II. zur Macht kam, gab es auf den westindischen Inseln bereits spanische Kolonien, ohne daß die Azteken etwas davon ahnten. Um für die Feierlichkeiten seiner Thronbesteigung Gefangene zu haben, unternahm er erfolgreiche Feldzüge. Nicht viel später kam mit 1507 ein wichtiges Jahr im aztekischen Kalender, nämlich der Beginn eines neuen 52jährigen Zyklus. Es gab große Feierlichkeiten, das Neue Feuer wurde entzündet, und inmitten der hoffnungsfrohen Freudenfeste erklommen die Azteken eine weitere Stufe ihrer Geschichte. Niemand konnte ahnen, daß es ihre letzte sein sollte, obwohl sich Montezuma böse Omen künftigen Verderbens zeigten.

Im folgenden Jahr 1508 ereignete sich ein Venusdurchgang durch die Sonnenscheibe. Zweifellos hatten dies die Astrologen vorausgesagt, und Montezuma beachtete das Ereignis stark, denn die Venus, der Morgenstern, war das Symbol Quetzalcoatls, der nicht nur Vorfahre Montezumas war, sondern auch wie dieser, am Tag Neun-Winde zur Welt kam. Deshalb hatte Montezuma eine Skulptur Quetzalcoatls, die ihn mit der Sonne als Halsband zeigt, anfertigen lassen. Diese Figur wurde aus einem vierzigpfündigen Jadeblock gefertigt und befindet sich heute im Museum of Mankind in London.

Aber das Leben Montezumas hatte Licht und Schatten: Es gab Siege und weitere Eroberungen längs der Küste, aber es gab auch Niederlagen, und das Volk hungerte. Mit fortschreitender Zeit geschahen immer häufiger seltsame

Dinge. Am Himmel wurde eine Flamme gesehen, die den größten Teil der Nacht mehrere Jahre sichtbar blieb. Einige wollen die Geister der Toten gesehen haben, die wegen künftigen Unglückes geweint haben sollen, und die Tante Montezumas besuchte das Land des Todes, aus dem sie nach viertägigem Trancezustand zurückkehrte und in dem sie die Zerstörung der großen Stadt Kaktusfels, Tenochtitlan, und den Tod Montezumas gesehen hatte. Diese seltsamen Erscheinungen sind teilweise auf den Glauben der Mexikaner an Zauberei, zum Teil aber auch auf die Berichte über Besuche fremdartiger Schiffe zurückzuführen.

Dann kam Hernando Cortés. Er landete an dem Tag, an dem eine Rückkehr des Gottes Quetzalcoatl, um den mexikanischen Kriegsgott zu besiegen, der Sage nach möglich war. Selbst die Kleidung Cortés glich stark derjenigen, die der Gott angeblich tragen sollte: alles paßte zu den Befürchtungen Montezumas. Er schickte Cortés Schätze entgegen, Göttermasken, viel Gold und eine Reihe Bücher, unter denen auch das alte Buch Quetzalcoatls war, das sich heute in Wien befindet. Der Fremdling nahm die Geschenke mit ausgesuchter Höflichkeit an, vor allem deshalb, weil ihm das ein junges mexikanisches Mädchen namens Ce Malinalli geraten hatte. Ihr sollte es bestimmt sein, die aztekische Macht zu zerstören. Das wußte sie, und obwohl sie Cortés Geliebte wurde, erfüllte sie ihre Bestimmung mit großer Entschiedenheit und bemerkenswerter Freundlichkeit.

Montezuma verstand nicht, warum sich der Gott so nachdrücklich bemühte, die Totonaken zu einem Aufstand zu überreden. Jedenfalls revoltierten sie, und Montezuma konnte sie nicht bestrafen. Er versuchte mit vielen Zauberkniffen die Echtheit Cortés-Quetzalcoatls zu überprüfen, aber Doña Marina, wie die Spanier Ce Malinalli nannten, umging sie alle. So blieb der Spannungszustand bestehen, und Montezuma fühlte sich schließlich so elend, daß er es für unmöglich hielt, seinem Volk den Befehl zum Angriff auf den Feind zu geben. Sein Dilemma war, daß er als Person kraft seines Geburtsdatums dem Quetzalcoatl geweiht war, als Herrscher der Azteken aber dem Huitzilopochtli verbunden war, einer Erscheinungsform Tezcatlipocas, des Todfeindes Quetzalcoatls. So wurde der Herrscher hin und her gerissen. Er erinnerte sich an den Konflikt, der seinen Vorfahren, den toltekischen Herrschern, zum Verhängnis wurde, und er begab sich in das kleine Haus, das er sich inmitten der Ruinen Tollans hatte bauen lassen, um dort über die Zukunft nachzudenken, aber er fand keine Ruhe. Er war überzeugt davon, daß die Ankömmlinge siegen würden, genau so sicher war er sich aber auch darüber, daß er die Azteken bis zum letzten zu verteidigen suchen mußte.

Nach und nach kamen die Spanier, deren Eisenrüstungen sie gegen die Holz- und Steinwaffen der Azteken schützten, voran. Sie eroberten Tlaxcala, besiegten bei Cholula eine mixtekische Armee und erschienen schließlich in Tenochtitlan. Sie staunten über die Schönheit der Hauptstadt, die größer als jede Stadt des damaligen Europas war. In ihrem Zentrum erhob sich der große Pyramidentempel, und sie wußten sehr wohl, was die roten Flekken bedeuteten, die sich vom Gotteshaus auf der Spitze die Treppen herunterzogen. Als sie auf dem Damm den See überquert hatten, trafen sie auf Montezuma, der in einer goldenen Sänfte getragen wurde. Er schritt über feines Tuch, das vor ihm ausgebreitet wurde, denn er war so heilig, daß seine Füße den Boden nicht berühren durften. Er schien von Gold und Türkisen bedeckt und seine Edelleute trugen prächtige, goldverwebte Tuchmäntel und Federschmuck auf den Köpfen. Die Begrüßung war freundlich, obwohl die Spanier merkten, wie gefährlich ihre Lage war.

Ihr Aufenthalt in den Palästen der Stadt sollte lange dauern. Sie nahmen Montezuma gefangen und machten ihn zur Geisel. Dann verlangten sie immer mehr Gold. Eines Tages hörten sie, daß ein weiteres spanisches Heer gelandet war, um Cortés gefangenzunehmen. Dieser ließ seinen Freund Alvarado mit einigen Männern bei Montezuma zurück und zog mit seiner Hauptmacht zur Küste, wo er den Eindringling besiegte. Viele der neu angekommenen Soldaten schlossen sich ihm an und marschierten mit ihm nach Mexiko zurück. Die Stadt war bei seiner Rückkehr bedrohlich still. Man berichtete ihm, daß es einen großen Aufmarsch mexikanischer Kriegsführer zu Ehren ihrer Götter gegeben habe. Alvarado habe sich hierdurch bedroht gefühlt, worauf die Spanier die Edelleute niedergemetzelt hätten. Dies habe den Zorn des Volkes heraufbeschworen. Sie wußten, was auf sie zukommen würde, und bald war auch der Palast, in dem sie Montezuma gefangen hielten, belagert. Um das Volk zu beruhigen, stellten sie ihren Gefangenen auf die Umfassungsmauer. Die Wut aber war so groß, daß Steine geworfen wurden und Montezuma getroffen zusammenbrach. Der Aufruhr hatte sein Herz endgültig gebrochen, und ohne noch irgendein Wort zu sprechen, starb er innerhalb einer Woche. Die Spanier gaben seinen Leichnam den Mexikanern, die ihn einäscherten. Die Gefahr, in der sie schwebten, war inzwischen so groß geworden, daß sie beschlossen, sich in der ersten mondlosen Nacht aus der Stadt zu schleichen. Auf dem Damm zum Festland wurden sie aber gesehen und anschließend in einen furchtbaren Kampf verwickelt, der zwei Drittel der Spanier das Leben kostete.

Mit den Resten der Armee zog sich Cortés in das gebirgige Tlaxcala zurück. Die Azteken setzten ihnen nicht allzusehr nach, denn ihr neuer Herrscher Cuitlahuac war an Pocken erkrankt, die ein spanischer Soldat der gegen Cortés geschickten Armee eingeschleppt hatte. Cuitlahuac starb, und sein Nachfolger wurde der tapfere neunzehnjährige Cuauhtemoc, der Fallende Adler, der die Kämpfe unverzüglich wiederaufnahm. Schließlich hatten die spanischen und tlaxcalanischen Streitkräfte den See eingekreist und blockierten die Hauptstadt. Sie drangen kämpfend über den Damm in die Stadt ein, aber die Azteken ergaben sich nicht. Bis er das Zentrum der wunderschönen Stadt erreichte, mußte Cortés Haus für Haus zerstören. Hier brachte ihm eines seiner Boote einen Gefangenen, Cuauhtemoc, den letzten Herrscher des aztekischen Mexiko. Man schrieb den 21. August 1521.

Der Fall Tenochtitlans (Kaktusfels), wie Mexiko City damals hieß, war eine furchtbare Katastrophe. Damit die vielen tausend Leichen verwesen konnten, ohne die Bevölkerung zu vergiften, wurden die Ruinen der Stadt für ein halbes Jahr verlassen. Danach kehrten Arbeitstrupps zurück, um die Ruinen einzuebnen und damit den Weg frei zu machen für die herrliche neue spanische Stadt Mexico. Inzwischen wurden spanische Soldaten kreuz und quer durch das Land geschickt, um alles Gold und Silber, dessen sie habhaft werden konnten, an sich zu bringen. Dies ist ein dunkles Kapitel voller Gewalt und Räuberei. Hunderte von Tonnen des kostbaren Metalls wurden geraubt. Die Spanier waren offenbar unfähig, an irgendwelchen Gegenständen einen Kunstwert zu bemerken. Sie schmolzen alles ein. Das königliche Fünftel wurde in Barrenform nach Spanien geschickt, und auch jeder Führer der *Conquistadores* erhielt den ihm zustehenden Anteil in Form von Goldbarren.

Cortés versuchte viel, um der einheimischen Bevölkerung, die er unterworfen hatte, zu helfen. Aber er ging genauso vor, wie man in seiner Heimat mit den Mauren verfahren war: Spanische Landeigner bekamen in der Form von *repartimientos* große Gruppen von Indianern zugesprochen, mit der Auflage, sie gut zu behandeln und ihnen die Anfangsgründe des Christentums beizubringen. In einigen Fällen waren die weißen Herren auch klug und freundlich, meistens aber lebten die Indianer in grausamer Sklaverei. Die Kirche versuchte, an das Gewissen der Landbesitzer zu appelieren, aber die Mönche wurden mit Tricks oder Gewalt in ihre Klöster zurückgeschickt. Nur die hochgestellten Indianer, die Abkömmlinge der toltekischen Herrscher Mexikos, wurden als den spanischen Granden ebenbürtig betrachtet und erhielten Machtpositionen. Ihnen verdanken wir denn auch einen Großteil unserer Kenntnisse über das Leben der Azteken. Hier hat sich aber allen voran der Franziskanerpater Bernardino de Sahagún hervorgetan, der 1545 nach Mexiko kam. Er lehrte im Kloster Tlatelolco, das heute noch an derselben Stelle neben den Etagenwohnungen der Arbeiter und den alten Ruinen steht. Dort schrieb er sein bedeutendes Werk *Die Verhältnisse in Neuspanien*, das auf einer Zusammenstellung der Antworten seiner indianischen Schüler auf seine Fragen beruht. Diese hatten die Fragen über das aztekische Leben vor dem Eindringen der Spanier an ihre Eltern und Großeltern weitergegeben. Fünfzig Jahre lang verhinderte die Inquisition eine Veröffentlichung des Werkes, aber er verfaßte es auch in der Aztekensprache Nahuatl und fügte anschließend eine spanische Übersetzung bei. Zur Illustration des Buches zog er einheimische Künstler heran.

Das Buch Pater Sahagúns gibt Aufschluß über die Anwendung von Heilkräutern, über Schicksalsbestimmungen und Daten des einheimischen Kalenders, über die Herstellung von Speisen und das Brauen von Getränken: das ganze mexikanische Leben ist erfaßt.

Das Kapitel über die Arbeit der Goldschmiede offenbart die Einfachheit dieser Kunst und setzt uns gleichzeitig über die äußerste Geschicklichkeit dieser Handwerker in Erstaunen. Das Ausgangsmaterial war Waschgold aus dem Sand der Flußbetten. Bergbau existierte nur in Ansätzen. Die Silberarbeiter kratzten ihr Erz von der Felsoberfläche los, und manchmal fanden sie zwischen den schwarzen Felsbrocken, aus denen Silber gewonnen wurde, Goldkörner oder kleine Nuggets. Sie gruben in dem Felsen auch nach dem grünlichen Gestein, aus dem Kupfer geschmolzen wurde, und dem schwarzen Stein, der Zinn enthielt. Bei der Goldschmelze wurden die Metallkörner in einem Schmelztiegel über Holzkohlenfeuer erhitzt. Um das Feuer herum saß eine Gruppe junger Lehrlinge, die mit Kupferröhren in die Glut bliesen, um die Hitze zu erhöhen, denn man kannte im damaligen Mexiko noch keinen Blasebalg. Das geschmolzene Metall wurde in dünner Schicht auf eine glatte Steinplatte gegossen, so daß es als flacher Goldbarren weitere Verwendung finden konnte.

Der Goldschmied stellte als erstes den Kern seiner Gußfigur her, der aus einem Gemisch aus Ton und Holzkohle bestand und so genau wie möglich die Form des späteren Goldgusses haben sollte. Nach zwei Tagen war der Kern trocken genug für die Weiterbearbeitung. Hierzu wurde der Kern mit einer dünnen Schicht durch etwas Öl weichgemachten Bienenwachses umgeben, in das mit feinen Werkzeugen exakt die Einzelheiten des entstehenden Goldobjektes modelliert wurden. Hervorspringende Teile trug man in Form feiner fadennudelartiger Wachsröllchen auf der Oberfläche auf. Nach weiteren zwei Tagen Trocknung wurde das Ganze für den Guß vorbereitet. Dazu befestigte man an dem Modell eine etwas dickere Wachsrolle, um Platz für das einzugießende Gold zu schaffen. Ferner wurden an Stellen, die für den Metallfluß wichtig waren, kleinere Wachsrollen angebracht, die ein Entweichen des Gases ohne Beschädigung der Figur ermöglichen sollte. Das Ganze wurde mit einem feinem Brei aus Holzkohlepulver bepinselt, dem eine Schicht etwas gröberen Breies aus Holzkohle und Ton folgte. Wieder dauerte es zwei Tage, bis alles getrocknet war. Dann bereiteten die Lehrlinge zwei Holzkohlefeuer vor, die sie mit ihren Blasrohren bis zur Weißglut anfachten. Die Gußform wurde erhitzt, so daß das Wachs schmolz, aus der Form herauslief und einen Hohlraum für den Goldguß hinterließ. Auch nach dem Austreten des Wachses erhitzte man die Form – sehr langsam, damit sie nicht platzte – immer stärker. In der Zwischenzeit war in einem löffelähnlichen Schmelztiegel ein hinreichend großes Goldstück erhitzt worden. Nachdem das Metall gleichmäßig geschmolzen war, wurde es in die Öffnung der Form gegossen. Alles noch in der Form befindliche Wachs schoß nun durch die kleinen Luftlöcher heraus. Der Meister schüttelte das noch weißglühende Werkstück oder schwang es gar herum, damit sich auch jede Höhlung mit Gold füllte. Dann legte er es auf die heiße Holzkohle, um es mit dieser langsam abkühlen zu lassen. Als nächstes wurde dann die äußere Form und der innere Tonkern entfernt. Das goldene Objekt war nun zu begutachten. Hatte es irgendwo lükkenhafte Stellen, so wurden sie mit etwas Schmelzgold geschlossen. Dann wurde es zur Säuberung der Oberfläche mit Alaun gekocht und schließlich mit Werkzeugen aus Achat glatt und glänzend geschliffen. Damit war das prächtige Objekt nach einer Woche Arbeit endlich vollendet.

Mit diesem Verfahren stellten die Goldschmiede Glokken her, Vogelkopfanhänger mit beweglichen Zungen, kleine Tierfiguren, die die Beine bewegen konnten, und andere Wunderdinge, von denen nur wenige erhalten geblieben sind. Die schönste Sammlung solcher Objekte wurde von Alfonso Caso bei Monte Albán in Oaxaca ausgegraben. Darunter befindet sich eine Anzahl Kleinode, die einem im 13. Jahrhundert dort beerdigten Mixtekenführer gehörten.

Die Größe der Goldobjekte schwankte stark; das vielleicht größte Stück war eine gewaltige Goldscheibe von einem Klafter Durchmesser, die vollständig mit Symbolen bedeckt war und die man unter den Wasserpflanzen eines Teiches im Garten des Palastes Cuauhtemocs versteckt hatte. Die Spanier fanden Gefallen an dem Stück und wollten es zunächst nicht zerstören. Der junge Soldat, der es gefunden hatte, verlor es beim Glücksspiel an einen Freund. Als aber Cortés das königliche Fünftel an den spanischen König zu schicken hatte, wurde die prächtige Sonne eingeschmolzen und die Goldbarren zu einem Fünftel auf das Schiff nach Europa gebracht.

Bei der letzten Schlacht mit den Azteken fielen die meisten der herrlichen Gebäude des alten Tenochtitlan in Schutt und Asche, aber die große Pyramide überlebte in ihrem wesentlichen Teil noch eine weitere Generation. Dann allerdings wurde auch sie mit 500 Fässern Schießpulver in die Luft gesprengt; glücklicherweise hatten die spanischen Häuser noch keine Glasfenster. Die Ruine wurde eingeebnet, und heute steht dort auf dem Zocalo, dem großen Platz in Mexico City, eine Kirche. Hinter dieser erkennt man noch einige Mauerreste des alten Tempels, die erhalten blieben, weil sie unter den Trümmern begraben waren. Anfang des 19. Jahrhunderts war dem Engländer William Bullock aufgefallen, daß jeden November Azteken auf den Platz kamen und an einer Stelle Ringelblumen anhäuften. Er ließ den Platz aufgraben, und man fand ein riesiges Standbild der Erdgöttin. Für den Weißen war sie fürchterlich häßlich, aber die Indianer verehrten ihre liebe Mutter Erde immer noch. Heute steht sie majestätisch im großen Museum für Anthropologie inmitten einer Sammlung anderer Göttergestalten und Kleinode aus der mexikanischen Vergangenheit.

Vom Federschmuck aus der alten Zeit der Azteken ist nur wenig auf uns gekommen. In Wien kann man ein riesiges Stück bewundern: einen Federfächer mit Schmetterlingsmuster, den großen Kopfschmuck aus Quetzalfedern, den Montezuma trug, wenn er dem Kriegsgott huldigte, und den Federschild seines Vorgängers Ahuitzotl. In Stuttgart wurden die Schilde eines Heerführers und eines anderen hohen Edelmannes aufbewahrt, und in Berlin gab es bis zum Ende des zweiten Weltkrieges einen sonderbaren mit schwarzen und weißen Federn gearbeiteten Behang, wahrscheinlich vom Bildnis eines Todesgottes. Dieses Stück ist jedoch verschwunden, und man kann nur hoffen, daß es eines Tages wieder auftaucht.

Die Bücher des alten Mexikos befinden sich heute zum Großteil in Großbritannien. Die Bodleian Library in Oxford beherbergt vier, das Britische Museum zwei, und ein weiteres existiert in Liverpool. Auf dem europäischen Festland gibt es zwei in Paris, zwei in Wien, drei in Berlin und eines in Bologna. Kein einziges befindet sich in Spanien, wo es aber zwei der bedeutendsten Zauberbücher der Maya gibt, denen das nächste Kapitel gewidmet ist.

4. Die Maya-Städte

Die Heimat der Maya liegt südlich von Mexiko. Sie umfaßt die ganze Halbinsel Yucatan, Teile von Guatemala bis in die Kordillieren, ein Stück von Nicaragua und den Großteil von Honduras und San Salvador. Von den Wanderbewegungen der Maya sind keine Legenden überliefert. Sie selbst glaubten, daß sie den vierten Versuch ihrer Götter darstellten, die Erde zu bevölkern. Es scheint fast so, als hätten sie keine Herkunftsgeschichte. Wenn man geschichtliche Zeugnisse findet, dann sind sie von der Art der Bücher von Chilan Balam, die im 11. oder 12. Jahrhundert entstanden, als die Tolteken bereits den größeren Teil des Volkes kontrollierten.

Die ältesten datierten Monumente der Maya gehen bis ins 1. Jahrhundert n. Chr. zurück. Töpfereiwaren und architektonische Zeugnisse mit eindeutigen Stilelementen der Maya lassen sich sogar für die Zeit zwei oder drei Jahrhunderte davor nachweisen. Aus noch früherer Zeit finden sich einfache Töpfereiformen und kleine Bauwerke an Fundstellen, die von den Maya in einer Zeit besiedelt gewesen sein können, als an der Südküste des Landes die Olmeken ein bedeutender Faktor waren. Es muß zwischen diesen Kulturen eine Verbindung gegeben haben, denn die Architektur der Maya entstammt einer olmekischen Wurzel, und die Mayaschrift zeigt Anklänge an olmekische Formen.

Unsere ersten Aufschlüsse über die Natur der Mayaschrift stammen aus der Arbeit des Missionsbischofs

Diego de Landa, der im 16. Jahrhundert in seinem Buch »*Die Verhältnisse in Yucatan*« einen längeren Bericht über das Leben der Maya gibt. Leider ging der Autor davon aus, daß es ein Maya-Alphabet gibt. Die Maya haben jedoch, wahrscheinlich als einziges amerikanisches Volk, eine phonetische Schrift mit etwa 650 Silbeneinheiten verwendet. Landas Bericht über das Kalendersystem war aber glücklicherweise richtig, und wir können heute mit einer beachtlichen Genauigkeit Maya-Daten entziffern. Unter den leichten Variationen des allgemein akzeptierten Grundschemas hat sich das von Martinez vorgeschlagene als das exakte erwiesen. Es wird jedoch dadurch verkompliziert, daß die Maya ihre Tage vom Sonnenuntergang an rechneten; ein abendlicher Zeitpunkt gehört bereits dem folgenden Tag an. Das System ist aber hinreichend durchsichtig, um den Berechnungen folgen und beliebige Monumente mit Kalenderinschriften exakt datieren zu können.

Während der Grundkalender der Maya dem der anderen mittelamerikanischen Völker glich – wenn man davon absieht, daß sie Tagesnamen ihrer eigenen Sprache verwendeten –, so erweiterte sie die Zeitrechnung durch Vervielfachung mit zwanzig, d. h. 20 X 18 Tage = ein *tun*, 360 Tage X 20 = ein *katun*, 7 200 Tage X 20 = ein *baktun* usf. Wenn die Priester zurückrechnen mußten, konnten sie dabei mit Perioden von vielen Millionen *tuns* arbeiten. Bei jeder Rechnung mußte aber ein ergänzender Betrag hinzukommen, durch den das schließliche Datum der Sonnenstellung im echten Sonnenjahr und der Zählung dieser echten Sonnenjahre angeglichen wird. Denn ein *tun* ist nur 360 Tage, ein Sonnenumlauf, also das echte Sonnenjahr, aber knapp 365 1/4 Tage. Die Genauigkeit solcher Korrekturrechnungen nach dem Maya-Kalender ist verblüffend; die Maya kommen mit ihren Berechnungen dem echten Sonnenjahr näher als wir mit unserem Kalender.

Das Wort *tun* bedeutet Stein. Wenn sich zwanzig dieser Steine angesammelt hatten, errichtete jede Maya-Stadt zu Ehren der Gottheit, die durch die nächsten zwanzig *tuns* (105 Tage weniger als 20 Jahre) führen würde, ein großes Steinmonument. Bei den Bausteinen handelte es sich teils um flache Kalksteinplatten von etwa 2 Metern Höhe, teils um mächtige Monolithen von 6 Metern. Alle sind mit Heldendarstellungen verziert, offenbar mit dem einen oder anderen der vier Bacabs, jenen Göttern, die die Himmelsenden halten. Jede der Figuren hält einen kultischen Stab über der Brust, der gewöhnlich als den Himmel darstellende doppelköpfige Schlange erscheint. Meist stehen sie auf einem häßlichen froschähnlichen Kopf, der die Mutter Erde bedeutet. Sie tragen mächtigen Kopfschmuck, oft eine ganze Serie von Masken, die immer höhere Manifestationen der Gottheit darstellen. Die großen Stelen haben außerdem noch lange Inschriften, aus denen sich die gesamten Kalenderinformationen über den Zeitpunkt ihrer Errichtung erschließen. Wir erfahren das genaue Datum, die Namen der Götter, die tags und nachts regierten, die Mondphase ist eingetragen, und manchmal finden sich Angaben über die zu der Zeit sichtbaren Planeten. Solche Daten wurden hier auch für die Zukunft vorausberechnet. Das Kunstschaffen der Maya in der Zeitspanne vom 2. Jahrhundert n. Chr. bis zum frühen 10. Jahrhundert ist ganz und gar auf diese Kalendermagie mit ihrer phantastisch genauen Zeitberechnung ausgerichtet. Die Macht der Priesterschaft muß gewaltig gewesen sein. Noch in geschichtlicher Zeit, als die Spanier auf die Maya trafen, gehörten die Stammesführer auserwählten

Familien an, deren Mitglieder im Laufe ihres Lebens abwechselnd geistliche und weltliche Funktionen hatten. Ihre Lebensstationen waren Tempelreinigen als Junge, Kriegshandwerk als junger Mann, priesterlicher Novize, Kriegsführer, hoher Priester und in einigen Fällen Halach Uinic, Herrscher der Menschen. Es war ein ungewöhnliches gesellschaftliches System, das seine besondere Bedeutung in der Wechselbeziehung zwischen irdischer Macht und geistlicher Welt hatte. In späterer Zeit, zumindest in Yucatan, gab es ein nominelles Oberhaupt, das in palastähnlichen Räumlichkeiten in der alten Stadt Uxmal lebte. Man nannte ihn Tutul Xiuh, den Feuervogel, behandelte ihn mit großer Ehrerbietung und entrichtete ihm sogar Tribut, aber man kümmerte sich nicht um seine Erlasse.

Die Kultur der Maya mit ihren herrlichen Palästen und Tempeln und den großen Städten wie Tikal gründete sich auf die Landwirtschaft. Zweifellos wurde mit den Kalenderberechnungen zunächst das Ziel verfolgt, die günstigsten Zeiten für die Aussaat zu ermitteln. Die Bauern wollten ihren Mais und ihre Bohnen sachgerecht anbauen und durch ein paar Kulthandlungen die Geister des Wachstums anregen. Sie arbeiteten hart und jagten wohl auch, während ihre Frauen nach den Feldern sahen, Töpfe herstellten und Stoffe webten. Alle zwanzig Tage begab sich die Familie zu den geheiligten Plätzen, wo sie beteten und Opfer darbrachten. Wenigstens einmal im Jahr brachten sie einen Teil ihrer Ernte zum Erhalt der Tempel und als Tribut für das Oberhaupt. Dann gab es große Feste auf den Tempelhöfen mit Tanz und Gesang. Die heiligen Tempel selbst betraten sie nicht, und auch zu den Gotteshäusern auf den Pyramiden stiegen sie nicht hinauf. Aber dennoch war das ganze System aus Religion und Verwaltung auf sie ausgerichtet; es wäre sonst zusammengebrochen. Man kann nicht davon ausgehen, daß die Künstler und Baumeister frei für sich arbeiteten. Sie waren Diener der Götter und ihrer Priester und mußten als solche Kleidung und Nahrung erhalten. Insgesamt muß angenommen werden, daß die frühe Maya-Zivilisation auf einem Bauerntum basierte, das mit hohen Abgaben die Städte unterhielt.

Es kann kein Zweifel darüber bestehen, daß die in den Städten arbeitenden Künstler die Gesänge der Priester mit außerordentlichem Geschick bildlich wiedergeben konnten. Während der ganzen Zeit lassen sich Steigerungen der Kunstqualität beobachten, und nur im frühen 10. Jahrhundert, nicht lange vor dem plötzlichen Ende der großen Städte, erkennt man Spuren von Dekadenz. Der im 8. und 9. Jahrhundert entwickelte barocke Stil wird überladener und ist nicht mehr so elegant, obwohl er seinen Schönheitssinn wahrt. Der Mais gedeiht prächtig, die irisierend grünen Federn des Quetzalvogels schmücken die Häupter der Edlen, die Wände sind mit wunderschönen, ausgewogenen Bildschriften verziert, kurz alles scheint in bester Ordnung zu sein, als plötzlich in einer Stadt nach der anderen die Inschriften aufhören. Die Gebäude waren niemals zerstört; einige von ihnen wurden höchstens von späteren Erdbeben aufgerissen. In der Folgezeit kamen häufig Indianer hierher, um die alten Götter zu verehren. Ihre groben *incensarios* und die Rauchspuren ihres *pom*-Weihrauchs beweisen ihre kultischen Absichten. Dies wird am deutlichsten in den Ruinen der schönen Stadt Palenque.

Mit dem Verlassen der heiligen Bauwerke war die Maya-Kultur nicht zu Ende. Das Landleben ging wie zuvor weiter. Einige Jahrhunderte lang standen die Bauern in Yucatan unter der Herrschaft der Tolteken, später waren sie durch die Spanier unterworfen. Aber die Menschen setzten ihre bäuerliche Existenz fort, lebten in ihren Dörfern und genossen die Früchte der Erde. Lediglich das alte Schriftsystem wurde unter den Spaniern aufgegeben. Die Familien der Edlen erhielten weiterhin ihre Ehrerbietung, wenn auch nicht mehr so ausgeprägt.

Was immer auch zum Verlassen der alten Maya-Städte geführt hat, die erste Phase der Maya-Zivilisation stellt eine der großen Perioden in der Kunst überhaupt dar. Dies ist um so bemerkenswerter, als sie vollständig mit Mitteln einer neusteinzeitlichen Produktionsweise errichtet wurde. Abgesehen von einer sehr geringen Verwendung von Gold gibt es keine Hinweise für den Gebrauch irgendeines Metalls. Tatsächlich ist der einzige Metallfund aus dieser frühen Periode eine goldene Glocke, die im Britischen Museum aufbewahrt wird. Obwohl sie aus Palenque stammt, nimmt man an, daß sie aus dem Süden eingeführt wurde. Die eigentliche Größe der Maya-Kultur basierte auf dem außerordentlichen Geschick der Handwerker, obwohl diese nur über einfache Werkzeuge aus Stein und Knochen verfügten. Sie arbeiteten nach präzisen Methoden und scheinen hochspezialisiert gewesen zu sein. Während sich die Masse der Bevölkerung auf ihren *milpas* mit Mais-, Bohnenanbau und Truthahnaufzucht abmühte, lebten die geschickten Handwerker in der Nähe der Tempel und schufen wunderschöne Kunstwerke zu Ehren ihrer Religion.

Der Hauptaspekt der Religion war die verlaufende Zeit unter der Obhut einer Reihe von Göttergestalten. Jeder Tag stand unter dem Schutz eines Gottes, der von Sonnenuntergang bis Sonnenaufgang herrschte, und eines anderen Gottes, dessen Herrschaft ebenfalls mit dem

110

Sonnenuntergang einsetzte, aber nur bis zum folgenden Untergang der Sonne währte. Durch die Analyse der Stellung dieser Götter zueinander konnten die Priester Voraussagen über den nachfolgenden Tag machen. Sie modifizierten ihre Tätigkeit durch die Einbeziehung solcher Kombinationen von Göttern, die in den Zwanzig-Tage-Perioden oder den 360-Tage-*tuns* herrschten. Zusätzlich wurden die Stellungen von Mond, Venus und den anderen Planeten berücksichtigt. Dies war alles sehr exakt, aber natürlich konnte ein guter Priester die Bedeutungsnuance der Situation seines Klienten anpassen und seine Voraussage so formulieren, daß sie zutraf. Die Maya waren aber von der mathematischen Bestimmtheit ihrer Geschicke überzeugt.

Schriftliche Zeugnisse dienten meist der Erläuterung des Kalendersystems. Leider konnte die Hälfte der längeren Inschriften bislang nicht entziffert werden. Wir verstehen die Zeichen, die Zeitverläufe beschreiben, auch die Zählweise in Zwanzigergruppen und der Zählbeginn mit der Null sind uns kein Rätsel mehr. Dennoch warten noch viele Glyphen auf ihre Entzifferung. Hierzu hat es viele Versuche gegeben, unter anderem auch mit Computerunterstützung, es gibt aber immer noch einen geheimnisvollen Bereich bei den längeren Inschriften, die uns möglicherweise historische Aufschlüsse liefern könnten. Die Magie des Zeitverlaufs scheint den Maya jedoch ausreichend gewesen zu sein, und sie haben sich wohl nicht eigentlich um das gekümmert, was wir Geschichte nennen. Für sie war dies eine Frage des sich entwickelnden Schicksals. Obwohl sich bei der Entschlüsselung der Schriften große Fortschritte abzeichnen, ist immer noch ungeklärt, welche der acht Varianten der Maya-Sprache verwendet wurde, oder ob vielleicht sogar eine andere Version, wie sie nur in den geheiligten Bezirken anzutreffen war, zugrunde liegt. Man ist geneigt, der Auffassung Sir Eric Thompsons zuzustimmen, daß es sich um eine dem Chol-Maya nahestehende Variante handelt, aber bislang konnte noch kein Übersetzungsversuch vollständig befriedigen.

Die ursprünglichen Städtenamen der Maya sind uns nicht bekannt. Wahrscheinlich liegt der Schlüssel zu dieser Frage in dem langen, hohen Relieffries eines Treppenaufganges in Copan, auf dem eine Reihe sitzender Edelleute dargestellt ist, deren Sitze gleichzeitig Hieroglyphen sind. Sicherlich handelt es sich hier um Ortsbezeichnungen. Aber selbst wenn jemand die Namen entziffern kann, bleibt die Aufgabe, sie geographisch zu lokalisieren. Es finden sich keine Hinweise für die Annahme, daß die alten Maya eine zentrale Regierung hatten. Wahrscheinlich bildeten sie lose Vereinigungen; die Edelleute standen über die politischen Grenzen hinweg in Kontakt. Es muß viel über lokale Horoskopstellungen zu reden gegeben haben und wohl auch über Versuche, wenigstens im geistigen Bereich eine Einigung zu erzielen.

Lange Zeit glaubte man, daß die Maya, wie viele in neuerer Zeit entdeckten Zivilisationen, kein kriegerisches Volk gewesen seien. Wie so oft finden wir aber auch hier, daß die Menschen grausamer als die Natur sind. Die zentrale Bedeutung bewaffneter Kriegergestalten auf den Monumenten sowie Darstellungen von Kriegs- und Eroberungsszenen zeigen, daß die tapferen, intelligenten Maya ein Kriegsvolk waren, das gerne Gefangene machte und kultische Schlachtopfer darbrachte, wie sie für Mittelamerika so charakteristisch sind. Die bedeutenden Malereien im kleinen Tempel bei Bonampak zeigen häusliches Leben, aber auch Schlachtszenen und die Folterung Ge-

Zentraler Platz der Maya-Stadt Palenque, 7. oder 8. Jh. n. Chr. Man erkennt, daß der Turm der Sternwarte in der Mitte von den umgebenden Bauwerken überschattet wird.

Räucherfaß aus Ton mit einer Maske des Sonnengottes. Maya-Arbeit aus Palenque, etwa 700 n. Chr.

Abschnitt des kürzlich rekonstruierten Frieses von Bonampak aus dem 7. Jh. n. Chr.

Bemalte Vase in Form eines Jaguars. Die Einschnitte in Armen und Beinen sollten das Austreten von Gasen während des Brennens ermöglichen. Südliches Costa Rica, 14. oder 15. Jh. n. Chr.

Kopf einer Steinstatue. Zentral-Costa Rica, 14. oder 15. Jh. n. Chr.

Keramikdarstellung eines hohen Chibcha-Führers. Bogota, Kolumbien, 15. Jh. n. Chr.

Götterstandbild aus Stein. San Augustin, Kolumbien, um die Zeitenwende.

Hängendes Kultmesser aus Gold. Oberes Cauca-Tal, Kolumbien, (?) 12. Jh. n. Chr.

fangener. Die Kleidung der Krieger zeichnet sich durch eine phantastische Vielfalt aus. Viele sehen mit ihren Masken und dem Federschmuck wie Göttergestalten aus. Sie drängen sich auf dem Schlachtfeld zusammen, wo sie meist Speere mit Feuersteinspitzen oder schlanke Lanzen aus zugespitztem Palmholz schwingen. Der Feder- und Jadeschmuck sowie die Tanzposen zeigen an, daß der Krieg als glorreiche Unternehmung angesehen wurde und daß die Krieger wahrscheinlich meist Männer in hohen gesellschaftlichen Positionen waren.

Die verzierten Schulterumhänge, die Lendentücher und die kurzen, kiltähnlichen Röcke verdeutlichen die Wichtigkeit, die die Männer der Kleidung beimaßen. In einer der Szenen erkennen wir eine Prinzessin, die den Häuptlingen ihr Kind darbietet. Sie und ihre Begleiterinnen tragen eng anliegende Hemden aus feiner weißer Baumwolle, die durch eine Zugschnur unterhalb der Schultern festgehalten sind. Die Röcke reichen bis zu den Knöcheln. Die Frauen und das Kind tragen glatt nach hinten gekämmtes Haar, was die Schönheit ihrer sorgfältig dargestellten Kopfkonturen unterstreicht. Das Auffälligste an der Frauenkleidung ist ihre Einfachheit und Feinheit. Das gutsitzende Kleid, das mit einem Zugband unterhalb der Schultern befestigt ist, taucht bei einigen interessanten Tonfigürchen, die man auf der Insel Jaina vor der Küste Yucatans fand, wieder auf. Die hier ansässige Bevölkerung scheint eine große Kunstfertigkeit im Modellieren entwickelt zu haben; wir verdanken ihr viele Kleinfiguren, die uns die Maya in allen Formen ihrer kultischen Kleidung zeigen. Eine große Zahl von ihnen war gekalkt und bemalt gewesen, aber in den meisten Fällen ist diese empfindliche Oberflächenbeschichtung abgeblättert, und so ist nur die sorgfältig bearbeitete Tonoberfläche zu sehen. Manchmal tragen die Frauen lange Röcke und Schulterumhänge aus offenbar schwererem Material, aber das feine hemdartige Gewand war ebenfalls beliebt. Alle Frauen trugen Halsketten mit Jadeperlen, und einige hatten Ohrringe, wahrscheinlich ebenfalls aus Jade. Dieser Schmuck war aber weniger prachtvoll als der der edlen Männer.

Jeder höhergestellte Maya hatte einen künstlich verformten Schädel. Bereits das Kleinkind in der Wiege bekam eine leichte Krempe aus Holz auf die Stirn. Der dadurch hervorgerufene geringe Druck bewirkte eine Abflachung der sich entwickelnden Stirnpartie. Die so entstandene Kopfform muß den Maya als wahrhaft schön erschienen sein, vermutlich weil die fliehende Stirn die Linienführung der Nase fortsetzte. Um diese Linie zu vervollkommnen, wurde beim heranwachsenden Kind die Kerbe an der Nasenspitze mit einem sorgfältig polierten Jadestück gefüllt. In vielen Fällen wurde der Hinterkopf verbunden, so daß er sich eiförmig mit der Spitze nach hinten entwickelte. Auch das Haar wurde hinten darüber gebunden, und erschien so wie der Schößling einer Pflanze. Manche der gefundenen Schädel waren derart wunderlich verformt, daß man sich fragt, wie solche Köpfe noch denken konnten; es gibt indessen Beweise genug, daß die Maya ein klar denkendes, intelligentes Volk waren. Die Priester hatten ebenso stark verformte Schädel wie die Häuptlinge, und doch ist ihnen die außerordentliche Errungenschaft des Maya-Kalenders zu verdanken. Es kann auch kein Zweifel darüber bestehen, daß die Planung der großen Kulturzentren, der beständige Neuaufbau der Tempel und die Errichtung der Monumente in ihrer Hand lagen.

Um eine neue heilige Stadt einzurichten, machte man

zunächst den Gipfel eines Hügels frei und baute ebene Flächen zu Höfen aus. Gewöhnlich entstand an dem einen Ende des Hofes eine große Pyramide, die von kleineren flankiert war, und an den beiden Längsseiten des Hofes weitere Pyramiden geringer Höhe. An der vierten Seite schüttete man oft eine Plattform auf, auf die man eine Reihe kleinerer Räume baute. An der Frontseite jeder Pyramide befand sich eine steile Treppe, die zu einem Tempelgebäude hinaufführte, dessen unnötig stark gebaute Mauern ein Kragsteingewölbe trugen. Über diesem Steindach erhob sich ein weiteres Dach aus Riedgras. Auf den steinernen Dächern befanden sich ornamentale Dachfirste, die die Höhe des Bauwerks verdoppelten. Seine Festigkeit erhielt das Ganze durch kräftigen Kalksteinzement, der mit kalkiger Erde gemischt und gebrannt wurde, wodurch er wie Beton abband. Im Laufe der Zeit verwendete man immer mehr von diesem Beton, und die Wände wurden mit einer dicken Stuckschicht bedeckt. Im guatemaltekischen Hochland wurden die bildhauerischen Elemente an den Bauwerken auf ein Minimum beschränkt, wahrscheinlich weil deren Proportionen eine wichtige Rolle spielten; diejenigen, die uns erhalten geblieben sind, zeichnen sich durch eine herbe Schönheit aus. Möglicherweise waren die Wände ursprünglich mit vielfarbigen Fresken bedeckt, die im Laufe der Zeit verschwanden. Im Raume von Petén, in Guatemala, in Südmexiko, in Teilen von Honduras und in Britisch Honduras zeigen die heiligen Bauwerke innen und außen sorgfältig gearbeitete Bildhauereien. In manchen Städten finden sich Stuckarbeiten, die mit Kalktünche überzogen und bemalt sind. Es scheint, daß alle Maya-Skulpturen ursprünglich bemalt waren. In dem tropischen Regengebiet wurden die Farbschichten jedoch meist zerstört.

In der Folgezeit veränderten sich die Formen der Bildhauerei und erlangten schließlich eine barocke Fülle. Die Gestalten verloren ihre statischen Momente und wurden realistischer. Die Tempel wurden mit neuen Steinmetzarbeiten überdeckt, was sie vergrößerte und verschönerte. Man legte zusätzliche Tempelhöfe an, und auch die Steinmonumente, auf denen die Zeitverläufe dargestellt sind, wurden größer und sorgfältiger gearbeitet. Darunter finden sich große Stelen, von denen einige über 6 Meter hoch sind. Andere nehmen die Form großer Erdungeheuer an, wie z. B. die klobige Darstellung einer pfeifenden Kröte der Art *rhinophryne dorsalis*.

Mitunter befinden sich Altäre vor den Kalendersteinen, denn sie stellen Gottheiten dar, die Bacabs, die die vier Himmelsrichtungen tragen. Der Osten war die Richtung Kukulcans, der dem mexikanischen Gott Quetzalcoatl, dem Morgenstern, entspricht. Den Süden, als Region der Sonne und der Fruchtbarkeit, hatte man einer Göttin geweiht, wahrscheinlich Ixchel. Der Westen, die heilige Stätte des gereiften Korns und des Sonnenuntergangs, wurde von einem Gott repräsentiert, der dem mexikanischen Xipe Totec entspricht und der mitunter eine abgezogene Haut trägt. Der Norden war das schwarze und das weiße Gebiet der Dunkelheit und der Knochen; sein Gott war entweder Ah Puch, der Herr des Todes, oder der affengesichtige Gott des Nordsterns. An manchen Plätzen stellen alle Stelen dieselbe Gottheit dar, die dann zweifellos als magischer Schutzherr der Stätte angesehen werden muß. Ein Beispiel hierfür ist Palenque, wo man auf allen riesigen Stelen die gefiederten Umhänge findet, die mit Kukulcan verbunden sind.

Die Götterwelt der Maya hat aber noch viel mehr Mitglieder. An der Spitze stand Itzamna, der Schöpfer, der von jenseits des materiellen Universums regierte. Unter ihm rangieren die übrigen Götter in einer Folge, die Zugehörigkeit zu den verschiedenen Ebenen der Erde, des Himmels, der Erdoberfläche, der materiellen Erde selbst und der Unterwelt widerspiegelt. Sie erscheinen im Zwanzig-Tage-Rhythmus des Kalenders. Jeder kommt zur Macht, trägt die Last der Geschicke seiner Zeitspanne und wartet anschließend, bis seine Zeit wiederkehrt. Die Planetengötter, besonders der Mond und die Venus, tanzen zwischen den Tagen und bringen so ihre besonderen Aspekte der jeweiligen Zeitspanne zum Ausdruck.

Die Maya-Astronomen scheinen hervorragende Beobachter gewesen zu sein. Sie verfolgten die Bewegung ihrer Götter zwischen den Sternen und hielten die Sternbilder für die Umrisse der Götterhäuser.

Die Observatorien bestanden im wesentlichen aus Sichtlinien. In einigen Fällen wurden solche Linien durch Stelen über beträchtliche Entfernungen markiert, im allgemeinen aber zeigten derartige Beobachtungspunkte die Sonnenaufgangs- und -untergangsstelle an. Falls ein Planet oder Sternbild über einem solchen Punkt erschien, konnte dieses Ereignis auf der Stele vermerkt werden. Es muß besonders geschulte Priesterastronomen gegeben haben, die für die Beobachtungen zuständig waren. Ihre Arbeit war nicht rein wissenschaftlich; das Hauptaugenmerk galt dem Reigen der Götter, und aus den Schauspielen, die ihre Herren im Himmel darboten, erschlossen sie die Art und Weise, wie die Menschen auf der Erde zu führen sind.

Sicherlich gehörte zu den Tempelanlagen eine beträchtliche Anzahl geschickter Handwerker. Es sind uns aus der Zeit der großen Städte keine Bücher überliefert, aber es muß wunderschöne Exemplare gegeben haben. Wenn wir die Malereien von Bonampak als Schlüssel nehmen, müssen sie in fast realistischem Stil gehaltene Götter- und Kultdarstellungen mit bildschriftlichen Textpassagen enthalten haben. Die Töpfereiwaren zeichneten sich durch besondere Schönheit aus. Eine Gruppe bemalter Stücke scheint allein religiösen Zwecken vorbehalten gewesen zu sein; wahrscheinlich wurden sie nur bei Beerdigungen verwendet, denn fast alle stammen aus Gräbern. Man stellte ganze Serien geflanschter Schüsseln, halbkugelförmiger Schalen und hoher zylindrischer Becher her. Als Ton verwendete man ein grobes lederfarbenes Material, das mit feinem Sand versetzt wurde. Die Töpferscheibe war nicht bekannt, aber alle Gefäße wurden spiralig gewickelt. Das ließ sich vereinfachen, wenn man einen Untersatz, der z. B. von einer zerbrochenen Schale stammte, verwendete. So konnte der Töpfer (besser die Töpferin; diese Tätigkeit wurde meist von Frauen ausgeübt) seine Tonform immer so drehen, wie er (oder sie) sie brauchte. Viele Gefäße zeigen, aufgemalt oder ausmodelliert, religiöse Szenen. Die Figuren und Schriftzeichen waren mit zarten Pinselstrichen gezeichnet, wobei die schwarzen Umrißlinien mit Rot-, Orange-, Gelb- und seltener auch mit Weißtönen aufgefüllt wurden. Im Verlauf der Zeit veränderten sich die Stilrichtungen, die Grundmuster blieben aber. Die Malereien wurden auf der Unterlage eines feinen Tonstreifens, der bereits poliert und gebrannt war, angefertigt. Es gab auch große Mengen von Keramik für den täglichen Gebrauch, die durchweg fein gearbeitet und wohlgeformt war, wenn auch auf die Oberfläche nur ein Ring mit Mustern aufgestempelt oder ein glatter roter Streifen aufgebracht war. Viele Gefäße hatten überhaupt keine Verzierungen; sie wirkten durch die einfache Schönheit ihrer Form.

Die Holzarbeiten der Maya aus der alten Zeit zeigen eine sehr schöne Ausführung. Von dem wenigen, was uns erhalten ist, befindet sich eine Platte aus Sapotillholz im Baseler Museum und einige Bruchstücke davon im Britischen Museum. Die Arbeit, mit Steinsticheln geschnitten und feinem Sand poliert, besticht durch ihre Schönheit. Sie stammt aus Tikal in Guatemala.

Offenbar bildeten Federkunsthandwerker und Juweliere eigene Berufszweige. Aus der älteren Maya-Kultur sind zwar keine Federarbeiten überliefert, nach den Zeugnissen der plastischen Kunst zu schließen, müssen diese aber von erlesener Schönheit gewesen sein. Die Juweliere verfügten nicht über Metalle, waren aber dennoch Meister in der Bearbeitung harter Steine. Wie es scheint, betrachteten die Edelleute der Maya geschnittenen Jade als wichtige Erbstücke. Oft finden sich Jadearbeiten alten Stils in späteren Grabstätten und auch Steine aus dem Hochland in den Zentren des Flachlandes oder umgekehrt. Man stellte längliche, trompetenförmige Zierperlen her, aber auch runde und melonenförmige. Die bedeutenderen Arbeiten sind jedoch die aus feinem Jade gefertigten und oft als Anhänger getragenen Schmuckplatten. In diese schnitt man kultische Symbole und zwar dadurch, daß man ein Rohrstöckchen erst in Wasser und dann in Quarzsand tauchte und mit ihm Rillen in die glattpolierte Oberfläche rieb. Die hohe Geschicklichkeit der Edelsteinschneider findet Ausdruck in einem wunderbar formalisierten Realismus. Gelegentlich wurden große Jadeplatten bearbeitet, aber die Seltenheit des Materials und das hohe Maß an Arbeit, das für jedes Stück aufzubringen war, hielt die Anzahl dieser erlesenen Kunstwerke gering.

Die Verteilung der Ornamente und die Art der Kultbauten legen den Schluß nahe, daß diese frühen, bedeutenden Kulturleistungen Ausdruck einer stark aristokratisch ausgerichteten Kriegergesellschaft sind. Verschiedentlich findet man Parallelen zur Sozialstruktur Europas während des frühen Mittelalters, mit der Einschränkung, daß die Maya kein Metall kannten. In beiden Fällen besaßen Kriegsführer und religiöse Würdenträger überragende Bedeutung, und die Ordnung der Gesellschaft ließ Spielraum für die Entwicklung einer spezialisierten Handwerker- und Künstlerschicht, während die Masse der Landbevölkerung diese Struktur durch regelmäßige Tributzahlungen ermöglichte. Etwa 10 Jahrhunderte lang entwickelte sich diese Hochkultur der Maya voran, wenn auch die Arbeitsmethoden des täglichen Lebens die gleichen blieben.

Der Zusammenbruch dieser Zivilisation kam nicht plötzlich. In den Städten lassen sich späte behauene Stelen nachweisen, die in der Datierung in einem Zeitraum von etwa 40 oder 50 Jahren variieren. Hiernach ist eine Stadt nach der anderen verlassen und später vom Urwald überwuchert worden. Es finden sich keine Hinweise auf Krieg oder Seuchen. Muß man den schnellen Wandel mit sozialen Aufständen oder mit einem magischen Bann in Verbindung bringen? Der Zusammenbruch der Maya-Kultur liegt früher als die toltekischen Bürgerkriege, und die Tolteken sollten die Geschichte der Yucatan-Maya nicht unbeträchtlich beeinflussen. Für die Wanderungen der Maya sind sie aber sicher nicht der Anlaß, und es scheint, daß dieses Phänomen gegenwärtig außerhalb dessen liegt, was wir erklären können. Eine soziale Revolution auf einer derart frühen Kulturstufe scheint irgendwie unwahrscheinlich, obwohl die Maya-Bauern ein eigensinniger und unabhängiger Menschenschlag waren. Die Theorie des magischen Banns gründet sich auf die Wanderung des Itzá-Volkes. Aber auch sie ist vage und nur belegt durch die Massenwanderung dieser Gruppe aus ihrer letzten Stadt Petén Itzá.

Die Flachland-Maya auf der Halbinsel Yucatan erlebten einen ähnlichen Zusammenbruch ihrer Kultur, wenn auch offensichtlich erst spät in dieser Kette. Ihre größten Städte, Uxmal und Chichén Itzá, gehören in die Periode vor dem 10. Jahrhundert. Es scheint, als seien diese Städte nie vollständig verlassen worden. Die Itzá, deren Namen auf Nahuatl soviel wie »das Volk mit dem Steinmesser« bedeutet, sind anscheinend im 5. Jahrhundert aus der Gegend von Chompoton ausgewandert und haben sich später in Chichén Itzá niedergelassen. Hier scheinen sie Kontakt zu dem aus Tollan geflüchteten Toltekenherrscher bekommen zu haben. Jedenfalls entstand bald östlich der älteren Maya-Stadt eine toltekische Ansiedlung. Es handelte sich hierbei um eine echt toltekische Stadt, deren Gebäude alle toltekischen Stilelemente aufwiesen. Höchstwahrscheinlich waren die Tolteken eine Herrscherklasse, die in der Lage war, die Arbeitskraft des einheimischen Maya-Volkes in ihre Dienste zu stellen.

Die Bildhauereien in der neuen Stadt Chichén Itzá sind durchweg im toltekischen Stil gehalten, wobei besonders bei den Flachreliefs ein realistischeres Moment zum Tragen kommt. Die Kalksteinreliefs sind erwiesenermaßen ursprünglich mit lebhaften Farben bemalt gewesen. In der ethnographischen Abteilung des Britischen Museums, dem jetzigen Museum of Mankind, ist eine Gipsgußplastik ausgestellt, bei der die ursprüngliche farbige Bemalung vollständig rekonstruiert ist. Dadurch wird eine völlig neue Wirkung erzielt, und es zeigt sich, daß die zunächst farblose Skulptur durch die Farben wesentlich bereichert und belebt wird. Auf der bemalten Wand sind Kultszenen dargestellt, die sich auf eine große gefiederte und feuerspeiende Schlange, dem Sinnbild Quetzalcoatls bei den Tolteken, hin ausrichten. Interessanterweise zeigt sich auf der Darstellung, daß in Chichén Itzá ein Völkergemisch lebte, denn es finden sich sowohl Maya-Krieger als auch die Edelleute der Itzá. Der bemalte Raum, aus dem dieses Relief stammt, befand sich in dem Tempel beim großen Ballspielhof. Hier versuchten die toltekischen Edlen das schwankende Schicksal mit einem Spiel, bei dem die Teilnehmer einen massiven Gummiball mit der Hüfte stießen, ohne die Hände oder den Kopf zu verwenden. Der Hof gliederte sich in vier Abschnitte, die die vier Himmelsrichtungen repräsentierten. Die Mannschaften, die aus bestens trainierten Spielern bestanden, begannen das Spiel in einem der Hofviertel. Die ballführende Mannschaft trachtete, den Ball in den eigenen Reihen zu halten, versuchte aber immer wieder, ihn durch einen an der Hofmauer angebrachten etwa 6 Meter hohen Ringesatz zu stoßen. Wenn der Ball in das von der anderen Mannschaft gehaltene Hofviertel sprang, versuchte diese das gleiche. Häufig jagte eine Mannschaft der anderen den Ball ab und versuchte, einen Ringtreffer zu erzielen. Wem dies zuerst gelang, der hatte gewonnen, und es wird berichtet, daß dann die Zuschauer wegliefen, denn das siegreiche Team durfte denen, die es fing, Kleider und Schmuck abnehmen. Das war aber nur ein Zusatzverdienst, denn sie bekamen auch die Wetteinsätze, die die edlen Herren in Form von Edelsteinen und herrlichen Kleidungsstücken für ihre Mannschaft getätigt hatten.

Die abgeböschten Mauerfundamente des Hofes bei Chichén Itzá enthalten Darstellungen eines großen Ballspiels, wie es in der Legende von Popol Vuh beschrieben ist. Dies ist eine Maya-Geschichte von den Abenteuern eines Helden, der der Planet Venus in der Unterwelt war. Schließlich wird der Held gefangen und sein Kopf von den Herren der Unterwelt abgeschnitten. Er wird mit den sieben Blutschlangen dargestellt, die seinen Hals hinabströmen. Der Schädel wurde als Trophäe aufgehängt, aber später, als die schöne Tochter des Herrn des Todes vorbeikam, sprang ihr der Schädel ins Herz. Sie empfing und gebar ein Kind, das wieder der Morgenstern wurde. Die Legende beschreibt das Auftauchen und das Verschwinden des heiligen Planeten. Eine amüsante moderne Entwicklung in dieser Sache ist die, daß ein Fremdenführer seine eigene Erklärung für die Steinzeichnungen erfunden hat, und so wird den Besuchern heute erzählt, daß der Verlierer des Spiels (in einigen Versionen auch der Gewinner) enthauptet wurde.

Aber Chichén Itzá hat auch ohne dies seine schauerliche Geschichte. Ein kultischer Steinpfad, unbedeutend, verglichen mit den Straßen zwischen den heiligeren Maya-Städten, führte nach knapp 900 Metern zu einem großen *cenote*, einem riesigen Loch im Kalkstein, dessen senkrechte Seiten etwa 18 Meter zum Grundwasserspiegel abfielen. Das große dunkle Loch war dem Regengott der Maya, dem Chac, geweiht; an seinem Rand befand sich ein Tempel. Dieser weist Darstellungen von Eulen auf, deshalb nannten ihn seine Entdecker den Eulentempel. Er war bemalt gewesen, und ein Stein aus seinem Inneren war aufgehoben und auf eine Wand gelegt worden. Glücklicherweise hatte man diesen Stein fotografiert, außerdem waren farbige Zeichnungen von ihm angefertigt worden. Aus den geretteten Dokumentationen wurde ersichtlich, daß das Bildnis eines sonderbaren kleinen Kukulcan in einer quadratischen Sonne, die am Horizont aufging, eine Datierung aufwies. Es handelte sich um einen datierbaren Venusdurchgang, und zwar um den am 15. Dezember 1145. Dies erlaubte eine Überprüfung der überlieferten Maya-Daten und bestätigte die Richtigkeit der Auffassung von Martinez, nach der der christliche und der Maya-Kalender korrelierten. So hat der verschmähte Stein wichtige wissenschaftliche Erkenntnisse erbracht. Die Leben der menschlichen Opfer, die in den heiligen Unterweltsee geworfen worden waren, konnte er indessen nicht retten.

Nach einer Legende sollen schöne Mädchen, alles Jungfrauen, in den See gestürzt worden sein. Taucher und Schleppnetze haben auch Dutzende von Skeletten zutage gebracht, allerdings meist von älteren oder verkrüppelten Personen. Es drängt sich der Vergleich mit einem Brauch der Azteken auf, nach dem bei Sonnenfinsternissen Bucklige geopfert wurden. Vermutlich hat es eine Legende gegeben, nach der die Seelen der Geopferten bei den Geistern des Regens lebten, und, wenn einer zurück auf die Erde geschickt würde, er eine Prophezeiung der Götter mitbrächte. Zur Zeit der Opferungen ergossen sich ganze Schauer von Gold, Jade und Gummigegenständen, die den Donnerwolken geweiht waren, in das Wasser. Dies war einige Jahrhunderte so verlaufen, als sich ein örtlicher Häuptling mit Namen Hunnac Ceel freiwillig opfern ließ. Man sah seinen Körper im dunklen Wasser verschwinden, aber vier Tage später schwamm er wieder an der Oberfläche. Es war ein Trick: Offensichtlich hatte er ein hohles Schilfrohr mitgenommen, mit dem er unter Wasser atmen konnte, wahrscheinlich versteckt unter einer Felsbank. Wie auch immer, nach seiner Wiederkehr wurde er wie ein Gott verehrt, und er riß die Macht über die Stadt an sich. Dieses Ereignis, das in der Mitte des

13. Jahrhunderts stattgefunden hat, führte zu Unruhen, die in einem Aufstand der Maya-Bevölkerung gipfelten. Am Ende hatten sich die Machtverhältnisse völlig geändert, und die toltekische Führungsschicht wanderte in die Stadt Mayapan ab.

Mayapan ist wegen seiner Stadtmauer ein höchst ungewöhnliches Phänomen im alten Amerika. Die Stadtoberen waren den Weisungen toltekischer Fürsten unterworfen, es gibt viele kleine Tempel in den Palasthöfen, aber die ganze Anlage ist fehlkonstruiert und scheint einen letzten Rest toltekischer Vorherrschaft darzustellen. Die Maya-Bevölkerung erhob sich und zerstörte die Stadt. Von da an bestand das letzte Jahrhundert in der Geschichte der Yucatan-Maya in Auseinandersetzungen der Stadtstaaten untereinander. Man kämpfte, trieb Handel, führte die Kalender und erreichte trotz allem eine Wiederbelebung der magischen Kultur, obwohl der Separatismus jedem größeren Fortschritt im Wege stand. Die alte Tradition kam immerhin noch soweit zu Ehren, daß der Tutul Xiuh nominelle Macht bekam und als imaginärer Herrscher in einem aufpolierten Palast in Uxmal residierte.

Es war ein reiches Land, das die spanischen Entdecker um die Wende vom 15. zum 16. Jahrhundert vorfanden. Christoph Kolumbus traf auf hoher See südöstlich des heutigen Britisch Honduras auf ein riesiges Kanu, in dem sich etwa 40 wohlgekleidete und geschmückte Personen befanden. Es hatte hauptsächlich große Stoffballen geladen. Die fremden Seeleute rieten Kolumbus, nach Süden zu fahren, wo er ein reiches Land finden würde. Er fand dort aber nur kleine Dörfer, die ihn nicht interessierten; niemals wieder traf er auf Maya. Dann aber, im Jahre 1512 oder etwas später, kamen Solis und Pinzón, zwei Gefährten von Kolumbus, doch in das Land der Maya. Sie berichteten dies dem Historiographen Peter Martyr von Angleria, machten aber falsche Lageangaben, wahrscheinlich weil sie ein Land mit unerhörten Reichtümern entdeckt hatten. Ihre Angaben wurden jedoch durch eine Karte berichtigt, die vor der Entdeckung Mexikos durch Cortés zur Veröffentlichung kam. Darauf wird deutlich, daß die beiden Seefahrer die ganze mayanische und mexikanische Küste entlanggefahren und an der Golfküste Floridas vorbeigekommen waren. Die Darstellung Peter Martyrs erwähnt die Namen mehrerer Maya-Städte an der Küste und gibt ein Bild von der herrlichen Kleidung der Häuptlinge und dem prächtigen Aufzug der speerschwingenden Maya-Krieger in ihren gesteppten Kriegsmänteln. Offenbar waren die Handelskontakte sehr erfolgreich.

In den Jahren 1516 und 1517 entsandte der spanische Gouverneur von Kuba, Diego Velasquez, dem Geschichten über ein reiches Land im Westen zu Ohren gekommen waren, eine Expedition dorthin, die auch mit einer beachtlichen Beute an goldenen Glocken und Jade zurückkehrte. Wichtiger aber waren noch die Erzählungen der Rückkehrer von Städten, die mit Steinen erbaut waren, und einem fleißigen Volk, das einen lebhaften überregionalen Handel trieb. Es gab auch Geschichten über ein weiter im Norden liegendes Land, das von einem großen Häuptling regiert wurde und Culhua Mexico hieß. Solche Gerüchte bildeten die Grundlage für Cortés Expedition nach Mexiko. Er segelte von Kuba aus zunächst zur Spitze der Halbinsel Yucatan und landete etwas südlich davon auf der Insel Cozumel. Hier fanden er und seine Begleiter kleine Städte mit Leuten, die zwar einigen Goldschmuck trugen, hauptsächlich aber von Landwirtschaft und Fischfang lebten. Die Fahrt ging weiter zur Nordküste der Halbinsel. Sie besuchten die Fraueninsel, die sie so nannten, weil sie hier einen kleinen Tempel fanden, dessen Säulen mit grotesken Darstellungen knieender Frauen bedeckt waren. Außerdem fanden sie auch Fleisch von kurz zuvor geopferten Menschen. Obwohl sie vorher von derartigen Bräuchen gehört hatten, erschreckte sie dies so sehr, daß sie davoneilten. Sie besuchten in der Folge alle Küstenstädte Yucatans und Quintana Roos, und ihre Berichte hiervon betonen die überzeugende Baukunst, die reiche Kleidung der Bewohner und die Schönheit der Federarbeiten und Stickereien. Auch eine Menge goldener Gegenstände kam ihnen zu Gesicht, wobei allerdings vieles von schlechter Qualität war. Kontakte zu den Maya vermieden sie jedoch. Sie nahmen lediglich einen jungen Spanier mit, der Gefangener der Maya gewesen war, und zwanzig hübsche Mädchen, das Geschenk eines Häuptlings. Eines dieser Mädchen war Doña Marina, die Mexikanerin gewesen sein soll.

Die spanische Eroberung des Maya-Reiches war nie vollständig. In dieser Hinsicht war es für die Maya ein glücklicher Umstand, daß sie bereits in verschiedene Gruppen aufgesplittert waren. Die Kunst des Guerillakrieges hatten sie bei ihren gegenseitigen Vernichtungskämpfen gelernt. In Guatemala wurden die Quiché-Maya von dem grausamen Pedro de Alvarado unterworfen, und in eine traurige Knechtschaft geführt, wenn sie auch bei jeder sich bietenden Gelegenheit kleinere Aufstände wagten. In Yucatan begann Francisco de Montejo mit der Unterwerfung der isoliert lebenden Städte, und sein Sohn gleichen Namens setzte dieses Werk fort. Die Eroberung bestand häufig aus einer zeremoniellen Kapitulation, denn die beiden Montejos hatten das politische System der Maya begriffen und verhandelten mit dem nominellen Oberhaupt, dem Tutul Xiuh. Weit im Süden, in der Nähe des Tayasal-Sees, lebten die Itzá inmitten tiefer Urwälder unabhängig bis zu ihrer letzten geheimnisvollen Wanderung im Jahre 1697.

Ein Teil der Maya-Geschichte ist uns in einer seltsamen Dokumenten-Sammlung, den *Büchern des Jaguarpriesters (Chilan Balam)* überliefert. Die Texte sind auf der Grundlage des spanischen Alphabets niedergeschrieben, obwohl sie in der Maya-Sprache verfaßt sind. Eines der Bücher ist umfangreicher als die übrigen, und man erhoffte sich viel von ihm, bis Dalgety, ein unabhängiger Forscher, nachwies, daß es sich um die vierfache Wiederholung desselben Materials handelte. So verfügen wir nur über eine Sammlung von Dokumenten, die eine dichterische, in abgekürzter Form dargebotene Geschichte enthält. Sie ist in Abschnitte, *katuns*, geteilt, die etwas weniger als zwanzig Jahre lang sind und die Form von Prophezeiungen auf der Grundlage vergangener Ereignisse haben. Leider beginnen alle mit der toltekischen Periode, so daß wir annehmen müssen, daß auch die vorliegende minimale Geschichtsschreibung von den Mexikanern stammt.

Dalety, der sich als echter Amateurforscher lange mit den Maya-Schriften beschäftigt hatte, starb unerwartet, bevor seine Arbeit veröffentlichungsreif war. Seine Unterlagen mußten seinem Bruder nach Neuseeland geschickt werden, und so erlitt die Entzifferung der Maya-Texte erneut einen Rückschlag.

Alle erhaltenen Maya-Bücher scheinen in die Zeit nach dem 11.Jahrhundert zu gehören. Zwei davon wurden in älteren Gräbern gefunden, aber sie sind der Forschung noch nicht zugänglich. Eines ist von Kalk, der mit dem Regenwasser hineingespült wurde, so fest geworden, daß man es als massiven Steinblock bezeichnen muß. Bei den anderen Werken handelt es sich einmal um den in Dresden aufbewahrten *Dresdener Kodex,* der aus dem 12. Jahrhundert stammt. Dieses schön geschriebene, prachtvolle Werk stellt einen Weissagungskalender dar und enthält viele Zeichnungen von Maya-Göttern. Ein viel umfangreicheres Werk ist der in Madrid befindliche *Codex Tro-Cortesianus,* der in zwei Teile zerfällt und spät zu datieren ist, wahrscheinlich ins 14. oder 15. Jahrhundert. Er handelt hauptsächlich von Jagd und Bienenzucht, enthält aber auch Teile mit tieferer Bedeutung wie solche über die Götter und die Schöpfung. Der letzte der erhalten gebliebenen Kodices ist der in Paris aufbewahrte *Codex Peresianus.* Leider ist dieses Werk so stark beschädigt, daß man nicht mit ihm arbeiten kann. Es handelt von theologischen Fragen und gruppiert die Götter in einer Weise, die für den mayanischen Priesterastronomen sehr wichtig gewesen sein muß. Da keine Seite vollständig erhalten ist, kann man keine endgültigen Schlußfolgerungen aus dem Text, der wahrscheinlich aus dem 14. Jahrhundert stammt, ziehen. Diese drei Dokumente sind die gegenwärtig einzigen uns zugänglichen Maya-Bücher. Alle haben die Form gefalteter Leporellos mit Seiten von 20 Zentimetern Höhe und 10 Zentimetern Breite und sind auf gepreßtem Rindenfasernpapier geschrieben.

Die Handwerkskunst war bei den späten Maya keineswegs so hervorragend wie bei ihren Ahnen. Die Malerei muß einfach, fast grob genannt werden, und die Webkunst stand zwar in Blüte, aber die Kleidung war wenig reichhaltig. Die Frauen liefen mit nackten Oberkörpern umher, lediglich die älteren trugen hübsche Ponchos. Die Männer waren gewöhnlich mit Lendentüchern und Sandalen bekleidet. Eine abwechslungsreichere Kleidung trugen nur die Kriegshäuptlinge, wobei die mexikanischen Einflüsse wesentlich stärker waren, als man aufgrund der alten Maya-Traditionen hätte erwarten können. Die Keramikarbeiten waren einfach und wesentlich weniger ausmodelliert, aber dennoch erstaunlich lebendig und gefällig, obwohl nur einfaches graues Material verwendet wurde. Die Tonwaren des täglichen Gebrauches waren gröber geworden, bestachen aber durch vorzügliche Machart und ihre praktischen Formen. Das Alltagsleben der breiten Masse hatte sich nicht geändert; nur das obere Ende der sozialen Skala hatte einen Zusammenbruch erlitten.

Mit der Verwendung von Metallen trat bei den frühen Maya ein großer Fortschritt ein. Die Bearbeitungsmethoden stammen wahrscheinlich aus dem Süden, wurden jedoch von den Tolteken eingeführt. Auf einigen Malereien läßt sich ein Besatz an Gewändern erkennen, den wir als Kupferglöckchen deuten müssen. Unsere eigentlichen Kenntnisse über die Metallurgie der Maya stammt von den Schätzen, die aus dem schlammigen Untergrund des heiligen Brunnens von Chichén Itzá geholt worden sind. Hier gab es Glocken aus Kupfer und Gold, Perlen von Halsketten und als Interessantestes eine Reihe dünner Goldblätter, die wahrscheinlich auf Holz befestigt gewesen waren. Nach sorgfältigen Konservierungsarbeiten ließen sich Darstellungen von Opferungen und Kriegern sowohl in mayanischer als auch toltekischer Kleidung erkennen. Zu jener Zeit, dem 13. und frühen 14. Jahrhundert, gewann die Gefiederte Schlange, die gewöhnlich mit Quetzalcoatl identifiziert wird, auf den Darstellungen eine zentrale Rolle als furchterregendes Wesen. Tatsächlich besitzt die toltekische Version der Gefiederten Schlange, wie sie bei den Maya verbreitet war, nur wenig

Ähnlichkeit mit dem späteren Bild Quetzalcoatls als sanftem Morgenstern und der geschlechtlichen Unschuld des Herrn der Winde. Kupfer- und Goldhandwerk waren jedenfalls beim Eindringen der Spanier nach Yucatan in den Jahren nach 1540 in voller Blüte. Hunderte kleiner goldener Glöckchen verschiedenen Reinheitsgrades bezeugen die handwerklichen Fertigkeiten der Maya, was die Gußtechniken betrifft. Dies zeigt sich auch bei dem schwer zu gießenden Kupfer. Die sorgfältig polierten Kupferoberflächen wurden oft durch eine Schicht fast reinen Goldes verschönt. Andererseits wurde aus den goldenen Perlen der Halsketten, die häufig aus einer Kupfer-Gold-Legierung bestanden, das Kupfer aus der Oberflächenschicht herausgeätzt. Viele dieser Perlen besaßen einen Tonkern. Man kann sich denken, daß die schweren, aus vielen Perlen bestehenden Halsketten wunderschön anzuschauen waren.

Die Masse der Bevölkerung lebte in kleinen Häusern, die aus Holz oder Rohr und Riedgras gebaut waren. Sie befanden sich gewöhnlich auf flachen Erdwällen und waren luftig, trocken und bequem in dem tropischen Klima. Die Frauen hielten sie makellos sauber. Sie kochten auch das Essen, darunter außerordentlich wohlschmeckende, mit Chilipfeffer gewürzte Gerichte, und mahlten den Mais zu Mehl. Zu den Lebensmitteln gehörten Avokadobirnen, viele Kürbisarten und die Kakaobohne. Der Fleischbedarf wurde durch Nabelschweine und Truthühner gedeckt. Die an der Küste lebende Bevölkerung trieb zusätzlich Fischfang, und zwar sowohl mit Netzen als auch mit Angeln. Die kleinen Felder, die um die Städte und Dörfer verstreut lagen, wurden von Frauen bewirtschaftet. Hier baute man nicht nur Lebensmittel, sondern auch Baumwolle und Sisalagave an. Sisalfasern verarbeitete man zu Seilen, aber auch zu Geweben, aus denen ärmere Leute ihre groben Gewänder schneiderten. Mancher Maya hatte wasserdichte Kleidung. Um diesen Effekt zu erzielen, wurden Stücke aus Sisalgewebe mit geschmolzenem Gummi getränkt. Die Spanier lernten früh, mit diesem Material umzugehen, aber es dauerte noch 200 Jahre, bis man diese alte Erfindung der Maya in Europa verwendete.

Die Familien der Edelleute besaßen bei den späten Maya viel Macht und kontrollierten das soziale Leben in ihren Städten und den darumliegenden Bauernanwesen. Sie erhoben bestimmte Abgaben und koordinierten das städtische Leben. Die Priester entstammten meist diesen Kreisen, die auch die Koordinierung des Kalenders, der seinerseits den Ablauf des landwirtschaftlichen Lebens bestimmte, übernahmen. Es ließ sich in diesem System gut leben. Die bäuerlichen Pflichten erforderten etwa die Hälfte der verfügbaren Zeit, und die Menschen lebten und liebten in einer sehr freundschaftlich gesinnten Gesellschaft. Alle waren streng den Göttern unterworfen, aber diese wurden mehr als Führer und Beschützer angesehen, selbst diejenigen, die uns als Verkörperung des Bösen vorkommen würden. Die Sexualmoral scheint sehr straff gewesen zu sein, so daß Freundschaften außerhalb der von den Familien gesteuerten Heiraten nicht allzu intim werden konnten. Ein nationales Laster war die Trunkenheit, die leicht herbeizuführen war, denn der überall erhältliche, ziemlich dünnflüssige Honig war schnell mit Gewürzen gemischt und dem entscheidenden Ferment versetzt, das schon dadurch in das Gebräu kam, daß man einen Schluck davon im Mund spülte und zurückgab. Nach ein paar Tagen gärten und sprudelten die großen Schalen mit *balche*, wie man das Getränk nannte, bis es sich beruhigt hatte und damit genossen werden konnte. An den großen kultischen Festen wurden gewaltige Mengen davon getrunken, und es soll vorgekommen sein, daß die Leute auf den Straßen herumgekullert sind oder schwer berauscht im tiefen Schlaf umherlagen. Dies führte auch zu gewissen sexuellen Entgleisungen, die aber kaum als ernste Verbrechen angesehen wurden. Die große religiöse Faszination, die vom Trinken ausging, bestand darin, daß es die Menschen für die Dauer der kultischen Zeremonien glückselig machte. Die Götter sollten sehen, daß die, die sie verehrten, für die erhaltenen Gaben dankbar und glücklich waren. Dadurch wurden die Götter eher geneigt, ihren Kindern auf der Erde weitere Segnungen zukommen zu lassen.

Nach der Eroberung merkten die Spanier bald, daß es sich um ein agrarisches Land handelte und daß alles Maya-Gold aus dem Hochland stammte. Das gnadenlose Eintreiben der Tributzahlungen erschöpfte rasch die Reserven, und die Maya verblieben als Bauerngesellschaft. Sie arbeiteten zwar für Grundbesitzer, bestellten aber ihr eigenes Land. Die weitere Geschichte verlief nach typisch lateinamerikanischem Muster. Eine Zeitlang gab es ganze Serien von Gewalttaten, wie z. B. die sogenannten Kastenkriege. Solche Aufstände wurden jedoch brutal niedergeschlagen, und es folgte Unterdrückung und Ausbeutung durch ausländische Landbesitzer und Profiteure, wie sie nicht nur das Regime von Porfirio Diaz in Mexiko kannte. Man kann sagen, daß die Maya erst dann wieder zu einer gewissen Freiheit kamen, als Mexiko eine demokratische Republik wurde. Heutzutage bekommt der Maya-Bauer einen angemessenen Preis für seine Ernten, erhält eine moderne Ausbildung in staatlichen Landwirtschaftsschulen und beginnt, sich von der Unterdrückung der Vergangenheit zu emanzipieren. Man möchte hoffen, daß ähnliches auch mit anderen Maya-Gruppen und den übrigen Indianergemeinschaften geschieht.

5. Die Mittelamerikaner

Südlich von Mexiko wird die Landschaft zerklüfteter, die Wälder verdichten sich und das Land verengt sich zum Isthmus von Panama hin. Dann verbreitert es sich wieder, und wir finden undurchdringlichen Regenwald oder offene Hochlandsavannen. In diesem Landstrich gab es keine Geschichte, zumindest keine, die wir mehr als ein Jahrhundert vor die spanische Eroberung zurückverfolgen können.

Immerhin, in den letzten 50 Jahren ist es Archäologen gelungen, einige Gebiete zu erforschen, und Sprachkundler haben die Vielseitigkeit des Problembereichs dargelegt. Die Indianerstämme dieser Gegend hatten viele verschiedene Sprachen, ohne eine dauerhafte Beziehung zwischen Gruppen ähnlicher Sprachen. Offensichtlich gab es in dem ganzen Gebiet periodische Wanderungsbewegungen, die wahrscheinlich nicht friedlicher Natur waren. Die Kultur erreichte ihre höchste Stufe auf dem nördlichen Plateau und in isolierten Küstenstrichen Panamas, während im äußersten Süden die befestigten Dörfer an Flüssen und auf dem Hochplateau die zentrale Funktion übernahmen. Überall wurde Mais angebaut; im Süden lag das Schwergewicht auf dem Stärkemehl der Maniokwurzel. Der Maisanbau hatte sich schon sehr früh von Mexiko aus nach Süden ausgebreitet und bereits um 1 000 v. Chr. Peru erreicht. Die Maniokwurzel kam von den karibischen Küsten; sie drang einige Jahrhunderte später nach San Salvador vor. Auch die Quinoa-Pflanze aus Peru breitete sich in frühen Zeiten bis in die südamerikanischen Hochländer aus. Es entstanden aber nirgendwo Bedingungen, unter denen sich eine isolierte Hochkultur hätte entwickeln können, und abgesehen von den Chibcha in Kolumbien, entstand nirgends ein Häuptlingstum, das stark genug gewesen wäre, die Nachbarstämme zu beherrschen. Dagegen gab es überall Gegenden, in denen die Töpfer- und Goldschmiedekunst in hoher Blüte stand. Es war ein goldenes Land mit unvorstellbaren Reichtümern.

Die Einheimischen betrachteten Gold als etwas Wunderschönes, das auch magische Züge hatte. Man verwendete es hauptsächlich für Schmuckstücke. In manchen Gegenden zeigte es die gesellschaftliche Stellung an, in anderen scheinen alle Bewohner Schmuck aus reinem Gold getragen zu haben. Gold-Anhänger stellten meist Gottheiten dar, oft in Form fein gearbeiteter Tiergestalten. Man staunt über das Geschick der Goldschmiede, die alle Figuren in einem Stück gossen und kleine herabhängende Plättchen daran befestigten. In früher Zeit wurde das reine Gold getrieben oder gegossen. Später wurden dann, wahrscheinlich in Costa Rica oder Panama, die Möglichkeiten der Amalgamierung mit Quecksilber entdeckt. So gab es vor dem Eindringen der Spanier eine große Vielfalt von Goldarbeiten.

Goldbergbau war selten. Meist gewann man das Metall als Waschgold aus dem Sand der Flußbetten. An einigen Stellen scheinen auch Goldadern im Gestein tagebaumäßig abgebaut worden zu sein, wobei man das Material zerkleinerte und auswusch. Dies war aber die Ausnahme und kam bei hartem Gestein überhaupt nicht in Frage. Das Einschmelzen fand nur in kleinem Umfang statt; die Schmelztiegel faßten bestenfalls ein paar Pfund Gold.

Zum Beheizen der Öfen nahm man Holzkohle oder Holz, wobei die Gehilfen des Goldschmiedes die Hitze mit kupfernen Blasrohren anfachten; der Blasebalg war nicht bekannt. Bei der Herstellung der Gußmodelle verwendete man verschiedene Wachsarten, darunter oft pflanzliches Wachs, aber auch Gummi, denn das einheimische Bienenwachs war sehr weich, mitunter fast flüssig. Von der technischen Seite her hatten die Goldschmiede nur beschränkte Möglichkeiten; ihre handwerklichen Fertigkeiten waren aber bemerkenswert. Da man im mittelamerikanischen Raum keine Waagen kannte, mischten die Goldschmiede ihre Kupfer-Gold-Legierungen nach Augenmaß. Es verwundert deshalb nicht, daß keine zwei Goldschmiedearbeiten aus diesem Raum dieselbe Zusammensetzung aufwiesen.

Sieht man von den kolumbianischen Muisca (Chibcha) ab, so läßt sich eine bemerkenswerte Einheitlichkeit in der Handwerkskunst feststellen, wobei die Quimbaya im Cauca-Tal die führende Rolle bei den Goldschmieden spielten. Solche Gemeinsamkeiten auf künstlerischem Gebiet bedeuten jedoch keine kulturelle Einheitlichkeit. Die Stämme unterschieden sich außerordentlich. Manche liefen bis auf die Körperbemalung nackt umher, andere trugen einfache Röcke und Lendentücher aus Baumwollgeweben. Über die politischen Strukturen der Stämme wissen wir fast nichts. Wahrscheinlich gab es bei vielen Stämmen gewählte Häuptlinge, während andere wohl den Stand erblichen Führertums und fester sozialer Klassen erreicht hatten.

Es ist heute erwiesen, daß um 2 000 v.Chr. ganz Mittelamerika besiedelt war und daß die wesentlichen kulturellen Einflüsse aus davorliegender Zeit von den Küstenräumen Venezuelas und Kolumbiens stammen. Wegen der Unzugänglichkeit der Landschaft ist anzunehmen, daß die frühen Kontakte durch Kanufahrer, die sich an der Küste entlang bewegten, hergestellt wurden. Es muß aber auch eine kulturelle Bewegung aus dem Norden gegeben haben, denn der Maisanbau hatte ja bereits um 2 000 v. Chr. die peruanische Küste erreicht. Dies geschah wahrscheinlich ebenfalls im Rahmen einer Bewegung längs der Küste. Die Träger der Agrikultur haben sich wohl mal hier, mal da niedergelassen, und nach Auslaugen des Bodens suchten sie sich sicherlich eher einen neuen Siedlungsplatz an der Küste, als in die fruchtbaren, aber unheimlichen Wälder im Landesinneren zu gehen. Dort gab es natürlich schon Bewohner, kleine Jägergruppen, die im Urwald ihren Lebensunterhalt bestritten. Diese hinterließen jedoch keine erkennbaren Spuren bei den späteren Besiedlungen.

Die Bearbeitung von Gold scheint sich von den Gebirgsketten der Anden aus in kolumbianisches Gebiet und von dort aus in die nördlichen Regionen ausgebreitet zu haben. Obwohl die Bearbeitungsmethoden vergleichsweise einfach waren, verfügten die einheimischen Handwerker bereits über bemerkenswerte Fertigkeiten. Man hat wunderschön gearbeitete Stücke gefunden, und zwar fast alle in Grabstätten, die einen für die ersten dort aufgetauchten Europäer kaum vorstellbaren Goldreichtum aufwiesen. Für die Indianer lag der höchste Wert des Goldes in seiner Funktion als schönes Schmuckstück, und erwiesenermaßen wurden besondere Stücke weit von ihrem Herkunftsort gehandelt; ein solcher Nachweis läßt sich unschwer führen, denn jede Gegend hatte ihren eigenen Stil. Die Anfänge der Goldbearbeitung gehen bis 500 Jahre vor unsere Zeitrechnung zurück, und in den reichsten Gebieten Panamas und Costa Ricas ist der Höhepunkt der Metallbearbeitungskunst zwischen dem 10. und 12. Jahrhundert n. Chr. erreicht. Hieraus ist nicht unbedingt zu folgern, daß sich in den beiden Jahrhunderten vor der spanischen Eroberung ein kultureller Zusammenbruch ereignet hat, denn Krieg und Handel gehörten immer gleichermaßen zu den bestimmenden Aktivitäten dieses Raumes.

Die spanische Eroberung begann mit einem Irrtum. Man ging davon aus, daß es zwischen Spanien und China kein weiteres Land gäbe, so daß man westwärts segelnd auf die Reiche des Ostens stoßen würde. Die Seefahrer träumten vom Handel mit China, das Marco Polo 200 Jahre zuvor besucht hatte. Christoph Kolumbus wollte nach Indien fahren und traf auf bezaubernde Indianer, die nackt herumliefen. Einige trugen goldenen Schmuck, die Sessel der Häuptlinge hatten Gold-Einlagen, die Mädchen trugen Halsketten mit goldenen Perlen und eine Fußspange um das rechte Bein. Zu besonderen Anlässen verzichtete die Frau auf ihre kleine Schürze und trug lediglich eine einzige Perle aus grünem Stein – Jade, wie die Besucher dachten – über ihrem Venusberg. Aber leider waren das Gold und einige der Männer und Mädchen die einzigen Schätze, die Kolumbus 1492 mit zurückbrachte. Und die goldenen Perlen waren innen aus Ton.

Bei jeder seiner vier Reisen segelte Kolumbus ein Stück weiter nach Süden. Aber obwohl er mehr Goldschmuck als beim ersten Mal fand, folgten ihm nur Krankheit und Ungemach. Seine Entdeckungen hatten jedoch die Gier manchen Spaniers entfesselt. So wurden zunächst die Westindischen Inseln geplündert und ihre Bewohner versklavt. Tausende der Einheimischen begingen Selbstmord, um nicht für den grausamen weißen Mann arbeiten zu müssen. Freilich bestand die Hälfte der Inselbewohner

aus karibischen Kannibalen, die sich, von den südamerikanischen Küsten kommend, ihren Weg auf der Inselwelt
freigegessen hatten. Aber das ist nicht die ganze Geschichte, denn mit den Arawaken lebte hier schon seit
etwa 15 Jahrhunderten vor der noch zu Kolumbus' Zeiten
fortdauernden karibischen Invasion eine friedfertige
Stammesgruppe. Diese Menschen schürften Gold in den
Flußsänden, um ihren Schmuck herstellen zu können,
und produzierten feine Keramikgegenstände und wun-
dervolle Schnitzarbeiten, mit denen sie ihre Götter darstellten. Ihre Häuptlinge hatten sonderbare niedrige Sessel. Gelegentlich fertigten sie mit Meißeln Standfiguren;
das war allerdings die Ausnahme. Sie waren einfache
Bauern und Fischer, die in tausend Jahren nur geringe zi-
vilisatorische Fortschritte gemacht hatten, aber wohlge-
nährt und glücklich waren, bis der Pesthauch der spanischen Plantagenwirtschaft über sie hereinbrach.

Bald hatten die Spanier herausgefunden, daß zwischen
ihrem Land und dem Fernen Osten ein Kontinent lag. Sie
suchten nun nach einem Kanal, um diesen zu überwin-
den.

Auf dem mittelamerikanischen Festland fanden die
Spanier mehr Gold, als sie es sich in ihren kühnsten
Träumen bei kannibalischen Indianern in Holzhäusern
vorstellen konnten. Sie beraubten und ermordeten viele
von ihnen, andere wurden versklavt. Dann trat Balboa auf
den Plan. Dieser Eroberer war von dem Gedanken beses-
sen, die sagenumwobene Südsee zu Gesicht zu bekommen. Dazu schlug er sich mit einem Trupp von Soldaten
und indianischen Trägern durch den Dschungel und kam
schließlich an die Ufer eines neuen Meeres. Hier errichtete
er im Wasser ein Kreuz und erklärte, daß er das Meer entdeckt habe – zum Erstaunen der Eingeborenen, die dieses

Meer seit undenklichen Zeiten mit dem Kanu befuhren. Balboa kehrte zurück und wurde von Pedrarias Davila, dem Gouverneur, der auf den Entdecker eifersüchtig war, enthauptet. Aber das konnte den Lauf der Dinge nicht mehr aufhalten. Die systematische Erkundung des Goldenen Landes hatte begonnen, und bald befanden sich große Mengen eingeschmolzenen Goldes auf dem Weg in die königlichen Schatzkammern in Madrid. Damit hatte die geschichtliche Zeit auch hier endgültig begonnen. Aber schauen wir uns die archäologischen Forschungsergebnisse dieses Raumes aus der Zeit vor der dokumentierten Geschichte an. Dazu arbeiten wir uns vom Land der Maya aus in südlicher Richtung voran.

Der Einfluß mayanischer Traditionen und Handwerkskunst auf die angrenzenden Gebiete von San Salvador und Honduras war bedeutend. Dies gilt hauptsächlich für das Hochland, aber auch im Ulua-Tal fand man Keramik im Maya-Stil und eine Reihe schöner Marmorgefäße mayanischer Formgebung, die jedoch keinerlei Schriftzeichen erkennen lassen. In ganz San Salvador gibt es Spuren einer frühen Bewegung nach Norden, die wahrscheinlich mit dem Eindringen der Pipiles zusammenhängt. In Honduras wird der Einfluß der Maya in dem Maße geringer, wie man sich der atlantischen Küste nähert. Hier stellten die Moskito-Indianer solide handgedrehte Tonwaren her, die eher kräftig als schön zu nennen sind. Sie bearbeiteten auch wuchtige, einfach geformte Steinschalen mit senkrechter Wandung, die oben und unten einen Streifen mit geometrischem Dekor hatten und auf einem Dreifuß standen. Viele besaßen Henkel in Tiergestalt. Große Teile Nicaraguas, ein gebirgiges, waldbedecktes Land, befanden sich einst unter der Herrschaft der Nicaraos, deren Geschichte in den letzten hundert

Jahren jedoch nur in geringem Umfange erforscht wurde. Die Forscher früherer Zeit hatten große Steinbildnisse von nahezu Lebensgröße gefunden, einige davon stellten Männer mit Alligatorenköpfen oder Alligatoren auf dem Rücken dar. Hier und dort hat man zwischen Erdwällen, auf denen einst hölzerne Paläste standen, große Steinkugeln, einige auf Säulenplatten, entdeckt, über deren Bedeutung nichts bekannt ist. Alle sind sehr sorgfältig gearbeitet, aber weder über ihre Herstellung noch über ihre Hersteller gibt es Anhaltspunkte.

An der Atlantikküste bis Costa Rica hinunter lag das Gebiet der Guetar-Indiander. Diese beherrschten meisterhaft die Steinmetzkunst, und ihre fein gearbeiteten Darstellungen von Jaguaren und Jaguarmännern, die gewöhnlich eine Höhe von etwas weniger als einem Meter aufwiesen, bestachen durch ihre Lebendigkeit. Es war ein waldreiches Land, in dem es von Jaguaren und Alligatoren wimmelte; sie waren der Schrecken der indianischen Bauern, und man mußte ihre Geister beschwichtigen, um sich vor ihnen sicher zu fühlen.

Die Steinplatten zum Mahlen von Mais und anderen Körnerfrüchten sind hier feiner gearbeitet und erinnern mit ihren herrlichen Formen an die hölzernen *duhos*, auf den Westindischen Inseln; nur besitzen diese Metaten Enden, die als Krokodilsköpfe stilisiert sind. Sie erscheinen in der Formgebung ursprünglicher und kräftiger als andere in Form von Tieren wie Jaguaren und Affen. Auf dem Hochland Costa Ricas nehmen sie zum Teil vielschichtige Gestalten an mit einer ganzen Reihe ineinander verschlungener Tiere, die den Untergrund der durchbrochenen Oberfläche für den Mahlprozeß bilden. Hier ahnt man eine hohe Kultur mit einer Führungsschicht, die sich einem Kult der gefährlichen Naturkräfte geweiht hat und

142

solche phantastischen Zeugnisse einer steinernen Technologie besitzt. Das Formenspektrum reicht von den klaren nicaraguanischen Formen, die sich vor allem in der Gegend um den Omotepec-See finden, bis zu den ausladenden Gestaltungen weiter südlich von Cartago in Costa Rica. Die Arbeiten beider Entwicklungspole sind in die Zeit zwischen 1 000 und 1 250 n. Chr. zu datieren; sie sind Ausdruck einer gemeinsamen Idee zweier verschiedener Kulturen. Die verwendeten Steine sind vulkanischen Ursprungs, deren körnige Beschaffenheit zwar eine einfache Bearbeitung gestattete, aber auch eine naturwüchsige Rauheit zurückbehielt.

Die meisten Arbeiten aus Costa Rica und Panama weisen Ähnlichkeiten auf, aber es bleibt erkennbar, woher sie kommen, wie auch die Sprachen der Entstehungsgebiete verschieden sind. Offenbar hat es einen ausgeprägten Handel, aber auch kriegerische Auseinandersetzungen gegeben, und die Herstellungsmethoden der anderen wurden kopiert. Insgesamt gesehen kann man sagen, daß die Küstengebiete eine höhere Kultur aufwiesen, und daß die waldreichen Gebirgsregionen das Rückzugsgebiet der weniger entwickelten Stämme bildeten. Die Kleidung beschränkte sich hauptsächlich auf kurze Röcke und Lendentücher, aber man trug reichlichen Edelstein- und Federschmuck. Die Körperbemalung war ausgeprägt; man findet Kostproben dieser Kunst auf bemalten Kleinkeramikfiguren und Skulpturen.

Offenbar waren die Götter dieser zivilisiert zu nennenden Südländer Sinnbilder einfacher Naturkräfte auf der Erde und am Himmel, denn wir finden Darstellungen von Alligator- und Jaguargottheiten, von Affengöttern und von Vögeln mit ausladenden Schwingen. Diese Wesen tragen verschiedentlich Menschenköpfe und mitunter auch

Schlangen. All diese Merkmale erinnern an die Götter der Küstenbevölkerung Perus. Wir haben es mit einer ganz und gar natürlichen Welt zu tun, deren Animalität sich von den Kulten der Mexikaner oder der Maya streng unterschied. Wir befinden uns immer noch in Zentralamerika, aber die Kunst bekommt bereits ausgesprochen südamerikanische Züge.

Eines der wichtigsten Kunstzentren der Region war die Halbinsel Nicoya an der pazifischen Küste Costa Ricas. Hier gab es eine Gruppe von Siedlungen, die eher als Dörfer zu bezeichnen sind und die vom Fischfang und der hier typischen rodenden Landwirtschaft lebten. Daß hier ein seßhaftes Leben möglich war, scheint diese Gegend für die Dauer von 2 000 Jahren zu einem Zentrum handwerklicher Kunst gemacht zu haben. Es gibt kulturelle Wandlungen, Veränderungen in der Töpfertechnik und ein Ansteigen der Verwendung von Gold bis zum 13. Jahrhundert n. Chr. Dann aber beginnt ein Niedergang der Kultur.

Zu den bedeutenden Erzeugnissen des Nicoyaraumes zählen aus hartem, grünem Stein gefertigte Keulenenden, die in großer Vielfalt Tier- und Menschenköpfe darstellen können. Ihre im Grunde realistische Stilart ist gekennzeichnet durch eine klare Aufteilung in glatte Zonen und Zierflächen. Die hohe Qualität der Muster und die Strenge der Köpfe machen sie zu gesuchten Sammlerstücken, und so gibt es hier, wie auch in vielen anderen Teilen Mittelamerikas, eine leidige Tradition unwissenschaftlicher Raubgräberei. Außer den Keulenköpfen finden sich hier auch wunderschöne Axtblätter aus Jade, die gewöhnlich die Form von Menschenköpfen (verschiedentlich mit Kopfschmuck) haben. Über dem Rumpfansatz sind die Arme nach unten gekreuzt, und von der

Taille an wird der Stein zum Axtblatt mit sanft geschwungenen Konturen. Die Schnittkante ist bemerkenswert scharf, und man hat vermutet, daß die Stücke nicht nur als Äxte, sondern auch als Messer verwendet wurden, wobei wohl die Köpfe als Handgriffe dienten.

Der Gebrauch von Gold als Werkstoff für Schmuck entwickelte sich vom Zerschneiden von Platten bis hin zu fein modellierten Wachsgüssen. Ein häufig auftretender Gegenstand ist die Glocke, auf der sich die Muster der Jadeäxte wiederfinden und die in Hochrelieftechnik eine Kleinfigur, oft einen Affen, aufweist. Hergestellt wurden die Stücke nach der in Mittelamerika verbreiteten Hohlgußtechnik, die auf der Modellierung des Gegenstandes in plastischem Material wie Wachs oder Gummi und dessen Ersetzung durch das Metall beruhte. Mit solchen Verfahren fertigte man auch zusammengesetzte Stücke, die aus einer Hauptfigur und mehreren an kräftigen Golddrahthaken befestigten Anhängern bestanden.

Im Innern Costa Ricas gab es in der Gegend um Cartago eine reiche Kultur, über die wir ausschließlich durch Grabfunde Kenntnis besitzen. Man entdeckte feine Gold- und Jadearbeiten sowie prächtige Tongefäße verschiedener Stilrichtungen aus den ersten Jahrhunderten nach Christus. Die schönsten Stücke stammen augenscheinlich aus der Zeit kurz vor 1 000 n. Chr., aber auch aus der Zeit danach sind qualitativ hochstehende Arbeiten, besonders eine Reihe cremefarben, rot und schwarz bemalter Kleinfiguren, auf uns gekommen.

Wir gelangen als nächstes nach Panama, ein Land, das im wesentlichen aus einer schmalen Kette zerklüfteter, ursprünglich vollständig bewaldeter Berge besteht. Die hier ansässigen Hochkulturen lagen in der Frühzeit an der pazifischen Küste. Für Handelsleute mit ihren ausgehöhlten Kanus war das ein leicht zugänglicher Verkehrsweg, und auch die einheimische Bevölkerung ging hier dem Fischfang nach. Die wichtigsten Anbaupflanzen waren der Maniokstrauch und Mais; darüber hinaus kannte man viele Obstarten und auch die Kokosnuß, so daß der Lebensunterhalt wohl leicht zu bestreiten gewesen sein muß. Das Haupthindernis für eine kulturelle Entwicklung waren Stammeskriege und der Umstand, daß bei den schweren tropischen Regenfällen das bestellte Land schnell ausgelaugt war.

Die in den Bergen lebende Dorfbevölkerung wohnte in kühlen und relativ trockenen Hütten mit Dächern aus Rohr und Blättern. Die Häuptlinge, deren Amt erblich war, trugen Schmuck aus Gold und Kupfer-Gold-Legierungen. Der größte Teil der Menschen war nackt. Nur zu besonderen Anlässen bemalte man den Körper mit vielfältigen Mustern, die an Wandteppische erinnerten. Noch heute stellen bei den Cuna-Indianern, den Nachfahren dieser Stämme, die Frauen Applikationsstickereien her, deren Muster im wesentlichen mit den alten Bemalungen übereinstimmen. In neuerer Zeit haben diese Indianer auch Bücher aus langen Streifen pflanzlicher Fasern hergestellt, die in Bilderreihen über bestimmte Ereignisse berichten. Wir wissen jedoch nicht, ob solche Aufzeichnungen schon in alten Zeiten geführt wurden. Die heutigen Cuna leben hauptsächlich an der Atlantikküste.

Die höchsten Stufen der kulturellen Entwicklung dieses Raumes wurden an der pazifischen Küste erreicht. Die beeindruckendsten Zeugnisse menschlicher Ausdauer stammen von der Veraguas-Küste und der Halbinsel Chiriqui. In diesem Gebiet gibt es übrigens auch jene Inseln, auf denen die Spanier Perlenfischer entdeckten. Die örtlichen Kulturen hatten sich über einen Zeitraum von zwei Jahrtausenden entwickelt, und wie gewöhnlich ist in der ersten Zeit ein gewisser Fortschritt festzustellen, nachdem aber die Handwerkskunst ein ansehnliches Niveau erreicht hatte, änderte sich kaum noch etwas. Es gab keine Maschinen; alle Töpferwaren wurden mit der Hand gewunden und über offenem Reisigfeuer gebrannt. Man scheint die Töpfe sehr sorgfältig gestapelt zu haben, denn es fanden sich nur wenige Brandspuren. Aus den Sänden der Flußufer wusch man beträchtliche Mengen Gold; daraus entstand mit der hier ungewöhnlich weit entwickelten Hohlgußtechnik künstlerisch hochstehender Schmuck. Es existieren Anhänger von 15 x 10 Zentimetern Größe mit Ösen und Zierrahmen, in dem Menschen, Alligatoren und Jaguare zu tanzen scheinen. Alle Figuren sind bis auf einen Gürtel nackt und zeigen einen bloßen Penis, vielfach mit offen sichtbarer Eichel. Weibliche Figuren kommen seltener vor, sind dann aber ebenfalls nackt.

Die vollendetsten Keramikarbeiten der Region wurden in den Jahrhunderten um das Jahr 1 000 n. Chr. im nördlichen Teil der Veraguas-Küste hergestellt, glatte, dünnwandige Gefäße von einfacher parabolischer Form, die ein perfektes Brennverfahren erkennen lassen. Die Oberfläche ist mattiert und in einem khaki-artigen Farbton gehalten. Verschiedentlich wurden eckige Bandhenkel angebracht, in deren Ansatzstellen applizierte Dekors in Form winziger Tiere, oft Affen, zu finden sind. Einige Gefäße besitzen aufgeschlitzte Hohlfüße, die mit Tonkügelchen im Inneren so etwas wie Rasseln darstellen. Stücke dieser Art sind unter der Bezeichnung Armadillo-Ware bekannt, wahrscheinlich weil die früheren Arbeiten dieses Stils die Form von Armadillos, also Gürteltieren, hatten. Es handelt sich hier wohl um die besten Keramikarbeiten des präkolumbianischen Amerika überhaupt.

Weiter südlich, auf der Halbinsel Chiriqui, gewinnt die Kunst mehr Farbigkeit und einen phantastischen Formenreichtum. Auf Goldplatten tanzen inmitten von Glöckchenanhängern Jaguarmänner; Musikanten mit Flöten und Okarinas finden sich auf kleinen Goldketten, die als Ohr- oder Nasenschmuck dienten. In den Gräbern lagen Tausende von Goldglöckchen, die einst vermutlich den klingenden Saum von Gewändern bildeten. Perlen trug man als Hals- und Armketten. Die Töpfer fertigten kleine Tierfiguren, alle in herrlich cremefarbenen, roten, schwarzen und graublauen Farbtönen bemalt. Viele Schüsseln zeigten ein wahres Chaos übereinanderliegender Muster. Tanzende Jaguar- oder Alligatormänner oder Mischbildungen aus beiden finden sich auf vielfarbigen Streifen, die sich als Muster wunderbar einfügen. Wahrscheinlich sind hier die Webmuster der spärlich getragenen Kleidung aufgenommen, aber das läßt sich nur vermuten, denn das feuchte Tropenklima hat die Zeugnisse der Webereikunst zerstört. Die Gegend von Chiriqui war ein ausgeprägtes Zentrum dörflicher Kultur. Mit Fischfang und tropischer Landwirtschaft kann das Leben nicht allzu beschwerlich gewesen sein. Archäologen haben hier gründliche Untersuchungen vorgenommen und eine Reihe von Bodenschichten entdeckt, die verschiedenen Zeitperioden zugeordnet werden müssen. Die reichhaltigste Schicht datiert aus der Zeit um 1 200 n. Chr.; von da an wird die Fundausbeute etwas schlechter. Stiländerungen zeigen vermutlich die Wanderung von Stämmen aus dem Norden in den kolumbianischen Raum und aus Kolumbien in den Norden an. Das Gebiet um die Halbinsel Chiriqui war in mehrerlei Hinsicht vom Glück begünstigt; es scheint, als habe es diesen Durchzug anderer Stämme ohne größeren kulturellen Schaden überstanden.

In dieser Gegend hörten die Spanier übrigens zum ersten Mal von dem sagenhaften Goldland im Süden, das sich als Peru erweisen sollte.

Südlich von Panama öffnete sich den Indianern die Weite des südamerikanischen Kontinents. Die frühen Jäger drangen zunächst stärker in das Hochland vor als in die sumpfigen Gebiete der pazifischen Küste. Obwohl es nur wenig Spuren ihrer Wanderungen gibt, dürften sie sich zuerst an den Atlantikküsten ausgebreitet haben. Dies bezeugen einfache Tonscherben aus Venezuela und Kolumbien, die in die Zeit vor 3 000 v. Chr. zu datieren sind und damit die ältesten Keramikfunde des amerikanischen Doppelkontinents zu sein scheinen. Gegenwärtig erforschen Archäologen Fundplätze im Landesinnern, die wahrscheinlich zu dem Gebiet zu rechnen sind, in dem die amerikanische Töpferei ihren Ursprung hat. Diese Kunst breitete sich offenbar auch nach Westen aus. Jedenfalls stellten die Bewohner der ecuadorianischen Küstenstriche einfache Gefäße und Kleindarstellungen von Frauen bereits um 220 v. Chr. her, also lange vor dem Aufkommen der Jomon-Kultur in Japan, mit der diese frühe amerikanische Entwicklung verglichen wurde. Die Verwendung von Töpfereiwaren setzt Seßhaftigkeit voraus, denn die Zerbrechlichkeit dieser Gegenstände macht sie für eine mobile Jägergesellschaft ungeeignet. So ist die äußerst frühe Töpfereitradition Südamerikas ein Beweis für frühzeitige Landwirtschaft. Zu den Grundbedingungen ländlichen Lebens gehört das Wohnen in Häusern, und so sollte man Holzarbeiten aus dieser Zeit erwarten. Aber das Klima im nördlichen Südamerika mit seinen schweren Regenfällen ist denkbar ungeeignet für die Erhaltung derartiger Kulturzeugnisse; außer ein paar schön beschnitzten Hauspfosten aus Ecuador sind keine Funde dieser Art bekannt geworden. Auch Steinarbeiten – wenn man von Werkzeugen und Waffen absieht – sind selten.

Die bemerkenswerteste Bildhauerei dieser Region stammt aus dem südlichen Teil des zentralen Hochlandes von Kolumbien. Hier gibt es bei San Augustin eine interessante Ansammlung dolmenähnlicher Grabstätten und Tempel mit Steinzeichnungen, die Menschen und Tiere darstellen. Man weiß inzwischen, daß ihre Entstehung in die Zeit zwischen 500 und 250 v. Chr. fällt. Zu den eindrucksvollsten Arbeiten zählen Darstellungen von Kriegern mit Fangzähnen, die Schilde und Helme in Tierkopfform tragen. Bei einigen Kriegergestalten lassen die Fangzähne vermuten, daß es sich um Gottheiten handelt. Hier erscheint eine weitere Tierfigur über dem Kopf des Dargestellten, die ein inspirierender Geist sein könnte. Das Stilspektrum der Arbeiten ist breit, aber jede der Darstellungen besticht durch Stärke und Lebendigkeit, und wir haben es hier zweifellos mit einem bedeutenden Zentrum indianischer Kunst zu tun.

Alle Gebiete, in denen eingehende Forschungen durchgeführt worden sind, weisen eine Folge von Kulturen auf, die über eine lange, um 3 000 v. Chr. einsetzende Periode landwirtschaftlich ausgerichtet waren. Die Gebiete dehnen sich aus oder verkleinern sich; Stiländerungen zeigen das Kommen und Gehen von Völkern an, deren Namen uns nicht bekannt sind. Viele Forschungsarbeiten gehen auf zufällige Entdeckungen zurück oder erfolgten, nachdem Grabräuber bereits Verheerungen angerichtet hatten. Es ist hier also keine durchgehende Linie archäologischer Arbeit zu erkennen. Dies ist aber auch in einem gebirgigen Regenwaldgebiet, das nie eine einheitliche imperiale Kultur wie in Peru oder Mexiko gekannt hat, nicht zu erwarten.

Bemühungen um eine großräumige Herrschaft lassen noch am ehesten die Chibcha im steppenartigen Hochlandplateau um Bogotá und Tunja erkennen. Dieses Volk verfügt über skizzenhafte Geschichtsaufzeichnungen, die Heldentaten von vier Generationen seiner Großhäuptlinge berichten. Nach seinem Glauben lebte es seit ewigen Zeiten auf dem Hochplateau um den heiligem Guatavita-See. Die Wasser der großen Flut hatten seine Vorfahren immer höher getrieben, und die Schöpfer verwandelten sich in zwei goldene Schlangen, die in den See getaucht waren.

Da war Bochica, der große Held der Chibcha-Mythologie, erschienen und hatte die eine Wand des Kratersees geöffnet, so daß das Wasser ablaufen konnte und die Chibcha gerettet waren. Von da an mußte jeder neue Großhäuptling zum See gehen und den Geistern in der Tiefe ein Goldopfer darbringen. Dazu wurde er erst im Lehm, dann in Goldstaub gewälzt, worauf er in den See sprang und seine Goldschicht abwusch, die nun wie eine glitzernde Wolke in die Tiefe sank. Der Großhäuptling regierte aufgrund der Macht, die ihm die Sonne verliehen hatte, und er war von mehreren Frauen und einem Hofstaat von Edelleuten umgeben.

Jedes Jahr wurde eine Expedition in die Wälder des Ostens geschickt, um Knaben der wilden Waldindianer zu fangen, die dann der Sonne geopfert wurden. Der ausgewählte Junge wurde sorgsam behandelt, und nach einem Jahr der Gefangenschaft band man ihn an einen der Sonne ausgesetzten Felsen. Dort starb er, und seine Seele stieg zum Himmel auf, wo sie um Hilfe für die Chibcha bat. Manchmal hatte ein Chibchamädchen Mitleid mit dem Jungen, und falls er dann in der Lage war, sexuellen Kontakt mit ihr zu pflegen, wurde er freigelassen und ein anderes Opfer ausgewählt. Wohin die Chibchakrieger auch gingen, ihre Anführer trugen immer goldene Vögel als Anhänger. Auf dem Kriegspfad wurde ein größerer Goldadler, an der Spitze einer Stange befestigt, vorangetragen. Natürlich wurde hin und wieder auch ein hoher Chibchaführer von den Waldindianern erschlagen. Es war der Goldadler eines dieser Unglücklichen, den Sir Walter Raleigh in Guayana erhielt. Während er im Londoner Tower gefangen saß, trug er ihn als Beweis dafür, daß er im Land Eldorado gewesen war.

In ihrem Kunstschaffen zeigten die Chibcha eine Vorliebe für matte Oberflächen. Auf den Tongefäßen befinden sich viele stark stilisierte, in schwarz und weiß gehaltene Darstellungen von Häuptlingen und deren Frauen. Einen ähnlichen Aufbau haben die goldenen Kleinfiguren, die meist aus flachen Plättchen bestehen, denen man durch Auflagen aus Drahtstücken Konturen und Ausgestaltung, z. B. mit Waffen gab. Manchmal werden solche Flachfiguren senkrecht auf eine Platte montiert, so daß sie als Ensemble eine Geschichte erzählen. Häufig sieht man den obersten Häuptling, wie er in einer Hängematte getragen wird, oder auch mit Priestern und Edelleuten auf einem Faß.

Besondere Wichtigkeit kommt bei diesen rauhflächigen Goldarbeiten der Farbe zu. Die Chibcha waren geschickte Metallurgen, deren Goldfiguren verschiedene Kupferteile aufwiesen und deshalb in der Farbe zwischen reinem Kupferrot und wunderschönem, hellem Goldgelb schwankten. Wahrscheinlich hat die Art des Goldschmuckes die soziale Stellung seines Trägers angezeigt, und zwar muß diese um so höher gewesen sein, je reiner das Gold war.

Die Chibcha webten auch feines Tuch aus heimischer

Baumwolle. Hiervon gibt es nur noch wenige Zeugnisse, darunter ein Stück im Britischen Museum, das mit typischen Chibchamustern und der wiederholten Darstellung des sitzenden Sonnengottes Bochica bemalt ist. An Farben gibt es fahles Grün, Braun und einen Cremeton auf weißem Grund. Es ist ein Jammer, daß nicht mehr von diesen schönen Stoffen erhalten geblieben ist.

Die Häuser der Chibcha hatten Wände aus Holz oder Rohr, auf denen sich ein kegelförmiges Dach befand. Mitunter war das Holz beschnitzt oder vergoldet. Die Spanier erwähnen einen großen Häuptlingspalast mit vielen Unterteilungen, in dessen umzäuntem Bereich auch die etwas kleineren Hütten anderer hoher Würdenträger standen. Unterkünfte wie diese waren gut den Wetterbedingungen der Hochlandsavannen angepaßt.

Westlich der Chibcha sprechenden Stämme wird Kolumbien von zwei Flußtälern zerteilt, die sich bis zu den hohen Anden im südwestlichen Teil des Landes erstrecken. Es handelt sich um die Täler der Flüsse Cauca und Magdalena, die sich im Flachland vereinigen und als Sinu bei dem großen Hafen Barranquilla in die Karibik münden. In dem Gebiet, wo sich die beiden Flüsse durch die bewaldeten Gebirgsketten der Anden schlängeln, lebten mehrere kleine Stämme, die die reichsten Goldarbeiten des amerikanischen Doppelkontinents herstellten. Ihre Häuptlinge scheinen unumschränkte Herrscher gewesen zu sein, deren Macht sich zwar nie über größere Gebiete erstreckte, die aber dennoch in großem Prunk lebten. Man schmückte sie mit Gold, und ihre hölzernen Paläste standen voll von goldenen Gefäßen. In den Flüssen gab es auch Platin in Form grauer Metallkörner, die die ansässige Bevölkerung zu Angelhaken verarbeitete. Dazu wurden die erhitzten Metallstückchen durch Hammerschläge in die gewünschte Form gebracht. Das Gold wurde wegen seiner majestätischen Schönheit hoch geschätzt. Es läßt sich erkennen, daß bestimmte Gruppen von Dörfern sich durch jeweils eigene Stilrichtungen ihrer Arbeiten auszeichnen, und neuere Forschungen wissen hier klar zu trennen. Alle Arbeiten unterscheiden sich vollständig von denen der Chibcha, die niemals in die Täler des Westens vorgedrungen zu sein scheinen. Der Magdalena-Fluß muß wohl ein natürliches Bollwerk gewesen sein, das die meist westlich im Cauca-Tal ansässigen Stämme geschützt hat. Das Land war dicht bewaldet und wahrscheinlich schon damals, also bevor der seuchenverbreitende Moskito im 16. Jahrhundert eingeschleppt wurde, der Gesundheit abträglich.

Zu einer Zeit, da das Peru der Inka bereits seinen Todeskampf führte, unternahmen spanische Abenteurer beträchtliche Anstrengungen, um durch diese Täler ins goldene Peru zu gelangen. Sie erzählen von Wilden mit bemalten Körpern, die in Dörfern mit Palisaden aus Holz oder Rohr lebten. Von ihnen stammt auch der furchtbare Bericht über die kunstfertigen Quimbaya, die Kinder heranzüchteten, um ihr wohlschmeckendes Fleisch bei kannibalischen Festlichkeiten genießen zu können. Alle hier ansässigen Stämme waren kannibalisch, und an ihren goldenen Masken erkennt man, daß sie ihre Zähne gefeilt haben, bis sie wie die schreckliche Zahnreihe eines Hais ausgesehen haben. Ihre Arbeiten strahlen gleichermaßen Schönheit wie Grausamkeit aus. Besonders die Quimbaya stellten wunderbare Figurengefäße her, an denen die Nacktheit der Gestalten auffällt. Nacktheit bezeugte einen hohen sozialen Stand; denn nur Leute, die im Gestrüpp der Felder und Wälder arbeiten mußten, trugen Röcke zum Schutze ihrer empfindlichen Geschlechtsteile. Die

Schicht der Edlen stellte ihre Schönheit mit Holzketten, Kopfschmuck, Ringen – alles aus Gold auf brauner Haut – offen zur Schau. Als die Spanier auf ihre Nachkommen trafen, trugen diese Kriegsbemalung, häufig mit schwarzer Farbe.

In den Flußtälern Kolumbiens finden wir, im Norden beginnend, folgende Kulturen: die Tairona im Mündungsgebiet, die Quibaya im Mittelbereich, die Calima im Südwesten und die Sinú-Kultur im Südosten. Zwischen den Regionen scheint es ausgeprägte Handelsbeziehungen gegeben zu haben. Man hat ein der Sinú-Kultur entstammendes Objekt sogar aus dem *cenote* von Chichén Itzá in Yucatan gefischt, was eine Datierung des Stils ins 12. Jahrhundert ermöglicht. Mehrere Quimbaya-Stücke entdeckte man auch in Panama.

Die Tairona lebten in recht ausgedehnten Siedlungen im Mündungsgebiet des Flußsystems. Ihre Holzhäuser waren mit steingepflasterten Laufstegen umgeben, und auch die Dorfplätze waren gepflastert. Einige Häuser hatten niedrige grob gemauerte Wände. Die Bewohner trugen einfachen Goldschmuck, der vielfach über Handelsbeziehungen mit dem Süden hierher gelangt war. Die Töpfereiwaren zeichneten sich durch Robustheit und Grobheit aus, widerspiegelten aber mitunter Einflüsse aus dem Süden. Auf dem Gebiet der Tairona liegt auch die Siedlung Puerto Hormiga, wo man Tonscherben aus der Zeit um 3 000 v. Chr. gefunden hat. Es gibt jedoch keinerlei Hinweise auf eine zeitliche Kontinuität dieser frühen Keramikproduktion. Die auf die spanische Eroberung folgende Zerstörung und den Verlust ihrer Unabhängigkeit faßten die Tairona als Heimsuchung ihrer Götter auf. Sie verließen freiwillig ihre Maisfelder, die sie terrassenförmig um ihre Dörfer angelegt hatten.

In der mittleren Cauca-Region lebten die Quimbaya-Kannibalen seit mehreren Jahrhunderten. Um das 11. und 12. Jahrhundert n. Chr. hatte ihre Kunst einen Höhepunkt erreicht. Sie waren meisterhafte Goldschmiede und Töpfer. Ihre lederfarbenen Tongefäße übermalten sie mit einem mattcremefarbenen Streifen und überzogen dann das Stück mit einer Wachsschicht, in die sie Muster schnitten. Das Ganze kam in ein Bad mit schwarzem Farbstoff. Nach Wegschmelzen des Wachses zeigte sich dann eine schwarze Musterung, der vielfach auf die gleiche Weise eine rote hinzugefügt wurde, so daß die Gefäße dreifarbige Verzierungen erhielten. Mit dieser Batiktechnik scheinen sie, ähnlich wie die Peruaner, auch Textilien eingefärbt zu haben. Das läßt sich aber nur durch wenige erhaltene Fäden belegen.

Wieder eine andere Keramik-Form bildeten die dickwandigen Tonschalen, in die in Nachahmung beschnitzter Holzgefäße geometrische Muster geschnitten wurden. Anschließend polierte und brannte man das Gefäß.

Sehr wahrscheinlich handelte es sich bei den geschickten Töpfern um Frauen. Sie arbeiteten in den Rohrhütten der auf flußnahen Anhöhen gebauten Dörfer. Der größte Teil ihres Arbeitsgeräts war aus Holz gefertigt, obwohl die Männer bereits wunderschön polierte Steinaxtblätter und Meißel herstellten. Die größeren Behausungen der Häuptlinge waren wohl angefüllt mit Gebrauchsgegenständen sowie Schmuck und Gefäßen aus Gold. In Gräbern fand man gewaltige Mengen goldener Krüge und Figuren, die alle von höchster Kunstfertigkeit zeugen. Die Grabkammern waren in senkrechten Schächten so gut versteckt, daß die modernen Grabräuber schon alle Geschicklichkeit aufbieten mußten, um zu den Schätzen zu gelangen, bevor seriöse Archäologen sie untersuchen konnten. Die in ihrer Formgebung sehr anmutigen Gegenstände, selbst die größeren Krüge und Figuren, die über 20 Zentimeter Höhe erreichen konnten, wurden im Hohlgußverfahren hergestellt. Einige sind aus reinem Gold, das sich reichlich in den Flußsänden der Gegend fand, viele aber bestehen aus einem Gold-Kupfer-Gemisch, das einen niedrigen Schmelzpunkt hat. Nach dem Guß wurden diese Gegenstände mit einer starken pflanzlichen Säure behandelt, die das Kupfer aus der Oberfläche herauslöste. Danach polierte man das Stück, bis es aussah, als sei es aus massivem Gold.

Noch mehr Gold als bei den Quimbaya stammt aus dem Gebiet der Calima, das nicht weit von dem Quimbaya-Territorium entfernt liegt, von diesem aber durch gewaltige Gebirgsschluchten und bewaldete Gebirgsketten getrennt ist. Hier fertigten die Einheimischen große goldene Brustplatten an, die mitunter 30 Zentimeter breit und 20 Zentimeter hoch waren. In der Mitte der Platte befand sich als Dekor eine Menschendarstellung. Den abgerundeten Rand markierte eine lineare Musterung, die aus vielfachen Wiederholungen kleiner Grundmuster bestand. Man hat vermutet, daß die Randmusterung eine kalendarische Bedeutung besitzt, aber das ist zweifelhaft. Die maskenartigen Menschen-Darstellungen strahlen meist große Ruhe aus. Die gekrümmten Nasen weisen an der Scheidewand eine Durchbohrung auf, an der Schmuckanhänger befestigt wurden. In ganz Kolumbien trug man derartigen Schmuck, dessen Ausführung in einem breiten Spektrum zwischen massiven Umrißlinien bis zu Filigranarbeit schwankt. Aus der Calima-Religion stammen seltsame Goldfiguren, die Götter darstellen, deren durchbrochener Kopfschmuck im Gußverfahren hergestellt wurde. Die Figuren bilden Griffe von kultischen

Messern, von denen einige eine Schichtenstruktur aufweisen, so als hätte man in heißem Zustand eine Goldfolie auf die Unterlage aus einem Kupfer-Gold-Gemisch gepreßt; dieses Verfahren ähnelt der Sheffield-Beplattung. Die Göttergestalt erhebt sich aus einer Gruppe von Tierfiguren, und ihr Kopfschmuck könnte sie als Mondgottheit ausweisen, aber wir besitzen keine Berichte über die Religion, die der Gestaltung zugrunde liegt. Uns bleibt nur die Bewunderung für ihre rhythmische Ausführung und ihre hohe Qualität.

Aus der Gegend um Darien in Nordkolumbien stammt eine Anzahl goldener Objekte, die eine interessante unbestimmte Form aufweisen. Sie zeichnen sich aus durch ein Paar flache Beine und einen schmalen Körper, über dem eine maskenartige Form aus äußerst dekorativen Elementen wie mit Drahtstücken angebracht sind. Darüber befinden sich zwei Wölbungen in Form weiblicher Brüste. Die Bedeutung dieser Kleinfiguren ist unbekannt, obwohl sie bis weit in den Norden der goldverarbeitenden Gebiete verbreitet waren.

Die reichverzierten durchbohrten Schmuckplatten der Sinú-Kultur stammen aus dem Hochgebirge der Anden in der Nähe der ecuadorianischen Grenze. Das Land wird hier trockener und auch einheitlicher, hat jedoch kaum geschichtliche Vergangenheit. Nur aus den Küstenstrichen Ecuadors liegen reichhaltigere Grabungsfunde vor, denn hier prägt der tropische Regenwald mit seinen Mangrovensümpfen und Sturzbächen, der die Pazifikküste Kolumbiens so unzugänglich für eine menschliche Besiedlung macht, nicht so stark die Landschaft. In früherer Zeit gab es hier wahrscheinlich einen Küstenverkehr mit Kanus, bei dem die Flußmündungen wohl nur als vorübergehende Raststätten angesteuert wurden. Mit Erreichen der ecuadorianischen Küste hat man die ständig feuchten Zonen hinter sich; der Regen fällt hier im jahreszeitlichen Wechsel, und der Wald wird lichter. Entlang der Küste nach Süden wird das Klima immer trockener, und das Binnenland immer offener. Man nähert sich unverkennbar der trockenen Küste Perus.

In präkolumbianischen Zeiten herrschte der Scyri von Quito mit einigem Prunk über den südlichen Teil Ecuadors. Er besaß große Macht, und sein Königreich, in dem es viel Gold, aber wenig Kunstfertigkeit gab, reizte den vorletzten Inka zu einem Eroberungszug.

Die Küstengebiete Ecuadors waren die Heimat von Feldbaukulturen, für die sich eine Keramikproduktion bereits für den Anfang des 3. Jahrtausends v. Chr. nachweisen läßt. Schon damals trugen die Menschen Kleidung, und zwar einen Wickelrock, der für Frauen länger war als für Männer. Die Tongegenstände wurden grob aus kleinen Lehmklumpen geschabt, aber sie dokumentieren einen wichtigen kulturellen Schritt nach vorn. Der Raum, den diese Kultur ausfüllte, umfaßte nur die Küstenstriche um Valdivia in der Mitte Ecuadors. Auf die Valdivia-Kultur folgte die stärker ausgedehnte Chorrera-Kultur, die in die Zeit zwischen 1800 v. Chr. und 500 n. Chr. fällt. Seit etwa 800 v. Chr. beginnen andere Kulturen in dieses Gebiet einzudringen, und um 500 v. Chr. existiert eine ganze Gruppe ecuadorianischer Kulturen, die alle an der Pazifikküste heimisch sind. Um diese Zeit tauchen die ersten Goldarbeiten auf, zunächst flache Stücke, bald aber auch räumliche Figuren. Es finden sich schon eingefärbte Tonwaren. Die erste großflächige Kultur des Hochlandes entstand bei Tuncahuan. Sie erstreckte sich über den Zeitraum von 800 v. Chr. bis 500 n. Chr.

Eine der seltsamsten und künstlerisch bedeutsamsten

der ecuadorianischen Kulturen findet sich in der Gegend um La Tolita. Viele der hier gefundenen Tonfigürchen scheinen mexikanischen Kunstrichtungen verpflichtet, liegen aber zeitlich früher. Es sieht so aus, als bezöge sich die mexikanische Sage, nach der gewisse Stämme, aus denen die späteren Teolteken hervorgegangen sind, nach Süden gewandert und später zurückgekehrt sind, auf diesen Raum. Die Kleinfiguren von La Tolita haben große Köpfe und wirklichkeitsnah ausmodellierte Körper von oft beträchtlicher Schönheit. Die Frauen tragen Röcke bis zu den Knöcheln, die Männer ein Lendentuch, aber meist scheinen sie ihren Penis stolz zur Schau zu stellen. Man trägt Schmuck an Beinen, Armen, Hals, Nase und Ohren, und die Körper weisen oft Linien auf, von denen man nicht weiß, ob sie als Tätowierung oder als Bemalung zu deuten sind. Möglicherweise stellen die Figuren wirkliche Menschen dar, denn sie treten als Paare auf, die sogar sexuelle Freuden voneinander empfangen. Manche dürften Gottheiten oder hochstehende Personen sein. Andere Kleinfiguren stellen monströse Geschöpfe mit reich geschmückten Jaguarköpfen dar. Wieder andere tragen stilisiert zu nennende Ungeheuerköpfe. Wahrscheinlich handelt es sich hier um Gestalten der unterirdischen Magie. Manche Steinfiguren aus dem Gebiet vermischen menschliche und tierische Züge. Ziemlich häufig finden sich kleine Tierfiguren aus Gold und kleine Goldmasken; einige tragen Ohrringe und Nasenanhänger aus Gold. Die meisten Werkzeuge scheinen aus Holz und Stein gewesen zu sein. Es gibt eine große Vielfalt an Axtblättern aus feinem hartem Steinmaterial, deren Form dem jeweiligen Verwendungszweck angepaßt zu sein scheint.

In den tausend Jahren zwischen 500 v. und 500 n. Chr. lassen sich etwa 7 bis 8 verschiedene Kulturen in Westecuador nachweisen, die alle hochwertige Tonwaren herstellen, Gold verwenden, Kupfer gießen und bereits verschiedene Arten Bronze kennen. Es handelte sich durchweg um Ackerbaugemeinschaften, deren Siedlungsplätze jedoch nur noch selten durch Erdwallanlagen sichtbar sind. Wahrscheinlich trieben sie Handel und führten Kriege; wir haben aber keinerlei historische Berichte von ihnen. Es finden sich zwar große Steinplatten mit Relieffiguren, aber das scheinen Erinnerungstafeln an geschichtliche Ereignisse zu sein, die mündlich weitergegeben wurden. Nichts ist geblieben, was eine Rekonstruktion der Geschichte dieser Völker möglich machen könnte. Selbst bei den Namen, die wir gebrauchen, handelt es sich nur um die wichtigsten Fundorte. Wir besitzen lediglich eine große Vielfalt keramischer Formen, die beständige Unterschiede zeigen und damit die Stammesgliederung der damaligen Zeit erhellen.

Ähnlich dem plötzlichen kulturellen Wandel in der Zeit um 500 v. Chr. läßt sich ein erneuter Bruch um 500 n. Chr. nachweisen. Die archäologischen Funde bezeugen ziemlich eindeutig, daß um diese Zeit die stilistische Vielfalt einer größeren Einheitlichkeit weicht. Es verbleiben nur drei verschiedene Kulturtypen an der Westküste. Was den Wandel herbeiführte, ist uns nicht bekannt. Als Ursachen kommen Stammeskriege oder eine Völkerwanderung in Betracht; auch eine große Seuche könnte die Verhältnisse aus dem Gleichgewicht gebracht haben, aber für all dies gibt es keine Beweise. Die Fundstellen der älteren La Tolita-Kultur geben Aufschluß, daß hier die Manteno-Kultur die Oberhand gewinnt.

In den Grundformen erkennt man eine gewisse Kontinuität, die sich entwickelnde Fertigkeit in der Bildhauerei bringt aber eine Vergrößerung der Figuren mit sich. Es entstehen steinerne Plattformen für Gebäude und eine Anzahl Steinbänke in Form einer kriechenden Gestalt, die die Sitzfläche auf dem Rücken trägt. Letztere scheinen für die wachsende Macht der lokalen Führer charakteristisch gewesen zu sein. Wichtige Fundstücke aus dieser letzten Phase der Baukunst im Küstenbereich sind zwei hölzerne Hauspfosten, die sich gegenwärtig im Museum von Guayaquil befinden. Sie weisen Schnitzereien auf, die Paare von männlichen und weiblichen Gestalten und einige Alligatoren erkennen lassen. Hiermit spätestens ist erwiesen, daß die Holzbauweise jener Kulturen nicht lediglich eine Angelegenheit von Hauspfosten und Querbalken ohne jeden Schmuck gewesen ist. Es ist denkbar, daß die Verschmelzung der Küstenkulturen eine Entwicklung im Binnenland widerspiegelte, in deren Verlauf die um Quito liegenden Stämme unter der Herrschaft des Scyri vereint wurden.

Die Zentralherrschaft des Scyri von Quito war stark; die charakteristischen schweren Keramiken und feine Bronzearbeiten bezeugen seine hohe Autorität. Gegen Ende ihrer Unabhängigkeit neigen die ecuadorianischen Stämme zu einer Nachahmung inkaischer Keramikstile, jedoch in so grober Form und mit so geringer Modellierung, daß es einen Inka-Puristen entsetzt hätte. Sie bauten auch Straßen, wahrscheinlich weil sich der praktische Nutzen dieser Inka-Erfindung erwiesen hatte. Selbst die steinernen Festungen ihrer südlichen Nachbarn mit ihren Ringwällen aus großen Steinen und Kampfplattformen, auf denen die mit Speeren und Schleudern bewaffneten Krieger feindlichen Angriffen trotzten, fanden ihre Nachahmung. Der Scyri hatte natürlich Kenntnis von der wachsenden Inkamacht und deren großen militärischen Eroberungen. Was er vom Anspruch der Inka, eine neue

Welt der Vier Himmelrichtungen zu schaffen, die der Sonne und dem Fortschritt der menschlichen Rasse geweiht war, hielt, wissen wir nicht. Die bloße Existenz des mächtigen Quito nördlich von Peru war jedoch bereits Ansporn genug für dessen Eroberung. Die Inka glaubten fest an ihre Berufung zur Vereinigung der Welt, und die Einnahme Quitos war unerläßlich für eine Ausdehnung ihrer menschenfreundlichen Herrschaft ins Gebiet der nördlichen Anden.

Nach dem Vollzug des erforderlichen Rituals erschien Huayna Capac mit seinen riesigen Heeren in Ecuador. Die Soldaten waren mit Speeren und Wurfspießen bewaffnet und trugen alle ähnlich gefärbte Waffenröcke und Kupferhelme, die in der Sonne glänzten. Die Schlachten entwickelten sich schnell zu Niederlagen für die Quito-Soldaten. Umringt von einem Meer von Kriegern und unter dem Hagel von Schleudersteinen wurden sie aufgefordert, sich zu ergeben, was sie gewöhnlich auch sogleich taten. Es gab bald keine Möglichkeit mehr, Quito zu verteidigen, und so hätte der letzte unabhängige Herrscher Ecuadors seinen Thron verloren, es sei denn, er ließ sich zu einem privilegierten Vasallen der Inka machen.

Aber, wie es so oft in der Vergangenheit geschah, die Geschichte wurde durch ein Paar wunderschöner Augen in eine andere Richtung gelenkt. Sie gehörten einer der vielen Töchter Scyris, die ihm seine vielen Frauen geschenkt hatten, und sie war noch begehrenswerter als das viele Gold, das aus Quito fortgeschafft worden war. Der ältliche Inka machte sie zu einer seiner Frauen. Diese waren alle seiner Schwesterfrau untergeordnet und deren Sohn Huascar sollte die Herrschaft über das Reich erben. Aber die Liebe zwischen Huayna Capac und der Prinzessin aus Quito erwies sich als stark. Als sie ihm einen Sohn gebar, verfügte er in seiner spontanen Freude, daß der junge Prinz Atahualpa Quito und einen Teil Perus erben sollte. Damit war er in gleicher Weise bedacht wie der echte Sohn der Sonne, der diesen Anspruch durch Vater und Mutter gleichermaßen ererbt hatte, und dies war ein offener Frevel gegen den Vater Huayna Capacs, den Sonnengott Inti. Aber der Herrscher schien sich nicht viel um Traditionen zu scheren.

Als die jungen Prinzen erwachsen waren, starb ihr Vater. Sie begannen, Gefolgsleute um sich zu scharen, und stritten sich um die Macht. Atahualpa hatte die Unterstützung zweier sehr versierter Kriegsführer aus Quito, und nach einem Feldzug durch ganz Peru gelang es ihm, den wahren Sohn der Sonne gefangenzunehmen. Das Land war von diesen Ereignissen erschüttert, und genau zu diesem Zeitpunkt erreichte Pizarro, von Panama kommend, die peruanische Küste. Neun Monate lang kreuzten sie hier und nahmen ohne jeden Widerstand Städte ein. Dann kam es zur großen Schlacht, und Atahualpa, der zuvor die Tötung seines eingekerkerten Bruders befohlen hatte, wurde selbst gefangen genommen. Inzwischen zogen spanische Soldaten durch Kolumbien und Ecuador südwärts, um bei der Niederwerfung der Inka zu helfen und einen eigenen Anteil bei der Ausplünderung Perus zu erwischen. Die Welt der Indianer Amerikas ging ihrem Ende entgegen.

Aber bevor wir diese Welt verlassen, wollen wir den Werdegang Perus durch die Zeitalter aufzeigen.

6. Die Entwicklung Perus

Wie wir bereits gesehen haben, entwickelten sich dörfliche Kulturen in Peru sowohl im Hochland als auch an der Küste. Die Chavín-Kultur auf dem Hochland hatte sich bald bis zur Nordküste ausgedehnt, wo sie als Cupisnique-Kultur in Erscheinung trat. Im 3. Jahrhundert v. Chr. vollzogen sich dann tiefgreifende Veränderungen, zumindest was das Kunstschaffen betrifft. Die Formgebung der Keramik wurde plötzlich eleganter, und es kommen neue Verzierungstechniken auf, so im Süden die Verwendung farbiger Streifen an vielfarbigen Töpfereigegenständen, die an die Stelle der Einfärbung bereits gebrannter Stücke mit Harzfarben tritt. In der Webkunst bleibt es bei den bekannten, das ganze Tuch bedeckenden Stickereien, daneben aber finden sich auch Gobelin- und Damasttechniken. Außerdem gibt es Strangfärbereien und Kelimwebstücke mit geschlitzten farbflächigen Rändern. Der frühe Goldgebrauch bringt eine reiche Vielfalt der Muster hervor. Selbst die Bestattungsbräuche erfahren einen Wandel: legte man den Toten bis dahin auf eine stoffbezogene Bahre, so werden die Leichen nun mumienartig in große Mengen Tuch gewickelt.

An der Nordküste, wo man bis dahin mit Lehmstein baute, gab es einen grundlegenden Wandel in der Bauweise. Die Lehmsteinrollen wurden durch Lehmkegel verdrängt, und auch diese Baumethode änderte sich sehr bald durch Verwendung ziegelähnlicher Lehmsteinstükke, die stabilere Konstruktionen ermöglichten. Insgesamt erkennt man eine beträchtliche Weiterentwicklung, die, auf der Vergangenheit aufbauend, in eine Richtung geht, die man Zivilisation nennen muß, und die sich auf kleine Städte und eine Art Zentralregierung gründet.

Sowohl im nördlichen als auch im südlichen Teil Perus zeugen die Menschendarstellungen von einem Gesellschaftssystem, in dem es Herren, Krieger und Niedere gegeben hat. Obwohl sich die beiden Teile Perus in fast allen Aspekten stark unterscheiden, scheinen ihre Götterwelten eng mit der der Chavín-Kultur verwandt zu sein. In ihren Grundzügen beschäftigt sich die peruanische Religion mit den Naturgewalten. Das erinnert an die spätere Volksreligion während der Inkazeit, als man alles Ungewöhnliche von einem Geist bewohnt glaubte. Wir wissen wenig über den astronomischen Aspekt dieser Religion. Zeugnisse hiervon sind lediglich die geheimnisvollen Linienkonstruktionen auf den Hügeln nahe der Fundstelle Nazca im Süden. Hier fand man eine Anzahl gradliniger Trassen aus kleinen weißen oder cremefarbenen Steinen, die verschiedentlich mehr als einen Kilometer lang sind. Nicht alle zeigen dieselbe Ausrichtung: es treten Abweichungen von 7 bis 8 Grad auf. Zwischen den geraden Linien sind riesige Vogelkonturen eingearbeitet, die ebenso wie die ersteren vom Boden aus nicht als Ganzes zu erkennen sind. Es kann gut sein, daß es sich bei den Geraden um Beobachtungslinien für astronomische Objekte handelte. Die Vögel gleichen exakt entsprechenden Mustern auf Textilien der Nazca-Kultur in den Jahrhunderten vor Christus und nach Christi Geburt. Sie könnten aus Stickmustern so entstanden sein, daß jeder erforderliche Stich einem Schritt entsprach; das würde die Größenverhältnisse in etwa wiedergeben. Aber warum sollte man Vogelbilder durch Abschreiten eines Stickmusters herstellen, wenn man sie vom Boden aus gar nicht sehen kann? Es ist angenommen worden, daß es sich um Landemarken für ›Fliegende Untertassen‹ gehandelt habe. Dann würde es aber wenig einleuchten, warum man ausgerechnet Stickmuster verwendete. Wahrscheinlicher ist, daß die Geraden Sichtlinien für Priesterastronomen darstellten, die riesenhaften Vögel aber Gestirne symbolisierten. Man wird kaum davon ausgehen können, daß die Nazca-Leute Luftfahrt betrieben haben. Bei den vom Boden aus so schwer zu erkennenden Vogeldarstellungen handelt es sich wohl um entfernte Verwandte der auf Chavín-Skulpturen anzutreffenden Vögel, nur wählten die Bewohner von Nazca nicht den großen Geier, sondern den harmlosen Kolibri, der die langsame Wanderung der Planeten durch die Sterne der Nacht trefflich symbolisiert.

Die im Süden ansässige Kultur, die in der Gegend um das Nazca-Tal und die Halbinsel Paracas zentriert war, stand der Chavín-Kultur geistig sehr nahe. Ihre Götterwelt war wohl die gleiche, auf handwerklichem Gebiet sind jedoch in jeder Hinsicht Fortschritte festzustellen. Die Keramikprodukte werden in ihrer Gesamtheit vielfarbig; und in der Webkunst, die bis dahin nur Stickereien auf glattem Gewebe kannte, setzen sich vielfältige Gobelintechniken durch. Holz- und Knochenbearbeitung zeigen die verschiedensten lokalen Stile, und es finden sich bereits einfache Steinmetzarbeiten. Es gibt hier auch aus verschiedenen Tälern mannigfaltige Zeugnisse von der Kunst des Hausbaus, denn obwohl diese Kultur in einer rauhen Wüstengegend erblühte, in der ein paar Pfosten mit Tuchbespannung bereits das Ideal darstellten, gab es bei Cahvachi, Tambo Viejo und Dos Palmas große Siedlungen.

Die Webstücke von der Halbinsel Paracas sind einmalig. Ihre Größe kann 7 x 5 Meter betragen; mit derartigen Tüchern bedeckte man die vielen Kleidungsstücke, die um die hockenden, getrockneten Leichname geschichtet waren. Zunächst nahm man dazu die über und über bestickten Tücher, später finden sich auch Kelim- und Gobelinwebstücke. Die Muster besitzen meist religiösen Charakter, es gibt aber verschiedentlich auch rein dekorative Linearmuster. Die Formen stammen aus dem Tierreich; Jaguar, Kondor und Schlange dominieren. Menschengestalten tragen oft Tiermasken und führen Schlangen mit sich. Einige fliegen, viele haben scharfe Krallen, was zweifellos darauf hindeutet, daß es sich um Götter mit fürchterlicher Macht handelt. Viele tragen Menschenschädel am Gurt oder in den Händen, und die meisten haben lange Schleuderspeere und Kriegskeulen. Das Ganze erinnert an den Kriegskult tapferer Indianer, in dem die Kopftrophäe eine große Rolle spielt.

Dieses Thema wird von der Keramik aufgenommen. Es handelt sich bei der Töpferei um gut gebrannte rötliche Stücke mit vielfarbiger Bemalung. Die Töpfer besaßen großes Geschick bei der Zusammensetzung ihrer Farbmischungen, die beim Auftragen in Weißtönen erschienen und erst nach dem Brennen Farbenreichtum entfalteten. Die Gefäße wurden so vollendet poliert, daß sie im Licht erstrahlten. Die Thematik der Darstellungen greift vielfach das Landleben auf. Bohnen- und Kürbisgötter arbeiten auf den Feldern, und es gibt liebevoll gemalte Vögel, darunter nette kleine Finken und auch größere Vögel. Man entdeckt Schlangen, vielfach auch Drachen und Himmelsschlangen, und Götter mit Kopftrophäen fliegen durch die Luft. Einige Töpfe zeigen ganze Reihen von Knöpfen, und auf manchen läßt sich erkennen, daß die Köpfe getrocknet und die Münder zugenäht wurden. Tat-

sächlich enthielten einige Gräber solche Menschenschädel, die nicht als Schrumpfköpfe zu bezeichnen sind,
denn die Knochen waren vorhanden. Damit man sie aufhängen konnte, hatten sie eine Schnur durch den Hinterkopf.

Die Hauptnahrung war Mais, daneben Erdnüsse, mehrere Bohnenarten, Lamafleisch und viel Fisch. Das Meer
hatte als Nahrungsquelle für die im Norden lebenden Mochica eine wesentlich größere Bedeutung als für das südlicher lebende Nazca-Volk, das mehr pflanzliche Nahrung
und Vögel auf dem Speiseplan hatte. Dennoch besteht
kein Grund zu der Annahme, daß die Nazca schlechte Fischer waren; auch sie waren stark auf die riesigen Fisch-
schwärme angewiesen, die die nördliche Meeresströmung vor ihrer Küste bevölkerten. Außer den Fischdar-
stellungen auf Keramikschüsseln finden sich in der Naz-
ca-Kunst aber nur wenige Zeugnisse, die auf die Wichtigkeit des Meeres für die Ernährung hindeuten.

Die Ackerbestellung wurde in beiden Teilen der Küste
mit großem Zeremoniell durchgeführt. Sowohl bei der
Aussaat als auch bei der Ernte gab es Feste. Da das Küstengebiet eine öde Wüstenlandschaft ist, kam den Fluß-
tälern mit ihren schmalen Bewässerungsstreifen ein hoher
Wert zu. Man verteilte das Flußwasser mit Hilfe von Grä-
ben über größere Flächen, und eine weitere Erhöhung der
Fruchtbarkeit versprach man sich von einer Vielzahl kultischer Handlungen. Auf Keramikgegenständen dieser
Gegend finden wir Fruchtbarkeitsgötter; und aus dem
Süden, um Nazca, stammen Pflanzenbilder und Darstel-
lungen seltsamer Wesen, die die reifen Felder bewachen.
Sie tragen oft Tierköpfe, mitunter haben sie vollständig
Tiergestalt. Derartige Wesen erscheinen auch auf Texti-
lien, und als Zeichen ihrer Grausamkeit tragen sie oft

Köpfe menschlicher Opfer. Selten sind bei den Nazca-Leuten Darstellungen von Fruchtbarkeitszeremonien oder Sexualität.

Im Museum von Lima ist die Kleidung aus einem Grab von der Halbinsel Paracas an einer Gliederpuppe ausgestellt. Das lange in der Taille gegürtete tunika-artige Gewand, der reich bestickte Umhang und die herrliche Schärpe, die als Turban getragen wird, verleihen ein würdevolles Aussehen. Man hat den Eindruck, daß es sich um jemanden aus einem hochentwickelten Kulturzentrum handelt, und tatsächlich ist die Nazca-Kultur als eine der vollendetsten Abkömmlinge der tausend Jahre zurückliegenden Chavín-Kultur anzusehen. Sie reicht etwa 5 oder 6 Jahrhunderte in unsere Zeitrechnung hinein und zeigt im Verlauf der Zeit stilistische Fortschritte in der Keramikherstellung. Auch die Anzahl der Webarbeiten wächst ständig, wobei allerdings die großen bestickten Tücher nicht mehr auftauchen. In der Spätzeit treten andere Töpfereiformen auf, darunter viele Darstellungen von Tieren und Früchten. Einige dieser Stücke waren mit Pfeifen ausgestattet, die aus einer hohlen Tonkugel an der Tülle bestanden. Wenn man mit einem solchen Gefäß Wasser ausgoß, drang Luft ein und erzeugte ein schilpendes Pfeifgeräusch.

Unter den Gefäßen gibt es einige, die Menschen, zum Teil mit Kupferhelmen, darstellen. Ob es sich bei diesen Gestalten um Häuptlinge handelt, ist nicht geklärt. Überhaupt ist die Menschendarstellung sowohl in der Töpferei als auch in der Webkunst so verwirrend, daß man oft nicht sagen kann, ob es sich um menschliche oder göttliche Züge handelt. So finden sich unter den Textilmustern große Masken von Göttern mit menschlichem Aussehen. Auf den frühen bestickten Tüchern gibt es viele Göttergestalten, die im Grunde konventionell dargestellt sind, die aber gewissermaßen göttliche Katzenmasken mit goldenen Barthaaren tragen. Oft setzt sich die Katzengestalt als Gewand den Rücken hinunter fort und endet als geringelter Schwanz. Solche Gestalten tragen das typische Kriegsbeil mit Kupferblatt, aber auch Menschenköpfe, die sie in der Hand halten oder am Gürtel herabhängen lassen. Manche Gewänder haben regelrechte Borten von Menschenköpfen; die Träger dieser Kleidung sollten offenbar Riesen darstellen, denn die Nazca-Leute kannten die Technik der Schrumpfkopfherstellung nicht. Es gab viele unterschiedliche Gesichtsbemalungen; fast überall verbreitet war die Katzenmaske, die als mächtige Nasenklammer archäologisch nachgewiesen ist. Sie scheint ein wichtiges Kennzeichen des Häuptlingsranges gewesen zu sein, vermutlich deshalb, weil der Kriegsgott der Nazca-Leute ein riesiger Puma war, zweifellos ein Abkömmling der Pumagottheiten, die bei Chavín und anderen Fundplätzen früher Hochlandkulturen gefunden wurden.

Ein interessantes Merkmal Perus in den Jahrhunderten zu Beginn unserer Zeitrechnung ist der große Unterschied zwischen den beiden bedeutenden Küstenkulturen. Der nördliche Teil des Küstenraumes, besonders um Lambayeque und die Casma-Täler, war einst das Zentrum der Cupisnique-Kultur. Im Laufe der Zeit änderten sich die Keramikstile grundlegend. Die Gefäße behielten ihre geschwungenen Tüllen, die man Steigbügeltüllen nennt, wurden aber dünner und kugelförmiger. Die schweren schwarzen Stücke der alten Zeit wichen feinen, rötlichen Tonwaren, die sehr dünnwandig waren und eine Sandbeimischung aufwiesen. Häufig wurden die Gefäße aus Teilen zusammengesetzt, wobei man zunächst weichen Lehm in eine gewachste Tonform gab, diese so lange herumwirbelte, bis sich das Teilstück verfestigt hatte und man es aus der Form herauskippen konnte. Das Zusammenfügen erfolgte dann durch Anfeuchten der Ränder und Verkitten mit weichem Ton. Mit diesem Verfahren konnte man herrliche Formen herstellen. Die Tüllen und die geschwungenen Gießrinnen wurden immer dünnwandiger und zerbrechlicher. Als Grundfarbe verwendete man zunächst Weiß, das als Muster auf dem rötlichen Untergrund aufgetragen wurde. Später übermalte man die Stücke streifenförmig mit Weiß und trug dann rote Muster aus. Wie es scheint, brannte man die trockenen Töpfe in einem offenen Reisigfeuer, denn viele von ihnen tragen Brandmale, aber man hat nirgendwo in der Gegend Spuren von Brennöfen gefunden.

Die Kultur, die diese bemerkenswerten Töpfereiwaren herstellte, heißt Mochica, weil die Bewohner dieses Teils Perus zur Zeit der spanischen Eroberung einen Dialekt namens Muchik sprachen. In Übereinstimmung mit den heute üblichen Gepflogenheiten wird der Name auf einen typischen Fundplatz dieser Kultur im Moche-Tal zurückgeführt. Hier hat man die ganze Palette an Gefäßformen und Textilien dieser Kultur nachweisen können, so daß der alte Name seine volle Berechtigung behält. Man nimmt an, daß sich die Kultur aus der älteren Chavín-Cupisnique-Kultur herleitet, denn es gibt entsprechende Zwischenstufen. Die letzten Erzeugnisse unterscheiden sich jedoch total von denen aus der frühen Zeit. Offensichtlich haben einige Götter die Zeiten überlebt, denn viele der späteren Göttergestalten tragen fratzenhafte Masken mit mächtigen Fangzähnen, durch die man an Kopfdarstellungen von Chavín erinnert wird. Verschiedentlich finden sich Gefäße mit Bildnissen von Kriegern, die sich auf ihren Kopfschmuck etwas Göttermaskenähnliches gebunden haben, das ihre Feinde schrecken sollte. Andere tragen Masken in Form von Füchsen, Pumas, Eulen und anderen Vögeln. Wir kennen die Namen der Götter nicht, aber ihre Funktionen werden gewöhnlich durch die Darstellungen deutlich. Es taucht hier jedoch nicht jene Anzahl von Fruchtbarkeitsgöttern auf, die uns von der Nazca-Kultur her bekannt ist. Einige Abbildungen zeigen Kriegsszenen, in denen mit Keulen und Schleudern gekämpft wird. Zeugnisse über Kopfjagd sind selten; Gefangene hat man offensichtlich grausam behandelt. Auf manchen Bildern erkennt man laufende Krieger und vermutlich auch Geisterwesen mit kleinen Beuteln in der Hand. Man hat angenommen, daß sich darin gefleckte Bohnen befanden, durch die Weissagungen übermittelt wurden. Ebenso wahrscheinlich ist aber, daß es sich um Behältnisse für getrocknete und zerstoßene Cocablätter handelt; dieses Anregungs- und Schmerzmittel wurde in Peru bereits in frühen Zeiten eingenommen, das belegen Funde aus den Gräbern vieler Epochen.

Wir wissen wenig über die Baukunst der Mochica-Kultur. Man baute kleine Städte und verwendete Luftziegel, die in den frühen Perioden kegelförmige, später flache, quadratische Gestalt hatten. Die kleinen Häuser besaßen offene Dächer, die wegen des trockenen, heißen Klimas nur mit einer Markise bedeckt waren. Die großen Bauwerke der Epoche waren gewaltige Lehmsteinpyramiden, auf deren Spitze sich Räumlichkeiten mit heiligen Bildern befanden. Obwohl der Wind den Lehmsteinkonstruktionen im Laufe der Zeit einigen Schaden zugefügt hat, beherrschen die massiven Pyramidenhügel immer noch ihre Umgebung. Einige stammen noch aus der Zeit vor der Blüte der Mochica-Kultur, einer Epoche, die uns als Salinar-Kultur bekannt ist. Sie behielten ihre Funktion auch in der Mochica-Periode, und zwar als Zentren einer gelehrten Priesterschaft, die die kultischen Festlichkeiten des Volkes organisierte. Es existieren keine Gebäude, die man Paläste nennen könnte, und so ist denkbar, daß es sich hier um eine Gesellschaftsstruktur handelt, in der der oberste Häuptling gleichzeitig oberster Priester ist. Das ist aber nicht erwiesen. Viele Zivilisationen gingen diesen Weg; andere besaßen eine Doppel-Herrschaft: in Notzeiten übertrug das religiöse Oberhaupt die volle Macht einem Kriegsführer. Ohne jede Geschichtsschreibung, nur auf Grund archäologischer Funde, läßt sich aber nichts Endgültiges sagen.

Die soziale Differenzierung in der Mochica-Gesellschaft ist offensichtlich. Im Britischen Museum gibt es ein Gefäß, auf dem eine Weberwerkstatt zu erkennen ist. Eine groß dargestellte Frau fungiert als Leiterin, während eine Anzahl weniger bedeutender Frauen mit Webarbeiten beschäftigt ist. Jede Arbeiterin hat neben sich eine Flasche mit Wasser und eine Reihe von Sticknadeln. Außerdem hängt neben jedem Webstuhl ein Stoffmuster. Offenbar handelt es sich hier um eine organisierte Produktionseinheit, die mit der Herstellung von Gewändern beschäftigt ist und unter der Aufsicht der großen Frau steht. Wahrscheinlich gab es in jeder Mochica-Stadt mehrere solcher Webstuben, in denen Kleidung für die Bevölkerung und auch Grabbeigaben hergestellt wurden.

Zweifellos vertraute man im alten Peru stark auf die Astronomie. Die Position der Gestirne bildete das Zeitmaß für die Menschen auf der Erde. Die langsame Bewegung der Himmelskuppel mit dem alles überstrahlenden Kreuz des Südens um den Südpol muß für die Bauern sehr wichtig gewesen sein, da sich hierin der jahreszeitliche Wechsel ausdrückt. Die bedeutendste Rolle in diesem

Zusammenhang spielte jedoch der Mond. Mondähnliche Wesen wurden in beiden Kulturen dargestellt, wobei die Mochica an der Nordküste wesentlich deutlichere Formen schufen. Sie brachten dem Mond weitaus größere Verehrung entgegen als der Sonne, und vermutlich konnten sie die Berechnung der Jahreslänge mit der Folge der Mondmonate in Übereinstimmung bringen. Da die Neumondphase in 19jährigen Zyklen, den *saros* der Griechen, zum jeweils gleichen Zeitpunkt des Sonnenjahres auftritt, erfordert dies eine ständige Angleichung an den Sonnenzyklus, wenn der Kalender die echten jahreszeitlichen Abläufe wiedergeben soll. Denn die Bauern brauchten den günstigsten Tag für die Mais- und Bohnenaussaat; und die Magierastronomen mußten, um diesen Termin berechnen zu können, genaueste Kenntnis der Mondbewegung haben. Nur so konnten kultische und weltliche Erfordernisse in Einklang gebracht werden. Wahrscheinlich reichte das Wissen der Astronomen aus, um Sonnenfinsternisse vorauszusagen. Unser archäologisches Material gibt aber weder Aufschluß über die Methoden, mit denen solche Ereignisse berechnet wurden, noch über die Bedeutung, die sie für die Menschen hatten.

Viele Darstellungen auf Tonwaren zeigen Krieger in dicken Lendentüchern oder Tuniken. Große Häuptlinge werden auf abgestuften Thronsesseln dargestellt, offensichtlich sind sie den Göttern blutsverwandt. Wahrscheinlich waren sie wegen ihres hohen Amtes so etwas wie Halbgötter. Die echten Götter haben auf den Abbildungen raubtierhafte Fangzähne und sehen furchterregend aus. Sie tauchen mitunter aus dem Meer auf, und zwar in Form monströser Krebse oder Drachen oder aber schneckenähnlicher Wesen. Soweit sie Menschengestalt haben, tragen sie seltsamen Kopfschmuck, der an den

Hut Napoleons erinnert und ein Zeichen großer Bedeutung gewesen zu sein scheint. Möglicherweise geht er auf eine Art Muschelschale zurück, denn das Meer und seine Bewohner erscheinen auf den Darstellungen der Mochica als besonders wichtig. Auf einigen Gefäßen ist das Meer als Wellenlinie dargestellt, und die Kämme der Wogen bilden Tierköpfe. Es war ein lebendes Wesen, dem alles Leben entstieg und auf dem die Mochica-Fischer in Riedbooten ihren Lebensunterhalt erstritten. Der Kopf des Mochica-Drachen gleicht dem eines zähnefletschenden Seelöwen. Im Zusammenhang mit Abbildungen von Seelöwenjägern legt das den Schluß nahe, daß dieses Tier zur Götterwelt gerechnet wurde und vermutlich Symbol der Zerstörungskraft des Meeres war.

Mitunter finden wir Töpfe mit Darstellungen von großen roten Booten mit kämpfenden kleinen Kriegergruppen, die mächtige Keulen schwingen; einige verwenden auch Schleudern. Die Gefäße weisen so viel Dekor auf, daß es scheint, als ob die Kampfszenen eine alte Legende illustrieren.

Die Holzschnitzereien der Mochica bestechen durch hervorragende Qualität. Man verwendete Holz zur Herstellung der furchterregenden Keulen, die von den Malereien auf Gefäßen her bekannt sind. Oben befand sich ein geflanschter Deckel, und der Schaft verjüngte sich zu einer Spitze. Mit dieser Waffe versuchte man, dem Feind den Schädel einzuschlagen, und dann, falls noch erforderlich, drehte man die Keule um und hieb sie mit der Spitze an den Kopf seines Gegners. Andere Krieger hatten Bronzeäxte, die am stumpfen Ende durchbohrt waren, so daß man sie mit einem kräftigen Strick an der Hand befestigen konnte. Mit dem schweren Axtblatt sollte der Feind zerschmettert und verunstaltet werden. Man

Reich besticktes Hemd aus Gaze-Stoff, Pachacamac, Zentralperu,
etwa 800 bis 900 n. Chr.

Kermaikporträt eines Mochica-Kriegers mit Gesichtsbemalung.
Peru 4. oder 5. Jh. n. Chr.

Knauf eines Holzstockes mit Perlmuttereinlage, der einen Jaguar-
gott darstellt, wie er mit einer Frau kopuliert. Mochica-Arbeit aus
Peru, zwischen dem 2. Jh. n. Chr. und dem 3. oder 4. Jh. n. Chr.

Goldanhänger mit getriebener Maske. Chimú-Arbeit, Peru, 13. oder 14. Jh. n. Chr.

Goldfigur eines Mädchens. Lambayeque, Peru, 15. oder 16. Jh. n. Chr.

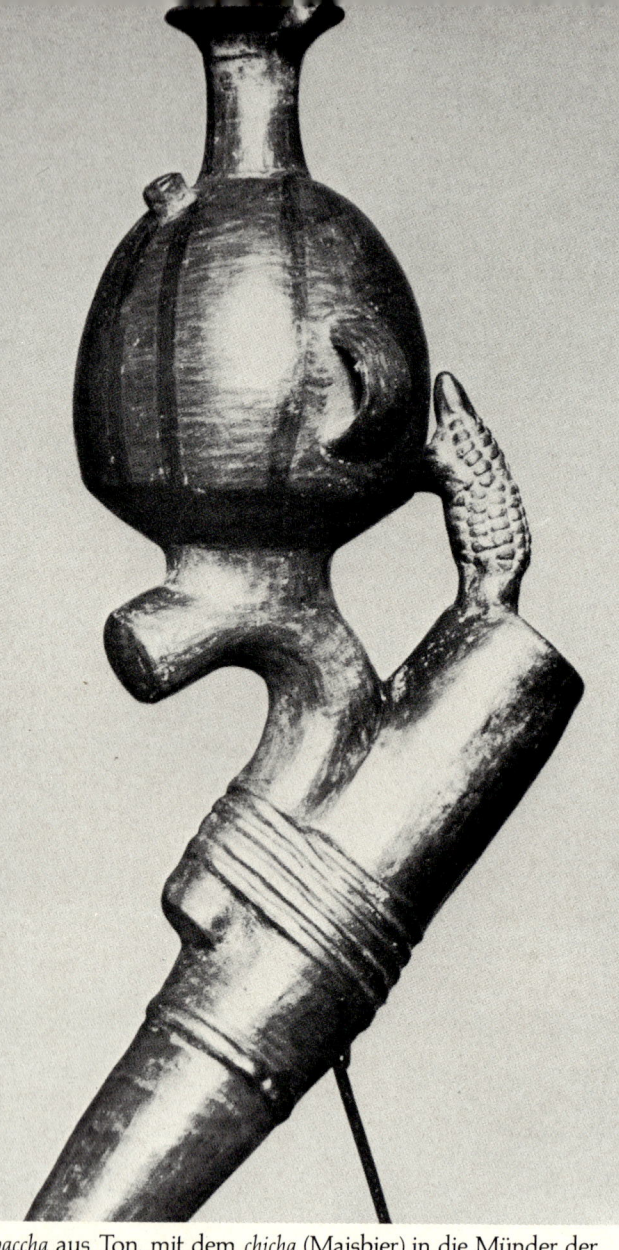

Ein *paccha* aus Ton, mit dem *chicha* (Maisbier) in die Münder der Edelleute gegossen wurde. Typische Inka-Arbeit, frühes 16. Jh. n. Chr.

Die terrassierten Hänge des Intihuatana-Hügels der Inkas. Machu-Picchu, Peru, 14. oder 15. Jh. n. Chr.

Hölzener *kero* mit geschnitztem Gesicht. Er ist mit Mastix bemalt und Holzplättchen verziert. Inka-Arbeit, 16. Jh. n. Chr.

kämpfte auch mit Schleudern, die häufig um den Kopf gewunden mit sich geführt wurden. Zur Abwehr dieser Waffen hatte man kleine runde oder quadratische Schilde von etwa 50 Zentimeter Durchmesser, an deren Rändern kräftige Seile zum Einfangen von Wurfspeeren angebracht waren. Gewöhnlich trugen die Kämpfer dick gesteppte Tuniken, und als Schutz gegen Kopfverletzungen dienten starke Wülste aus Baumwolltuch. In einigen Fällen gab es auch schon Metallhelme. Es hat den Anschein, daß viele der edleren Krieger mächtige Turbane trugen, an denen Holzmasken befestigt wurden, die gewöhnlich fürchterliche Tierfratzen und auch Vogelköpfe darstellten.

Über die Götter der Mochica wissen wir nur wenig. Bekannt ist ein äußerst grimmiges männliches Wesen mit gewaltigen Eckzähnen, das stark menschliche Züge aufweist, offensichtlich eine mächtige Gottheit. Daneben gibt es einen eulengesichtigen Gott und mehrere andere Wesen mit Vogelköpfen, bei denen es sich um planetarische Göttergestalten handeln könnte. Wichtig in diesem Zusammenhang ist eine Reihe von Holzfiguren, die man vor 100 Jahren auf den Chincha-Inseln unter einer 18 Meter dicken Guanoschicht fand, darunter ein Gott mit jenem geheiligten Kopfschmuck (der dem Hut Napoleons ähnelt) und mehrere Darstellungen eines sitzenden nackten Mannes, bei dem es sich augenscheinlich um eine Verkörperung des Abendsterns handelt. Nach einer Legende aus dem 16. Jahrhundert tauchte der Abendstern aus dem Meer auf. Er verliebte sich in die beiden Frauen eines großen Häuptlings, mit denen er beglückende geschlechtliche Freuden erlebte. Als der Ehegatte heimkehrte und das wilde Treiben gewahrte, fesselte er den Missetäter und warf ihn in das Meer im Westen. Wahrscheinlich stellte der nackte Mann diesen Gefangenen dar. Bei manchen Schnitzwerken endet die Fessel im Kopf eines Seelöwen, der in die Eichel des Gefangenen beißt. Obwohl die Figuren unter einer etwa 18 Meter dicken Guanoschicht gefunden wurden, deutet nichts darauf hin, daß sie früher als ins 1. oder 2. Jahrhundert n. Chr. zu datieren sind.

Die Mochica scheinen in wesentlich kleineren Städten gelebt zu haben als ihre Nachfolger, die Chimú. Auf einigen Tongefäßen gibt es Abbildungen von kleinen Häusern mit baldachinähnlicher Überdachung. Die Dächer sind oft mit Kriegskeulen geschmückt, die in das Dachstroh gesteckt zu sein scheinen. Möglicherweise wurde hiermit angezeigt, daß dies die Wohnung eines bedeutenden Kriegers war.

Wie es scheint, haben sich viele Menschen den Körper bemalt, und einige Mumien weisen dunkelblaue Tätowierungen an den Unterarmen und im Gesicht auf. Die maskenähnliche Vollbemalung der Nazca-Leute gab es nicht. Von Töpfen aber kennt man reihenförmig angeordnete Schmuckstreifen über Kinn und Stirn, und einige der figürlichen Gefäße zeigen Gesichter, die rechts und links halb rot, halb weiß bemalt sind. Hierbei handelt es sich aber nicht um ein wichtiges Muster, denn es tritt sehr selten auf. Die Mochica-Krieger malten sich auch schwarze Muster auf die Beine, die dann aussahen, als seien sie mit halbwadenlangen Socken bekleidet. Auf die Kniescheibe kam ein schwarzer Kreis. Auch einige weibliche Gestalten tragen Tätowierungsmuster auf dem Kinn, aber dies ist die Ausnahme. Dagegen hatten beide Geschlechter durchbohrte Ohrläppchen, die in die Länge gezogen waren, um den mächtigen kreisrunden Ohranhängern Halt zu geben. Diese glitzernden Schmuckstücke wurden mit Nadeln befestigt. Bei einigen Exemplaren, die man in

Gräbern fand, handelt es sich um herrliche Stücke aus Holz mit Türkis- und Kupferkarbonateinlagen und Blattgolddekor. Die Männer trugen über der Stirn abgeschnittenes Haar; Frauen teilten ihr Haar und kämmten es zurück.

Die Entwicklung der Portraitkunst in Form von Keramikköpfen ist einzigartig für die amerikanische Kunst und auch in der übrigen Welt selten. Ihre Entstehung in der Zeit zwischen dem 3. und 6. Jahrhundert n. Chr. steht wahrscheinlich mit einem Kult in Zusammenhang, der (wie etwa auch bei den Römern) die Bewahrung der menschlichen Gesichtszüge über den Tod hinaus forderte. Es gibt nur wenige von diesen realistischen Darstellungen, so daß man daraus folgern kann, daß diese außerordentliche Kunstfertigkeit nur von der herrschenden Klasse in Anspruch genommen werden konnte. Unter den Portraitköpfen finden sich auch einige von Frauen, was auf deren bedeutende Stellung hinweist. Manche männlichen Köpfe zeigen Spuren von Kriegsverletzungen und Krankheiten. So erkennt man z. B. einen Einäugigen, andere zeigen eine sauber vernarbte Partie zwischen Nase und Oberlippe, was auf die Leishmaniasis-Krankheit hindeutet, die diese Gewebeteile angreift. Es scheint, als habe man mit operativen Eingriffen die erkrankten Stellen entfernt.

Als die Mochica- und die Nazca-Kultur in voller Blüte standen, begann ein neuer Kunststil aus dem Hochland Einfluß zu gewinnen, der von zwei zeitgenössischen Kulturzentren seinen Ausgang nahm, nämlich im Süden von Tiahuanaco am Rande des Titicaca-Sees und im Norden von Huari. Es gibt Detailunterschiede zwischen beiden Stilrichtungen, aber die Gemeinsamkeiten sind so ausgeprägt, daß man Tiahuanaco für das kultische Zentrum einer von Huari aus verwalteten Zivilisation ansehen darf. Das Vordringen in die Küstenräume fällt in das späte 8. und 9. Jahrhundert n. Chr. Es gibt allerdings keine historischen Dokumente für diese Bewegung, die im Süden besonders ausgeprägt war. Hier ahmte die Nazca-Kultur tiahuanakische Kunst nach, bis sie für immer verschwand und den Raum kleinen Fischerdörfern überließ. Im Norden erfaßte der Einfluß die Mochica-Kultur, die vor allem die aus der Huarikunst stammenden Muster nachempfand. Die keramische Kunst verliert ihre Reichhaltigkeit und orientiert sich stärker an der Töpfereikunst des Hochlandes; es entstehen Köpfe mit typisch tiahuanakanischen Zügen, also breite kräftige Gesichter mit kleinen hohen Mützen als Kopfbedeckung. Auch in der Weberei werden die einheimischen Muster immer mehr durch die seltsame Stilistik der Hochlandkultur ersetzt. So verwendet man eine Art Samt für die Herstellung von Hüten. Der Zusammenbruch der Kultur war nicht so total wie im südlichen Nazca. Es scheint aber, als sei die Triebfeder der Mochica-Kultur gebrochen und die Lebendigkeit ihrer Kunst dahin. Möglicherweise haben Angehörige der Huari-Kultur mit Schiffen den Pazifik erkundet; hierfür spricht eine knieende Steinfigur, die auf der Osterinsel gefunden wurde. Sie datiert früher als die der berühmten polynesischen Moai auf dieser Insel und könnte von einer davorliegenden Invasion aus dem Osten kommen. Auch auf den Galapagos-Inseln hat man späte Mochica-Keramik gefunden, ebenso Reste schwarzer Stücke aus dem 15. Jahrhundert. Das könnte darauf hindeuten, daß es zwei von Peru ausgehende Erkundungsperioden gegeben hat. Die gefundene Scherbenmenge ist nicht besonders groß, möglicherweise sind es Reste von ein paar Handelsflößen, die von Peru aus nordwärts fuhren.

Huari ist ein stark zerstörter Siedlungsplatz in den Anden, an dem man große Mengen der typischen Töpfereiwaren gefunden hat. Tiahuanaco war bereits seit langem berühmt wegen seiner Tempelruinen, den versunkenen Häfen und dem Tor der Sonne. Zu den Keramikdarstellungen zählen Lamas mit Lasten auf dem Rücken und eine Anzahl kultischer Becher *(kero)* mit stilisierten Puma- und Adlerköpfen. Manchmal ist der Kopf am Rand des Gefäßes kubisch ausmodelliert. Es existiert eine ganze Reihe kopfförmiger Vasen mit hochstehenden Kappen und grimmigen Gesichtsausdrücken. Sie vermitteln den Eindruck von Menschen, die über eine beherrschende, unerbittliche Macht verfügen.

Das Ausmaß, in dem sie ihre Art der Gestaltung den Küstenvölkern aufzwangen, erinnert an die späteren Inka. In der Webkunst finden wir Muster nach Motiven von Tierköpfen und Vögeln, alle nach streng festgelegten Winkelzeichnungen, so als seien sie aus Vorlagen von Millimeterpapier entstanden. Verschiedentlich sind Menschenköpfe dargestellt, die immer jene hohe Mütze tragen und häufig in Streifen aufgelöst sind, auf denen sich nur noch die Elemente des Musters erkennen lassen. Gewöhnlich ist der Kopf durch eine Träne charakterisiert, die aus dem Auge tropft. Dies könnte eine Verbindung zu dem Sonnengott herstellen, der am Tor von Tiahuanaco dargestellt ist. Die Gestalt dieses Gottes wirft eine Reihe interessanter künstlerischer Probleme auf. Verschiedene Teile im Zentrum der Darstellung scheinen direkt auf die Chavín-Kultur zu verweisen. Die Figur selbst mit ihren weinenden Augen verkörpert vermutlich die Sonne, die nach einer Legende der Inka Tränen aus Gold auf die Erde weint. Es könnte sich um Viracocha, den Schöpfer, handeln, dem eine ähnliche Legende angedichtet ist. Im Umkreis dieser Zentralfigur erkennt man ganze Reihen knieender geflügelter Gestalten mit Kondor- und Pumamasken. Möglicherweise ist hier die Sonne inmitten der Sternenbewegung versinnbildlicht, aber es gibt keine schriftlichen Belege für diese Annahme. Historisch bildet das Tor ein Bindeglied zwischen der Chavín-Kunst und den Inka. Ob dies die nach der spanischen Eroberung entstandene Legende bestätigt, daß die Inka einer Linie von 400 Amautas, den Herrschern von Tiahuanaco, entstammen, ist mehr als unsicher, zumindest die Zahl 400 ist unwahrscheinlich. Die tiahuanakischen Freiplastiken aus monolithischen Blöcken sind dadurch gekennzeichnet, daß jede der vier Seiten das kubische Gestaltungsmoment aufnimmt. Hieran gemessen sind die Bildhauereien von Huari realistischer. Die freistehenden Skulpturen Tiahuanacos bilden eine Kolonnade um weite, inzwischen versunkene Höfe und verfallene Mauern. In inkaischen Zeiten wird Tiahuanaco als der Ort genannt, von dem Viracocha ausging, um die Welt zu erschaffen. Die Stadt war den Inka heilig; unter ihren Ruinen fand man in einer Steintruhe zwei wunderschön bestickte Hemden, die einem Inka höchsten Ranges, wahrscheinlich dem obersten Inka selbst, gehört haben. Aber das ist nicht eindeutig belegt.

Tiahuanaco und Huari verfielen und wurden wahrscheinlich im 10. Jahrhundert n. Chr., einer Zeit des Niedergangs peruanischer Kultur, von den meisten Bewohnern verlassen. Viel von der damaligen Zivilisation scheint in dieser Periode zerschlagen worden zu sein. Alte Grenzen wurden überrannt, und sowohl im Hochland als auch an der Küste kamen viele kleinere Kulturen auf.

Die Zerstörung scheint vom Norden ausgegangen zu sein. Das war seit jeher ein Raum kultureller Kontakte, von dem aus auch die Töpferkunst Einzug nach Peru hielt. In den ersten Jahrhunderten nach Christus entstand hier um Recuay eine Kulturregion, deren Keramik sich von allen anderen peruanischen Stilen unterscheidet. Die gewundenen Topfkörper weisen eine matte Oberfläche aus rotem Ton auf mit schwarzen und weißen Mustern. Häufig wird die Oberseite der Gefäße durch eine Gruppe von Tongebilden verschlossen, in der Menschen und Bauwerke zu erkennen sind. Manchmal sind es zwei Schichten, in denen die Figuren der Größe nach schwanken, wobei es sich bei den größten um Götter handelt, denen Opfer dargebracht werden. Alle Gestalten tragen lange tunika-artige Gewänder und Mützen mit an beiden Seiten vorspringenden Falten. Die Gebäude scheinen aus einem quadratischen Raum mit Dach und Stoffmarkisen zu bestehen. Bemerkenswert an der Töpferkunst Recuays ist auch die breite Verwendung wachsresistenter Verfahren zum Einfärben. Das ist charakteristischer für Kolumbien als für Peru und könnte darauf hindeuten, daß die Recuay-Leute aus den Gebirgen im Norden stammen. Die Kultur hielt sich einige Jahrhunderte, bis sie von Huari unterworfen wurde.

Aus den bisherigen Ausführungen läßt sich erkennen, daß die Entwicklung Perus stetig vorankam, bis sie schließlich stagnierte. Das letzte Jahrtausend vor Christus war eine Periode großen Fortschritts. Stadtstaaten entstanden, und die Seefahrt eröffnete mit ihren beschränkten Mitteln regelmäßige Handelsbeziehungen längs der Küste. Die Webkunst brachte eine ständig wachsende Vielfalt an Erzeugnissen hervor, und die Töpferei entfaltete große handwerkliche Fertigkeiten. Der Gebrauch von Metallen reichte bis an die Schwelle zur Bronzezeit. Der gesellschaftliche Aufbau kannte gottgleiche Großhäuptlinge und eine Dreiteilung in Edle, Bürger und Sklaven. Das Handwerk beherrschte die Produktion vollständig, aber es entstanden bereits manufakturähnliche Werkstätten. Die Kleidung wurde abwechslungsreicher und man trug die Zeichen seines Standes in Form besonders fein gewebten Tuches und herrlicher Ornamente. Zu Beginn unserer Zeitrechnung bestand Peru mindestens aus drei größeren Staaten, zwischen denen sich mehrere kleinere befanden. Entlang der Küste wurden große Pyramiden gebaut, und einige Regionen besaßen bereits markierte Straßen, sowohl an den sandigen Küsten als auch in den Anden. Deren Hauptzweck war der Handel, aber sie ermöglichten auch schnelle Truppenbewegungen. Als Lasttier kannte man das Lama; große Karawanen mit Hunderten von Tieren durchzogen das Land. An den Küsten entstanden mit Luftziegel erbaute Städte; im Hochland baute man große Steinhausdörfer. Die Religion bestand in der Verehrung des Schöpfers und der oft furchterregenden Naturkräfte.

Das erste Jahrtausend nach Christus war eine Periode der Konsolidierung. Die handwerklichen Fertigkeiten wurden verfeinert und in gewissem Umfang diversifiziert. Schmuck aus Gold, aber auch aus Silber und Türkis, entfaltete eine große Pracht. Die Kleidung wandelte sich nur geringfügig, aber an die Stelle der über und über bestickten Webstücke traten komplexere Formen der Handweberei. Mit der sich ausbreitenden Zivilisation entstanden Probleme der Verteidigung. Dementsprechend gibt es eine Zahl von Befestigungsanlagen in Form natürlicher Felshügel, mit terrassenförmigen Kampfebenen aus Lehmstein, die der Feind unter ständiger Bedrohung durch Speere und Schleudern erklimmen mußte.

Der größte Fortschritt in dieser Periode scheint auf dem

Gebiet des Staatswesens zu liegen. Die mächtigen Staaten der Mochica- und der Nazca-Leute umfaßten große Einheiten, die von kleineren Städten regiert wurden. Offensichtlich lag diesen Nationen eine ausgeklügelte Organisation zugrunde. Möglicherweise handelt es sich bei den Staaten um Theokratien; ihre großartigen Tempel verweisen auf eine Priesterkaste, die eng mit dem weltlichen Leben verbunden gewesen sein muß.

Gegen Ende der Periode werden die Küstenkulturen von Tiahuanaco im Süden und Huari im Norden unterworfen. Die Mochica-Kultur übersteht diesen Angriff, aber der Lebensnerv ihrer früheren Werke ist getroffen. In anderen Regionen scheint die Unterwerfung total gewesen zu sein. Die großen Tempel wurden zwar weiterhin benutzt, aber wohl nur deshalb, weil sich die Religion der Eroberer nicht sehr von den frühesten Kulten dieses Raumes unterschied, die ihrerseits die Religionen der Küstenbevölkerung beeinflußten. Der Grund für dieses Wiedererstarken der Hochlandkulturen ist uns nicht bekannt. Es mag eine beherrschende Kriegerklasse gewesen sein oder aber auch die Folge einer Bevölkerungsexplosion. Es gibt keine Überlieferungen, und da die Peruaner keine geschriebene Geschichte haben, sind wir mit Tatsachen konfrontiert, für die wir keine Erklärung haben. Eine interessante Spekulation geht dahin, daß der Zusammenbruch mit klimatischen Veränderungen zusammenhängt. Immerhin datiert der Niedergang der Maya-Kultur fast in die gleiche Zeit, nämlich ins 10. Jahrhundert. Eine überzeugende Erklärung für den plötzlichen Aufstieg der Andenkulturen und ihrem katastrophalen Zusammenbruch einige Jahrhunderte später steht jedoch aus.

Die Ausbreitung und der Zusammenbruch der Kulturen von Tiahuanaco und Huari veränderte für die nächsten Jahrhunderte das Leben an der Südküste Perus. Die Hochlandstämme scheinen einen Großteil der Zeit für die Befestigung ihrer Dörfer aufgewendet zu haben, so als hätten sie in einer Zeit des Bürgerkrieges oder großer politischer Unsicherheit gelebt. An der Nordküste konnten sich die kläglichen Reste der Mochica-Kultur noch eine Weile halten, aber insgesamt zeigt Peru zu Beginn des 11. Jahrhunderts das Bild eines verarmten Landes mit wechselnder Volksgruppierung, das auf eine neue entscheidende Anregung wartet.

7. Die göttlichen Herrscher

Im 11. Jahrhundert war Peru ein Land mit vielen kleineren Kulturen, die alle arm waren und wahrscheinlich nur über eine geringe Bevölkerungszahl verfügten. Es gab zwar Anklänge an frühere Kulturen; diese waren aber recht unbedeutend. Dagegen standen dem Menschen die allgemeinen kulturellen Errungenschaften wie Pflanzenanbau, Webkunst, Töpferei und Metallgebrauch voll zur Verfügung. Die Zersplitterung des Landes stand einem weiteren Fortschritt jedoch im Wege.

Die Stadtstaaten der Gebirgsregion waren sehr klein. Hier hatten Ansiedlungen eine geringere Bedeutung als das offene Land, wo man in den Hochsteppen, den *panuas*, seinen Lebensunterhalt erjagte oder in Flußtälern und an terrassierten Hügeln Getreide anbaute. Alle Städte wiesen Befestigungsanlagen auf, die aus einer Folge stufig angelegter und mit Steinen eingefaßter Erdwälle bestanden.

Nach einer Inka-Legende ereignete sich gegen Ende dieses Jahrhunderts etwas Seltsames. Zunächst soll eine Gruppe von drei Männern und einer Frau in den Bergen aufgetaucht sein. Deren Nachkommen behaupteten später, aus den furchtbaren Wäldern des Amazonas-Beckens zu stammen.

Diese Gruppe erschien in den Bergen bei Cuzco und berichtete, daß sie einen Keil aus Gold mit sich führte, der ihnen von ihrem Vater, der Sonne, anvertraut worden sei. Es sei ihnen gesagt worden, daß sie den Keil an jeder Raststätte auf den Boden legen sollten. An dem Ort, der für ihr künftiges Leben bestimmt sei, würde er im Boden versinken. Die Schwester verließ ihre drei Brüder und erjagte ein Lama. Sie schnitt es auf und entfernte die Lungen. Dabei nahm sie die Luftröhre in den Mund und blies hinein, bis diese rot und blutig anschwoll. Mit der Luftröhre im Mund ging sie anschließend mit einem ihrer Brüder nach Cuzco hinunter, während die beiden anderen Brüder durch einen Zauber in heilige Felsen verwandelt wurden. In der Stadt angekommen, flohen die Leute vor dem furchtbaren Anblick. Die beiden nahmen sich ein kleines Haus und wurden die Herrscher über den unteren Teil Cuzcos. Auf solche Weise kamen die Inka zu ihrem Erbe, denn in der darauffolgenden Nacht versank der goldene Keil in der Erde und wurde nie wieder gesehen. Von den anderen Brüdern wurde der eine der Fels Hanacauri und der andere der große, wie ein Tier aussehende Kenko-Stein. In den folgenden drei Generationen, in denen nur Geschwisterheiraten stattfanden, änderte sich für die Inka-Familie nichts; ihr Herrschaftsgebiet blieb auf den unteren Teil Cuzcos beschränkt, obwohl sie große Ambitionen hatten.

Mit dieser sonderbaren Legende, die in der Zeit um 1100 n. Chr. spielt, beginnt die Geschichte Perus. Man muß hier betonen, daß die Inka-Familie nur eine unter vielen Führergruppen der Stämme und kleinen Städte im Gebirgsraum war. Das einzig Besondere an ihr war höchstens die Totalität, mit der ihre Mitglieder beanspruchten, Kinder der Sonne zu sein. Dieser Anspruch brachte es mit sich, daß jeweils der älteste Sohn die älteste Tochter zu heiraten hatte, um die reine Linie ihrer göttlichen Herkunft zu bewahren.

Im Flachland des Küstenraumes schlossen sich nach

dem Zusammenbruch im 10. Jahrhundert die kleineren Städte nach und nach zu Gruppen zusammen. Die südliche Hälfte weniger, aber man nimmt an, daß ein Teil hiervon den sogenannten Chincha-Staat bildete. Dessen Tonwaren, bei deren Bemalung Textilmuster eine Rolle spielen, sind als Ica-Keramik bekannt. Weiter im Norden lag der Cuismancu-Staat, dort fand man herrliche Textilarbeiten und die bemerkenswerten Chancay-Tonwaren. Stücke, die nach Machart und Färbung sandig und grob zu nennen sind. Sie tragen blauschwarze Linearmuster, die an Magnesiumfarben erinnern. Von den großen melonenförmigen Vasen und den eher schwerfälligen, durchweg nackten Standfiguren geht durchaus ein gewisser Reiz aus. Es ist aber unverkennbar, daß die Cuismancu-Handwerker nicht das Niveau ihrer Vorfahren erreichten.

In das Gebiet der Mochica drangen Fremde ein, die mit großen Balsaholzflößen aus dem Norden gekommen waren. Es handelte sich um Gefolgsleute und Diener von Taycanamo, des Kulturhelden des Chimú-Volkes, dessen Name in späteren Schriftzeugnissen in dieser Form auftaucht. Die Chimú waren versierte Metallverarbeiter, die schöne Gefäße aus Gold und Silber herstellen konnten und auch den schwierigen Prozeß des Kupferschmelzens beherrschten. Hierzu mußte das Kupfer auf eine Schicht fein gemahlener Holzkohle gelegt werden, so daß jeweils nur eine winzige Zone der Schmelze ausgesetzt wurde. Wir haben es also mit einem geschickten Volk zu tun, das sich in den Flußtälern ansiedelte und von der schönen bewehrten Stadt Chan Chan aus ein Königreich aufbaute. Dies geschah fast zur selben Zeit wie der Aufstieg der Inka. Das Chimú-Reich umfaßte schließlich eine Gruppe unabhängiger Städte im Norden, in denen sich, wenn auch in heruntergekommenem Zustand, die Mochica-Kultur erhalten hatte. So manches schöne Tiergefäß aus schwarzer Tonware legt Zeugnis davon ab, daß sich Züge der Mochica-Kunst ins Chimú-Reich hinübergerettet hatten.

Der oberste Chimú-Gott hatte den Namen Aiapaiec und stammt noch aus Mochica-Zeiten. Er erscheint auf Gefäßen und in Holzschnitzereien als Mann mit Fangzähnen, was an frühe Chavín-Arbeiten erinnert. Der große Geist des Himmels war der göttliche Si, der Mond. Die Chimú hatten als Fischer mehr Sinn für mondhelle Abende als für die fürchterlich heißen Tage an ihrer Wüstenküste. Überhaupt besaßen die Naturkräfte große Bedeutung für die Chimú. So war beispielsweise der Regenbogen, der ähnlich wie ein Tausendfüßler dargestellt wurde, ein geheiligtes Symbol.

Wie es scheint, verwendeten die Chimú als Tempel die auf ihrem Gebiet bereits vorhandenen Lehmsteinpyramiden und fügten nur wenige Erweiterungsbauten hinzu. An der Südgrenze ihres Reiches errichteten sie im Fortaleza-Tal eine gewaltige terrassierte Festung. Es gibt mehrere Chimú-Städte, die von einem starken Bevölkerungszuwachs im 12. und 13. Jahrhundert zeugen. Die Hauptstadt Chan Chan bestand aus 10 riesigen, mit Mauern eingefaßten Hofräumen. Diese Umfassungsmauern waren 12 bis 15 Meter hoch und bestanden aus Luftziegeln oder großen Lehmsteinplatten, die im Stile der einheimischen Webmuster mit Vögeln und Raubtieren, aber auch mit Göttern und dem Regenbogensymbol versehen waren. Die Wände wurden verputzt und mit vielfarbigen Relieffriesen geschmückt; besonders schön müssen in dieser Hinsicht die Küstenstädte gewesen sein. Die Räume zwischen den Höfen nutzte man für Beerdigungen, aber wahrscheinlich auch für größere Zusammenkünfte. Man erbaute die Stadt in sandiger Wüste und felsiger Gegend, wo an Ackerbau nicht zu denken war. In jedem ummauerten Stadtteil gab es aber einen Garten, in dem man das Erdreich bis zum Grundwasserspiegel aufgegraben hatte; hier gediehen Nahrungspflanzen und Blumen. Alles in allem, Chan Chan war eine schöne, bevölkerungsreiche Stadt, die wohlorganisiert war und ein geeignetes Zentrum für ein großes Reich bildete.

Die Webkunst der Chimú, die von den Frauen betrieben wurde, war weit entwickelt. Ihr lag eine exakte Planung zugrunde, die in einer festen Folge von Einzelschritten zum Ausdruck kam. Es gab viele Farben, und ihre Dauerhaftigkeit zeigt sich darin, daß sie selbst nach fast tausendjähriger Lagerung in den Gräbern nur wenig von ihrer ursprünglichen Brillanz verloren haben. Die große Menge an Textilien, die hergestellt wurde, läßt vermuten, daß man sich des bekannten manufakturähnlichen Werkstättensystems bediente. Jede Frau besaß jedoch ihre eigene Truhe voller Weberschiffchen und Spindeln mit farbigen Fäden aus Baumwolle, das sie jederzeit herausnehmen und zu Garn verspinnen konnte. Ihre Nadeln, deren Öhre in modernem Stil gehalten waren, fertigte man aus Bronze. Gewöhnlich gab man einer Toten einen einfachen Bandwebstuhl mit ein paar Litzen mit ins Grab. Häufig ist darüber hinaus noch ein unfertiges gobelinartiges Webstück beigefügt, wahrscheinlich ihre letzte Arbeit. An Kleidung trug die Tote eine lange Baumwolltunika und Sandalen sowie ein breites Band aus farbigem gobelinartigem Tuch, oft auch einen Schal. Das Haar wurde von einem bestickten Netz gehalten, und geschmückt war der Leichnam mit Ohrringen, Halsketten und Armbändern; Schmuckstücke, die bei Höherstehenden aus Gold sind und Türkis-, Kupferkarbonat- und Muschelschaleneinlagen aufweisen.

Die Männer trugen eine kurze Tunika und ein Lendentuch. Ihr Kopfschmuck bestand oft aus gewickelten Riemen, und auch dekorativer Gürtel- und Edelsteinschmuck zählte zur Ziere des Mannes. Bedeutendere Krieger hatten Hemden, die über und über mit Bildern aus farbigen Federn bedeckt waren, und herrlichen Federschmuck trugen sie auch auf dem Kopf. Ihre großen Ohrgehänge bestanden aus Holz mit Goldauflage und Einlegearbeiten. Statt Arbeitstruhen legte man Männern ihre Waffen mit ins Grab.

Bei Prozessionen und Tanzfesten gab es reichlich Musik. Von ihren Vorgängern, den Mochica, hatten die Chimú Muscheltrompeten und gewundene Keramikhörner sowie die Panflöte aus Rohr und Ton übernommen. Sie fügten diesem Inventar den hölzernen Gong und glockenförmige Schlaginstrumente hinzu. Rasseln aus Knochen und Lärminstrumente aus Bronzeketten, die an Palmholzstangen befestigt waren, bildeten die rhythmische Begleitung. Beim Singen sorgten kleine kreisförmige Trommeln, die mit einem Stock geschlagen wurden, für den Rhythmus. Wir kennen keines der damaligen Musikstücke, aber es muß sich um stark rhythmische Weisen gehandelt haben, die laut genug waren, um Tamburine, Gongs, Rasseln und Trompeten übertönen zu können. Merkwürdigerweise scheinen die Chimú keine Saiteninstrumente gekannt zu haben. Die Melodieführung kann möglicherweise den Keramikhörnern vorbehalten gewesen sein, deren Eignung hierfür von dem Musikwissenschaftler William Yeomans bei einem Besuch im Britischen Museum demonstriert wurde. Durch verschieden tiefes Einführen der Hand in die mittlere Windung des tönernen

Muschelhorns gelang es dem Forscher, eine Melodie zu spielen. Zwar verwendete er ein Mochica-Instrument, aber die Chimú stellten ähnliche her. Über die Tonleiter der Peruaner besteht keine Klarheit. Man hat angenommen, daß sie pentatonisch gewesen sei; es gibt aber auch die Meinung, daß sie zwölf Töne umfaßte. Für beide Auffassungen gibt es keine direkten Belege. Als die Spanier im 16. Jahrhundert peruanische Musik hörten, hoben sie immer wieder deren Traurigkeit hervor. Man sollte aber daran denken, daß Menschen im 16. Jahrhundert Musik anders hörten als wir heute.

Die Chimú-Fischer hatten kleine Boote aus Riedbündeln, von denen aus sie mit bronzenen Angelhaken fischten. Sie verwendeten auch Handnetze, und verschiedentlich ist wohl ein Fischschwarm mit einem Schlagnetz zwischen zwei Riedkanus eingekreist worden. Es kann nicht verwundern, daß es unzählige Keramikdarstellungen von Fangnetzen gibt, denn der Fisch war das Hauptnahrungsmittel. Für Handelsfahrten längs der Küste verwendeten die Chimú Flöße aus Balsaholz, die mittschiffs eine Kabine trugen, in der man die Waren vor den Wellen schützen konnte. Der Rudergänger steuerte mit einer Reihe von Kielbrettern das Gefährt durch den Wind, der sich in einem großen Segel fing. Außerdem gab es an Bord Ruderer, die mit ihren breiten Paddeln in gleichmäßigem Rhythmus für Fahrt sorgten. Einige Flöße hatten außer Kielschwertern auch Steuerruder. Ihre gute Steuerbarkeit machte sie für den Küstenhandel sehr geeignet. Thor Heyerdahls Abenteuer hat darüber hinausgehend gezeigt, daß man mit derartigen Wasserfahrzeugen sogar Tausende von Kilometern über die hohe See fahren konnte.

Der Binnenhandel wurde mit Lamakarawanen und

Trägern abgewickelt, die von Stadt zu Stadt zogen. Das langsame Lama konnte nur Gewichte bis etwa 40 Pfund bewältigen, während ein Träger noch mit einer Last von 100 Pfund, die mit einem Seil um die Stirn gehalten wurde, seinen Weg dahintrottete. Für welche Beförderung man sich entschied, hing von der Art des Unternehmens ab. Boten brauchten bei ihren Läufen auf den Straßen von einer Station zur nächsten natürlich keine Lasten zu tragen. An den Küsten, wo die Trassen durch sandige Gegenden führten, erkannte man den Wegverlauf an Reihen von Baumstümpfen, die als Markierung aufgestellt wurden. Die entlang den Straßen angehäuften Sandmassen eigneten sich auch als Grabstätten, die sich hier über weite Strecken nachweisen lassen.

Die Städte erbaute man auf sandigem oder felsigem Land in der Nähe der Flußtäler. Zu Zeiten der Mochica grub man an beiden Seiten des Flusses Bewässerungsgräben. Der Bevölkerungszuwachs während der Chimú-Periode machte jedoch eine weitergehende Nutzung des in kurzen Sturzbächen zu Tale kommenden Wassers erforderlich. Man schuf auf verschiedenen Niveaus neue Kanalsysteme, und das hierdurch bewässerte Schwemmland erwies sich als sehr ertragreich. Die unteren Hänge der Hügel wurden etwas terrassiert, aber gemessen an den großen Terrassenhügeln im Hochland war das nicht der Rede wert. Jedenfalls war das Chimú-Reich seit der Bewässerung wohlversorgt mit Lebensmitteln wie Bohnen, Kürbissen und Mais. Hierzu kamen andere einheimische Nahrungspflanzen, darunter verschiedene Pfefferarten und Erdnüsse, die so reichlich angebaut wurden wie im Hochland die Kartoffel, die auch im Küstenraum als große Knollenfrucht gezogen wurde. Durch die ständige Jagd hatte sich der Wildbestand verringert, aber es gab dafür Seelöwenfleisch und einen schier unerschöpflichen Fischreichtum.

Wahrscheinlich war der Regent des Staatswesens, der Gran Chimú, ein autokratischer Herrscher, dem ein Rat hoher Beamter zur Seite stand. Das religiöse Leben stand unter Kontrolle einer rangmäßig sorgfältig abgestuften Priesterschaft, die zum Wohle des Staates die Zeremonielle durchführte. Offenbar gab es einen erblichen Adel ·und eine große Anzahl Bürger, darunter Handelsleute, die Balsaflöße und Lamakarawanen besaßen. Sie trieben Handel an der ganzen Küste, nordwärts mit der Meeresströmung, nach Süden segelten sie vor dem Wind. Es ist nicht bekannt, auf welche Art sie ihre Einkünfte erhielten; das gilt ebenso für die Handwerker in den Werkstätten. Denkbar ist, daß sie zur Arbeit für den Staat eingezogen wurden, oder aber daß sie einen gewissen Anteil ihrer Erzeugnisse behalten durften. Jedenfalls lassen sich keine Spuren für den Gebrauch von Gold als Tauschmittel erkennen. Irgendeine organisierte Form des Austausches der Manufakturerzeugnisse muß es aber gegeben haben.

Auch im Töpfereigewerbe bemühte man sich um Massenproduktion. Hierfür spricht der Umstand, daß viele Gefäße aus geformten Tonstücken zusammengekittet sind, so daß sich manche Muster in ganzen Produktionsserien wiederholten. Die meisten Stücke waren aus grauem gebranntem Ton, der in vielen Fällen poliert wurde. Verschiedentlich findet man schwarzpolierte Flächen, die sich von dem matten, dunkelgrauen Untergrund abheben. Viele der mattflächigen Töpfe zeigen, wenn man sie mit Wasser füllt, eine Art Silber-Färbung, so, als handelte es sich um Imitationen von Silbertöpfen, wie man sie in den bessergestellten Haushalten verwendete. Gefäße aus Silber und Gold glichen der Form nach jenen aus Ton,

andererseits orientierte sich die Gestaltung der Keramik-
töpfe stärker an Metallarbeiten als an Gegebenheiten der
Töpferei. Während der Großteil der Chimú-Gefäße aus
schwarzem Ton hergestellt ist, findet sich auch ein Anteil
rötlicher Töpfe, die nach dem gewöhnlichen Verfahren
mit viel Sauerstoff auf offenem Feuer gebrannt sind. Die
Formgebung ist bei beiden Arten gleich, und es gibt viele
Beispiele von Gefäßen beider Färbungen, die aus gleichen
Mengen von Formstücken hergestellt sind. Aus dem
Norden ist eine Anzahl von Tongefäßen bekannt, die mit
einer cremefarbenen Schicht überzogen und mit roten Linien und Schnörkeln verziert sind. Hier könnte es sich um
ein spätes Wiedererwachen von Mochica-Techniken handeln. Im gesamten Chimú-Reich waren Gefäße mit ge-
schlungenen Tüllen verbreitet. Der zurückgebogene Teil
der Tülle hatte jedoch eine seitliche Abflachung und war
mit Reihen kleiner Vögel oder anderer Tiere verziert.

Die Metallhandwerker und Juweliere erlebten unter
den Chimú-Herrschern eine große Zeit. Ihre Werkstoffe –
Gold, Kupfer und Silber – wurden aus Flußsänden gewa-
schen, in einigen Fällen aber auch aus den Wänden und
dem Felsgestein der Flußtäler gewonnen. Allem Anschein
nach verfügten die Chimú über eine hochentwickelte Me-
talltechnologie, und zweifellos gab es äußerst geschickte
Handwerker; man hat in diesem Raum schon seit undenklichen Zeiten Metall bearbeitet. Die Ausrüstung war einfach. Zum Schmelzen verwendete man einen Keramiktie-
gel, der in ein Tongefäß mit Holzkohle gestellt wurde.
Man kannte noch keinen Blasebalg; die Glut wurde von
Männern mit Blasrohren aus Bronze angefacht. Natürlich
konnte man mit diesen Mitteln immer nur ein oder zwei
Pfund von dem Metall auf einmal bearbeiten. Gold und
Silber erhielt in den Tiegeln eine kleine Kupferbeimi-

schung, um größere Festigkeit zu erzielen. Einige Metall-handwerker mischten Kupfer mit Zinn und manchmal auch mit Manganerz. So entstand Bronze, wenn auch in Ermangelung jeglicher Waage ihre Zusammensetzung außerordentlich schwankte. Seltsamerweise gab es im Gebiet der mittleren Küste Perus bereits die Erfindung einer Balkenwaage, und zwar zum Wiegen von Edelsteinen. Diese brillante Leistung wahrscheinlich der Juweliere des kleinen Staates Cuismancu breitete sich jedoch nie über die lokalen Grenzen ihrer Entstehung aus.

Aus den gegossenen Metallbarren stellte man durch Beschlagen gleichmäßig dünne Metallfolien her. Diese wurden zur Herstellung von *repoussé*-Ornamenten auf Reliefs aus weichem Gestein gehämmert, wobei man die Ränder durch Druck mit Knochenwerkzeugen von der Unterseite her ringsherum nach oben auswölbte. Die so entstandene ausgebuchtete Linie bearbeitete man mit Steinraspeln, bis sie verschwand und das Schmuckstück aus der Folie fiel. Viele hatten kleine Anhänger, die von dünnen Metallstreifen oder Drahtschlingen gehalten wurden. Angesichts der einfachen Werkzeuge muß das Niveau der Kunstfertigkeit als sehr hoch bezeichnet werden. Die Silber- und Goldgefäße in den Palästen der Edelleute nehmen die allgemeine Formgebung der Keramik auf, aber in metallurgischer Tradition. Gefäße mit schmalen Tüllen wurden aus mehreren Teilen zusammengeschmiedet, und die durchbrochenen Verbindungsstücke zwischen den Enden einer Doppeltülle weisen oft komplizierte Muster mit mythologischer Thematik auf. Es existieren ganze Reihen goldener Töpfe, aber noch weit mehr silberne. Mitunter wurde das Silber mit soviel Kupfer vermischt, daß die gefundenen Gefäße ziemlich grün aussahen. Manche Töpfe stellte man aus fast reinem Kupfer her, was in Anbetracht der Schwierigkeiten bei der Verarbeitung dieses Metalls den Chimú-Handwerkern eine hohe Fertigkeit bescheinigt.

Bronze wurde zur Herstellung von Musikinstrumenten verwendet, und zwar von röhrenförmigen Trompeten, Zimbeln und den aus Ketten bestehenden Geräuschinstrumenten, an denen kleine Schellen befestigt wurden. Es gab auch ein Rhythmusinstrument, das wie eine große Pinzette aussah. An weiteren Gegenständen sind zu nennen: Pinzetten zum Haare auszupfen, Messer mit reich verzierten Griffen und gebogenen Schneiden, Speerspitzen und zweiteilige Helme, die über die Seiten zur Spitze zusammengefügt waren. Große Masken aus Gold, Silber oder Bronze wurden auf die Mumienbündel gelegt. An Gebrauchsschmuck verwendete man Fußspangen und Armreifen, die mehrere Zoll breit waren, Ketten und Anhänger, darunter solche, die an der Nase getragen wurden, und viele große in Gold gefaßte Ohrringe. Man trug fantastischen Kopfschmuck mit beweglichen Dekorationselementen, die beim Tanz vibriert haben müssen. Spaß hatten die Chimú auch an ihren tunika-artigen Gewändern, auf die sie flache metallene Vögel und andere Tierdarstellungen nähten. Alles in allem, das Leben der Chimú bekam durch das Gold ein strahlendes Gepränge.

Man sorgte sich auch sehr um die Toten. In vielen Fällen wurden die Eingeweide entfernt und die Körperhöhlungen mit einer konservierenden Lösung ausgewaschen. Normalerweise wurde der Leichnam in der Sonne getrocknet, dann bekleidet und mit dem Kopf zwischen den Knien und über den Schienbeinen gefalteten Händen festgeschnürt. Mit zusätzlichen Kleidungsstücken und Tüchern umwickelt, entstand ein großes kegelförmiges Bündel, an dem man einen stilisierten Kopf, sei es aus

Stoff oder aus bemaltem Holz, befestigte. Die Sorgfalt, mit der die Bestattungen vorgenommen wurden, zeigt, daß die Menschen an ein zukünftiges Leben glaubten.

Es waren vielleicht die rauhen Bedingungen und die dünne Luft des hochgelegenen *altiplano,* die die Lebensauffassung der Inka beeinflußten und zu ihrem kompromißlosen Puritanismus führten; immerhin lagen viele ihrer Städte mehr als 3 000 Meter über dem Meeresspiegel. Die Inka waren eigentlich kein Volk, sondern eher eine weitverzweigte Familie, die auf vielerlei Art von der Masse der Bevölkerung getrennt war. Zur Zeit des letzten Inka, des 12., betrug ihre Zahl mehrere tausend bei einer Bevölkerungszahl von sieben Millionen.

Mehr als hundert Jahre lang wies das Inka-Reich von Cuzco keinerlei Wachstum auf. Die kritische Phase kam, als die Inka-Familie die Macht über die ganze Stadt übernehmen wollte, denn die umliegenden Stämme versuchten, die Herrscherfamilie zu vernichten, bevor sie zu mächtig geworden war. Das damalige Oberhaupt war Yahuar Huacac, ein Zauderer, der sich mehrmals mit denen beriet, die die Inkas vernichten wollten. Schließlich nahm der Familienrat dem alten Mann die Macht und wählte einen jüngeren Mann, der rechtmäßig vom vorangehenden Sapa Inka und dessen Schwester abstammte, als Regenten. Dieser nahm den Namen Inka Viracocha an, wagte es also, sich nach dem Schöpfer zu nennen. Mit einer Reihe plötzlicher, unerwarteter Angriffe aus dem Hinterhalt besiegte er schließlich die Chanca und ihre Verbündeten. Seine Führerschaft schien von Erfolg beseelt zu sein, denn mit einem Mal sah sich die Inka-Familie als Herrscher über die peruanische Andenregion bis hinunter zum alten Tiahuanaco. Die Inka waren nun Führungsmacht in Peru.

Der bedeutendste Fortschritt ereignete sich jedoch unter der Herrschaft des 9. Inka, der den Namen Pachacuti Yupanqui Inka trug. Dieser Herrscher war ein großer Organisator, dessen Verdienste zunächst in der Neuorganisation des Heeres und einer strengeren sozialen Stufung der Nation und der eroberten Gebiete lagen. Er erneuerte Cuzco als heiliges Zentrum für ein Reich, das seinem Empfinden nach Tahuantinsuyu war, die Vier Teile (der Welt). Hier gab es die zwei großen Zeremoniengevierte, die Paläste und die Verwaltungsgebäude. Die Schnüre, in die die Nachrichten über das Reich verknotet waren, wurden in einem Nebengebäude seines Palastes verwahrt. Hier in Cuzco befand sich auch der Tempel der Sonne, mit seinen Gärten voller stilisierter Nahrungspflanzen, die vor allem aus Gold und Silber gefertigt waren. Um den Tempel legte sich ein Sims aus purem Gold, und innen erstreckte sich mitten durch das Gebäude eine goldene Wand, die mit Symbolen der Schöpfung, der Sonne, des Mondes und der ersten Inka geschmückt war. Den Platz für den Schöpfer bildete eine freie Stelle in der Nähe vom Kreuz des Südens. Es handelt sich offenbar um den leeren ›Kohlensack‹ der Milchstraße; die Inka glaubten, daß Con Tiki Viracocha gestaltlos und unsichtbar in seinem Heim lebte.

Während Pachacuti Yupanqui das Reich reorganisierte und von Cuzco aus wirkte, führte sein Sohn Topa Inka das Heer in weitere Feldzüge. Er brachte in seinem wichtigsten Unternehmen seine Streitmacht nach Quito, wo er die Macht des dortigen Reiches so zerstörte, daß sie niemals wieder zur Bedrohung der Inka wurde. Dann wandte er sich unerwartet mit seiner Hauptmacht nach Süden. Mit kleineren Angriffen auf den Süden des Chimú-Reiches versuchte er vermutlich, dessen Heer von den Küstenstädten abzuziehen, während der Kern seiner

Truppe das Land im Sturm eroberte. Die gesamte Chimú-Kultur wurde unterworfen, und der König sowie eine große Zahl versierter Handwerker kamen als Gefangene mit nach Cuzco. Hier wurden sie jedoch gut aufgenommen, denn dem weisen Pachacuti war klar, daß die Chimú über Kenntnisse verfügten, die den Inka fehlten. So wurden die Gefangenen zu Lehrern; sie lehrten die Inka das Aufzeichnungssystem, Metallurgie und Webkunst; Töpferei und Religion blieben jedoch ausgespart.

Die großen Tempel der Chimú verblieben den alten Göttern, die von der Bevölkerung verehrt wurden, aber jedem Tempel wurde auf Befehl der Inka ein besonderes Gebäude zugefügt, das der Verehrung Intis, dem inkaischen Sonnengott, geweiht war. Dieser wurde von seinen Kindern Gott der Götter genannt und als Herrscher über das gesamte Universum gesehen. Er beanspruchte alles Gold im Land für die Inka. Außerdem wurden den Chimú Tributzahlungen auferlegt, die sie in Form von Textilerzeugnissen, Holzarbeiten und Lebensmitteln entrichteten. In der Nachrichtenaufzeichnung mit *quipus* hatten die Chimú die besseren Möglichkeiten entwickelt, und so übernahmen die Inka deren System. Die gesamte Nachrichtenmenge des Inkareiches wurde nach Cuzco gesandt, so daß der Inka, das Kind der Sonne, eine absolute Kontrolle über das Land besaß. Zwar wurde die Provinz von einem einheimischen Prinzen regiert, dieser aber war mit einer reinblütigen Inkaprinzessin vermählt worden. Zudem war der junge Mann nach den Bräuchen der Inka in den Palästen seines Schwiegervaters erzogen worden, so daß auch hier die Herrschaft der Familie der Sonne sichergestellt war.

Nach der Eroberung des Chimú-Reiches begann Topa Inka mit der Unterwerfung der vielen kleinen Königreiche und Städte, die sich im südlichen Teil des Küstenraumes, wo einst die Nazca-Kultur in Blüte stand, entwickelt hatten. Dieses Unternehmen machte kaum Schwierigkeiten, zumal viele der Stämme dem Inka-Reich angehören wollten, um an den Vorteilen, die die inkaische Organisation mit sich brachte, teilzuhaben. Diese Bereitschaft mag vielfach auch erst durch die Abgesandten der Inka entstanden sein, die einen kräftigen Druck auf jene Staaten ausübten. Sie erzählten Geschichten von Stammesführern, die man gefangen und getötet hatte und die mit einem Holzrahmen im entleerten Unterleib in der Sonne getrocknet und anschließend als Trommel verwendet wurden; natürlich wollte niemand ein so schmähliches Ende erleben. Das Vernünftigste sei ihrer Meinung nach, das Volk ins Inka-Reich zu führen, wo niemand an Hunger stürbe und wo selbst von Erdbeben und Stürmen angerichtete Schäden schnell wieder in Ordnung gebracht würden. Die intelligenteren Stammesführer dachten ähnlich über die materiellen Vorteile, die eine Inka-Herrschaft versprach. Es kann kein Zweifel bestehen, daß hinter dieser diplomatischen Offensive der Oberste Inka Pachacuti stand.

Im Jahre 1471 war der Zeitpunkt gekommen, an dem der alt gewordene Pachacuti zur Sonne zurückkehrte. Ihm folgte der mächtige Topa Inka auf den Thron. Die Bestattungszeremonie für Pachacuti war prächtiger, als sie je einem seiner Vorgänger zuteil geworden war. Die Art und Weise der Beisetzung war aber die gleiche: Sein steinerner Palast wurde voll eingerichtet und von seinen Dienern in Ordnung gehalten. Hier setzte man seinen getrockneten Leichnam und den seiner Frau Mama Anarauque auf einen Thron, und einmal im Jahr wurden die Körper auf eine goldene Bahre gesetzt und in den Sonnentempel getragen, wo sie bei ihren Ahnen sein konnten.

Nun aber war Topa Inka an der Macht. Seine Baumeister errichteten ihm einen Palast aus grauem Basalt, eine massive, niedrige Konstruktion, die mit goldenem Gras bedeckt war. In den einfachen Räumen häuften sich die bei seinen Kriegszügen eroberten Schätze. Es gab eine große Halle für Zusammenkünfte, und weitere Räumlichkeiten dienten als Unterkünfte für fremde Häuptlingssöhne, denen Inka-Mädchen zu Frauen bestimmt waren und die hier mit der inkaischen Gedankenwelt vertraut gemacht werden sollten. Der neue Herrscher hatte zunächst seine Totenwache im Sonnentempel zu halten, wo er in Anwesenheit seiner still in den Nischen sitzenden Ahnen Andacht übte. Später würde ihn der Hohepriester mit dem geheiligten *llantu* krönen; dieses Band aus mehreren Wicklungen tiefroter Wolle vom wilden Guanaco war mit einem Farbstoff eingefärbt, der nur für dieses eine Textilstück und die Gewänder des Inka verwendet werden durfte. Nach dieser Handlung wurde in das Band eine Holznadel gesteckt, an der eine handtellergroße Fahne und zwei blaue und gelbe Federn eines heiligen Gebirgsvogels befestigt war. Dies war das eigentliche Symbol des Inka als des wahrhaft göttlichen Herrschers von Tahuantinsuyu.

Jedes Jahr gab es bei der Rückkehr der Sonne ein Fest, auf dem viel getanzt wurde. Die Edelleute vollführten einen Ringtanz, bei dem sie sich an einem Seil aus goldenen Drähten festhielten, während das einfache Volk paarweise mit einander zugewandten Gesichtern tanzte und sang. Für die klangvolle, meist in Moll gehaltene Begleitmusik sorgten vor allem Trommeln und Flöten. Gegen Ende der Feier verteilte der neue Inka *chicha* (ein fermentiertes Getränk aus von Mädchen gekautem Mais), worauf ganz Cuzco betrunken wurde und jeder am nächstbesten

Platz einschlief. Das Volk war erleichtert, daß der neue Herrscher alle Regeln befolgt hatte und damit einer segensreichen Regentschaft entgegensah. So sehr ihn seine Untertanen liebten, niemand durfte ihm je ins Gesicht sehen. Wann immer er vorbeiging, verbeugten sich die Leute bis zum Boden und bedeckten ihre Augen, um nicht durch seinen Ruhm geblendet zu werden. Denn war er nicht die Verkörperung der Sonne auf Erden?

Schon bald führte Topa Inka seine Streitkräfte wieder in den Krieg. Während einiger Scharmützel am Rande der Amazonas-Wälder erreichte ihn die Nachricht vom Aufstand der Colla und deren Verbündeten in den südlichen Gebirgsregionen. Er wandte seine Heere gegen die Aufständischen, tötete viele von ihnen, nahm andere gefangen, um sie später hinzurichten, und festigte damit seine Position. Nach Cuzco zurückgekehrt, wurde ihm von einem Ereignis berichtet, das sich weiter entfernt zugetragen hatte. Die Calchaqui-Diaguita aus Nordargentinien waren über die Gebirgspässe weit im Süden bis an die Pazifikküste vorgedrungen. Das war zweifellos eine Bedrohung des von Tahuantinsuyu her tradierten Herrschaftsanspruchs. Mit kühlem Verstand ging er an die Planung eines Feldzuges, der einen Gebirgsmarsch von über 1 000 Kilometern mit sich bringen würde. Er organisierte die Armee in regionale Gruppen, denen jeweils Pioniere vorauszogen. Diese räumten Hindernisse fort und schlugen Löcher in Felsen, um darin Balken zu befestigen, über die der Weg führen sollte. Sie bauten schwingende Hängebrücken über Sturzbäche und sorgten somit ständig dafür, daß der Zug weitergehen konnte. Inzwischen brachten Hunderte großer Balsaflöße an der Küste entlang Nachschubwaffen und Verpflegung heran. Mit ihrer Hilfe legte man Versorgungsdepots an, und falls die Flöße zu nahe an Küsten kamen, die von den Calchaqui gehalten wurden, warteten sie so lange, bis die eigenen Truppen eingetroffen waren. Diese gingen dann sofort zum Angriff über, wobei ihnen der Stolz über ihre phantastische Marschleistung und ihre gute Verfassung wegen des Nachschubs an Verpflegung und Kleidung half. Es gab furchtbare Schlachten, aber am Ende war der Feind vernichtend geschlagen.

Topa Inka verfügte, daß von da an der im heutigen Chile liegende Fluß Maule die Südgrenze des Reiches bilden sollte. Die für den Feldzug angelegten Wege wurden ausgebaut, und die gesamte Südregion kam unter inkaische Herrschaft.

Die Edelleute wurden bei dem Marsch von ihren Familien begleitet. Als eines Tages ein kleines Edelfräulein von hohem Rang starb, trocknete man ihren Leichnam, kleidete ihn an und wickelte ihn in mehrere Lagen Tuch. Man trauerte um das kleine Mädchen und begrub es in der Ecke einer Höhle zusammen mit seiner Lieblingspuppe, die aus Silber gefertigt war und ein wollenes Gewand sowie einen mit einer großen Silbernadel befestigten Umhang trug. Auf dem Kopf hatte das Kind eine prächtige Federkrone. Man fand die Leiche der kleinen Prinzessin 1961 – ein trauriger Nachklang jenes großen Feldzuges unter Topa Inka. Man muß in diesem Zusammenhang bedenken, daß die Indianer Perus nur für den Ruhm ihres gütigen Inka lebten, und daß jede gesellschaftliche Gruppe ihr Schicksal als gottgewollt hinnahm. So war der Tod ein zwar wichtiges Ereignis, es ging von ihm aber kein Schrecken aus.

Nach der Eroberung des Südens verbrachte Topa Inka die ihm verbleibenden Jahre mit der Konsolidierung des riesigen Reiches. Zuhause führte er, wie berichtet wird, ein außerordentlich glückliches Zusammenleben mit seiner Frau, die eine Zwergenprinzessin war. Sie verstand sich hervorragend auf die Deutung der Einflüsse des Mondes, was ihr offizielles Amt war, und es werden viele gute Taten von ihr berichtet. Man hielt sie für geistig gesünder als ihre Mutter, die darauf bestand, daß ihre Diener völlig nackt herumliefen – wahrscheinlich besaß diese Dame bloß einen ausgeprägten Sinn für Schönheit. Im Jahre 1493 starb Topa Inka. Er konnte nicht ahnen, daß zu dieser Zeit weit im Norden ein Christoph Kolumbus den eisenzeitlichen Europäern einen Weg nach Amerika aufgetan hatte.

Der nächste Oberste Inka wurde Huayna Capac, ein kluger Mann, der sich früher mit einer Gruppe von Flößen auf den Pazifik hinausgewagt hatte. Nach etwa einem halben Jahr war er zurückgekehrt und hatte ein paar seltsam braunhäutige Menschen mit gelocktem Haar mitgebracht. Es hat den Anschein, als habe er bei seiner Fahrt die Tuamotu-Inseln entdeckt. Nach Antritt seiner Herrschaft dehnte er das Reich nach Norden aus. Hierbei kam es zum Zusammenstoß mit den Cara-Herrschern von Ecuador. Man lieferte sich furchtbare Schlachten, und die Inka mußten ihre Gegner als gleichwertig erkennen, aber schließlich fiel Quito doch. Zu den einschneidendsten Folgen dieses Sieges gehörte, daß sich der Sieger Huayna Capac in eine Prinzessin aus Quito verliebte. Natürlich war er nach inkaischem Brauch bei der Thronbesteigung mit seiner Schwester vermählt worden, und diese, eine große Schönheit mit langem gewelltem Haar, immer umgeben von einer zahlreichen Dienerschaft, hatte ihm auch bereits einen Sohn geschenkt, der sein Nachfolger hätte werden müssen. Aber dies alles half nichts. Ihn, den Inka, der an eine große Zahl Frauen gewöhnt war, befiel eine schicksalhafte Liebe zu der Prinzessin von Quito. Oft hielt er Hof in dieser Stadt im Norden, und er kümmerte sich sehr um ihre Einwohner. Den kleinen aufgeweckten Buben, den ihm seine Prinzessin geboren hatte, liebte er über alles, und dies sollte zur Schicksalsfrage für die ganze Nation werden. Der Name des Kindes war Atahualpa. Sein reinblütiger Inka-Halbbruder war Prinz Huascar.

Welche Gedanken Huayna Capac geleitet haben, läßt sich nicht sagen. Er war ein großer Dichter, ein guter Staatsmann und ein geschickter Befehlshaber. War er der Meinung, daß man den Großreichehrgeiz aufgeben sollte zugunsten eines leichter zu verwaltenden kleineren Staates? Oder war sein inkaischer Geist in romantische Illusionen eingehüllt? Er wußte nur wenig über die drohende Entwicklung im Norden, wo die Spanier sich bereits in Panama niedergelassen und die Suche nach einem geheimnisvollen Gold-Land im Süden aufgenommen hatten. Auch die Zerstörung Mexikos war ihm nicht andeutungsweise bekannt. Es ist denkbar, daß die indianischen Händler, von denen Pizarro die Information über die goldenen Länder im Süden hatte, auch den Peruanern von den im Norden aufgetauchten seltsamen Männern in grauen Eisenanzügen berichtet hatten. Was aber allem die Krone aufsetzte, war das Erscheinen der merkwürdigen, bärtigen Männer in den Randgebieten des nördlichen Küstenraumes; es handelte sich um Pizarros erste glücklose Expedition. Wer waren diese Leute? Aber kaum, daß ihn die Nachricht erreicht hatte, wurde Huayna Capac von einer Seuche befallen. Handelte es sich hier um eine der neuen Krankheiten, wie die Pocken, die die Spanier nach Amerika eingeschleppt hatten? Was sich auch immer an Bedrohlichem abzeichnete, Huyana Capac scheint gewillt gewesen zu sein, sein Großreich zu teilen. Quito und die nördlichen Teile sollte Atahualpa bekommen, die südlichen Regionen waren für seinen reinblütigen Sohn, den göttlichen Inka Huascar bestimmt.

Es sollte sich so fügen, daß Huascar ein friedliebender Mensch war, der nach Cuzco ging, um sich mit dem *borla*-Saum krönen zu lassen. Dagegen war Atahualpa ein kämpferischer Mensch, der kein rechtes Verständnis für die Göttlichkeit des Obersten Inka hatte. Er war offenbar der Ansicht, daß der Herrscher derjenige sei, der über die bessere Armee verfügte, und in dieser Hinsicht war er im Vorteil, denn er hatte zwei ausgezeichnete Generale aus Quito, nämlich Quiz-quiz und Callcu chima. Diese beiden rüsteten für einen Krieg gegen Cuzco. Huascar verfügte zwar über ein ähnlich großes Heer, aber die Generale aus Quito führten einen Angriff mit zwei Stoßkeilen und trieben Huascar immer weiter nach Süden. Der Kampf dauerte vier oder fünf Jahre und entwurzelte das Land ziemlich stark, denn das Landeszentrum, in das normalerweise die Tribute flossen und von dort aus weiterverteilt wurden, existierte in dieser Zeit praktisch nicht. Schließlich wurde der rechtmäßige Oberste Inka gefangengenommen. Man fesselte ihn mit starken Seilen und brachte ihn in eine Festung etwa 30 Kilometer von Cuzco entfernt in die Gefangenschaft. Atahualpa machte sich selbst zum Inka. Hätten ihm die Priester die geweihten Symbole der Macht verweigert, sie wären des Todes gewesen. So spielten sie mit und gestatteten den Frevel. Das Land war wie gelähmt.

Kurz nach dem traurigen Ende des Bürgerkrieges ereignete sich die entscheidende Landung der Spanier. Mehr als ein halbes Jahr lang hielten die Truppen Pizarros die Küste besetzt und kontrollierten die passive Bevölkerung. Sie konnten ihre Machtstellung in dem Gebiet festigen. Wahrscheinlich hielten die Einheimischen jene Fremden mit ihren Rüstungen und Pferden in fatalistischer Weise für gottgesandte Boten, die das Land für den Thronraub Atahualpas bestrafen sollten. Es gab praktisch keinen Widerstand. Pizarro kam bald zu Ohren, daß der falsche Inka bereit war, sich mit ihm zu treffen. Angesichts der großen Gefahr, die von den vereinigten Armeen Perus und Quitos ausging, faßte der Spanier einen wagemutigen Plan. Der falsche Inka wurde inmitten seiner niedergemetzelten Leibwache gefangengenommen. Zu der Zeit war aber auch die Inka-Linie ausgestorben, denn Atahualpa hatte, als er von der spanischen Invasion erfuhr, die Hinrichtung Huascars befohlen. Im Anschluß an dieses Ereignis gab es ein halbes Jahrhundert lang Wirren und Kämpfe, in denen sich die Spanier gegenseitig abschlachteten. Die rechtmäßigen Inka-Abkömmlinge wurden zur Unterwerfung gezwungen oder fanden den Tod. Im Laufe dieser Feldzüge fand eine große, bedeutende Zivilisation ihr Ende. Unter diesem Verlust leidet Lateinamerika heute noch.

In dem Jahrhundert zwischen der Übernahme der Macht durch Pachacuti Inka im Jahre 1438 und dem Tod Atahualpas 1532 bewirkten die Inka gewaltige Veränderungen innerhalb der peruanischen Kultur. Einerseits vereinigten sie das Land unter einer wohlwollenden Diktatur, andererseits nahmen sie lokale Errungenschaften auf und bereicherten sie – vor allem im Falle der Chimú – soweit, bis das ganze Land durch ein einheitliches Kommunikationsnetz zusammengehalten wurde. Sie errichteten ein System der sozialen Sicherheit, in dem niemand an Mangel zugrunde ging, und entwickelten einen staatlichen Arbeitsdienst, der im ganzen Land Straßen und Häuser reparierte. Zugegebenermaßen hing das Volk von der Bürokratie mit dem Obersten Inka an der Spitze ab, aber meist nahmen sie den Verlust an Freiheit, der ihnen Sicherheit und Wohlstand brachte, in Kauf. Nie wieder seit dem Anfang des 16. Jahrhunderts hat Peru ein vergleichbares soziales Wohlfahrtssystem erlebt.

Die Inka-Herrschaft fügte der materiellen Reproduktion nichts wesentlich Neues hinzu. Die Tuchweberei vollzog sich nach wie vor mit handgesponnener Wolle auf einfachen Bandwebstühlen. Töpfereiwaren wurden nach dem jeweils üblichen lokalen Verfahren hergestellt, wobei sich die Inka allerdings bemühten, eine Vereinheitlichung der Formen und Herstellungsverfahren einzuführen. Dies bedeutete eine Rückkehr zur Technik des Aufwindens, aber die Qualität der Formgebung und die Schönheit der Oberflächen waren vorzüglich. Das Dekor bestand aus einfachen geometrischen Formen, die gelegentlich durch Farn- oder Blumenmuster aufgelockert wurden. Dieser Keramikstil setzte sich in den verschiedenen Regionen unterschiedlich durch. Im früheren Chimú-Reich wurde er bei den Schwarztonerzeugnissen übernommen, aber auch hier erhielt sich eine freiere Handhabung im Dekor. In Ecuador verwendete man ihn in einer vergröberten Form, und gelegentlich taucht er bei figürlichen Gefäßen auf, die meist Frauen mit einer großen Vase auf dem Rücken darstellen. Fast überall findet man Exemplare von 8 oder 9 standardisierten Gefäßformen, die sich auch in den Abmessungen gleichen. Die verbreitetste inkaische Töpfereiform war der sogenannte *aryballus.* Hierbei handelte es sich um einen Topf mit einer flachen kegelförmigen Basis und einem hohen gewölbten Gefäßkörper, der in einen langen engen Hals mit einer weiten Öffnung mündete. Er hatte zwei Henkel an den Seiten und einen hervorspringenden Knopf, der oft in Form eines Tierkopfes gehalten war. Diese Gefäßform wurde in verschiedenen Größen hergestellt, angefangen von einem etwa 20 Zentimeter hohen Modell, das rund einen halben Liter enthalten konnte, bis zu riesigen Gefäßen, die 40 - 45 Liter faßten. Gewöhnlich dekorierte man diese Gefäße mit senkrechten Streifen. Sie dienten zum Befördern von Wasser und bei festlichen Anlässen von *chicha* oder Maisbier.

Als Kochtopf verwendete man eine Schale, die wie eine Kasserolle ohne Deckel aussah. Die Seiten dieses Gefäßes verjüngten sich etwas nach unten, und man trug es an zwei breiten Henkeln. Als Teller und Speiseschüsseln verwendete man flache Schalen, die meist einen Stielgriff mit einem Tierkopf an der Spitze hatten. Die Trinkgefäße waren kugelige Stielschalen mit verbreitertem Fuß und einem bügelförmigen Henkel am Oberrand. Alle inkaischen Tonwaren zeichneten sich durch ihre vollendete Form, ihr ausgewogenes Dekor und eine schöne Oberfläche aus. Das Vorhandensein solcher Stücke an einem Fundplatz ist der sichere Beweis für den inkaischen Einfluß, und lokale Abweichungen von dieser stilistischen Hauptlinie machen bestenfalls deutlich, daß die Eroberung durch die Inka vergleichsweise spät erfolgte.

Die inkaischen Holzarbeiten wurden mit Bronzewerkzeugen angefertigt und mit weichem Gestein oder Sand geglättet. In massigen einfachen Formen sind Lamas und Jaguare dargestellt. Aber auch Schalen und Trinkgefäße finden sich unter den Arbeiten, so ein Gerät, das oben einen kugelförmigen Aufsatz hatte, in den man *chicha* einfüllte, der durch eingeschnittene Rinnen in ein Mundstück floß, aus dem man trinken konnte. Das wichtigste Holzerzeugnis war der *kero*, ein großer sich nach oben verbreiternder Pokal, der oft Tierdarstellungen am Rand aufwies. Man gebrauchte ihn nicht nur bei den gewöhnlichen Trinkfesten, bei besonderen Anlässen brachte man ihm auch Trankopfer für die Götter dar. Die Wandstärke der Gefäße war beträchtlich, in einzelnen Fällen bis zu 10 Zentimetern. Die Seiten wiesen geometrische Muster auf, und verschiedentlich hatte man flache Aushöhlungen mit farbigem Mastixharz gefüllt. Weitere Holzarbeiten, von denen berichtet wird, sind prachtvoll verzierte Throne. Die der Inka-Herrscher sollen mit Gold verziert gewesen sein, aber leider ist keiner erhalten geblieben. Auch die mit Lackfarben bemalten Tafeln, auf denen eine bildliche Darstellung der Inka-Geschichte aufgezeichnet war, sind verschwunden. Die spanischen Eroberer verbrannten die geschichtlichen Zeugnisse der Unterworfenen bei einem Freudenfeuer in Cuzco.

Das Metallhandwerk stand im Zeichen des totalen Goldmonopols der Inka-Familie und deren Handwerker. Die Edelleute trugen große Ohranhänger aus getriebenem Gold, weswegen sie von den Spaniern als ›Großohren‹ tituliert wurden. Löffel, verzierte *kero*-Gefäße und bedeutende Schmuckstücke wurden in riesigen Mengen hergestellt, und das Metall hierfür kam, wenn nicht aus den Schatztruhen der Inka-Familie, aus dem Bergbau oder es stammte von den Eroberungszügen gegen die Chimú. Dagegen ließen die Inka Grabstätten unangetastet; die dort befindlichen Schätze konnten bei denen bleiben, für die sie bestimmt waren. Der Gebrauch von Silber war weit verbreitet, und wenn auch häufig nur schwarzes Oxyd zurückblieb, ein großer Teil der Stücke ist in dem trockenen Klima der küstennahen Wüsten erhalten geblieben. Die wichtigsten Erzeugnisse aus diesem Material sind Gefäße und Anhänger, aber man kennt auch viele figürliche Darstellungen, die alle in Hohlgußtechnik hergestellt wurden. Hier sind besonders Abbildungen nackter Frauen und Männer zu nennen, die weich und ohne Hüften dargestellt sind, aber naturgetreue Geschlechtsorgane haben.

Der andere wichtige Zweig des Metallhandwerks war die Bronzeverarbeitung. Mit diesem Werkstoff fertigte man schmuckreiche mondsichelförmige Messer, die einen vom Zentrum der Klinge aufrechtstehenden Griff hatten, Meißel mit rasselartigen Hohlräumen im Griff und allen Arten von messer- und sichelartigen Schneiden. Für die Inka typisch ist auch eine mit 6 oder 8 Spitzen bewehrte Kampfkeule. Man hat durch Analysen festgestellt, daß die Zusammensetzungen der Legierungen außerordentlich schwanken. Bei den Bronzehandwerkern handelt es sich natürlich um eine besondere Gesellschaftsgruppe, die in der Nähe der Minen, wo sie ihre Rohstoffe erhielt, versammelt war. Es war eine Gewerbegruppe, die dem Inka ihren Tribut in Form fertiger Erzeugnisse erbrachte, die entweder in die militärischen oder religiösen Lagerhäuser kamen. Dafür bekamen sie nach einem in den *quipus* festgelegten Schlüssel ihre Zuteilungen an Lebensmitteln und Kleidung.

Die Bergbauarbeiter waren zwangsverpflichtet; sie taten ihren Dienst gleichsam als Abarbeitung ihrer Steuern. Die Beanspruchung der Männer, die in Schichten eingesetzt wurden, war so stark, daß niemand länger als drei oder vier Monate in einem Stück arbeitete. Zum Abbau des Erzes trieb man Stollen vor oder grub Schächte, von denen strahlenförmig Stollen ausgingen. Allzuweit unter Tage spielte sich der Bergbau nicht ab; ein Stollen von mehr als 70 Metern Länge war selbst in stark erzhaltigen Gegenden keine Seltenheit. In diesen tieferen Minen wurde beim Schein von Fackeln gearbeitet; der Abraum wurde in Tüchern zum Minenausgang getragen und dem Vorarbeiter gezeigt. Dieses Abbausystem war langsam, aber effektiv, und man achtete darauf, daß sich die Arbeiter nicht allzu sehr überanstrengten. Oft wurde das Erz mit Lamas in flachere Gegenden geschafft, denn hier befanden sich die größeren Schmelzöfen. Man gab das Erz auf Tiegel, die in mächtigen, mit Holzkohle gefüllten Tongefäßen angebracht waren. Das entzündete Feuer wurde vom Bergwind angefacht, denn in den Seiten des Schmelzofens befanden sich Löcher. Durch Vermischung von Kupfer und Zinnerz entstand Bronze – ein sichereres Verfahren als das Verschmelzen des stark oxidierenden metallischen Kupfers mit Zinn. Aus heutiger Sicht war der Produktionsumfang gering, aber er reichte aus, um den Bedarf an Werkzeugen und Waffen zu decken.

Der Werkstoff Bronze veränderte das Leben der Frauen stark. Sie verwendeten Bronzemesser zum Zerteilen der Nahrung und Bronzespindeln und -nadeln. Für den kosmetischen Gebrauch gab es eine ganze Anzahl verschieden großer Pinzetten zum Auszupfen von Haaren, und zum Haareschneiden führte man ein Messer über ein Holzstückchen. Auf die gleiche Art schnitt man auch Tuchstücke vom Webstuhl, wenn sie eine bestimmte Länge hatten.

Seit jeher waren die peruanischen Frauen gute Weberinnen, und unter dem Inka-Regime änderte sich auf dem Gebiet wenig, wenn man davon absieht, daß komplexe Karomuster in Mode kamen. Die kleinen Mädchen lernten mit ihren ersten Schritten, wie man Baumwolle und Lamawolle sammelte. Ab ihrem 6. Lebensjahr begannen sie, mit einer kleinen Handspindel, die an einem Ende einen Wirtel besaß, Fäden zu spinnen, eine Tätigkeit, die in ihrem künftigen Leben eine wichtige Rolle spielen sollte.

Wo immer eine Frau ging, sie hatte ihre Spindel in der Hand und drehte Fäden; allein für ein einfaches Hemd brauchte man über 1 000 Meter Garn. Mit 8 oder 9 Jahren waren die Mädchen alt genug, um mit einem einfachen Webstuhl umzugehen und die einzelnen Webverfahren wie Gobelin-, Kelim-Weberei und andere Techniken zu erlernen. Auch die Verwendung von Stoffarben und deren Herstellung gehörte zum Lernpensum. Das alles führte dazu, daß im Peru der Inka niemand schlecht gekleidet herumzulaufen brauchte. Die Tuchproduktion war phänomenal, und zusätzlich wurden die Lagerhäuser noch durch die als Tribute ins Land gebrachten Stoffmengen gefüllt; hiermit ließen sich auch Notzeiten überstehen. Gut gefüllt mit gesteppten Kriegshemden und Mänteln waren auch die militärischen Vorratslager. Die Baumwolle wurde in drei natürlichen Farben geerntet, weiß, fahlgrün und braun. Zur Erweiterung des Farbenspektrums standen viele Farbstoffe pflanzlichen und mineralischen Ursprungs zur Verfügung. Man verwendete wenig Lamawolle, weil diese zu grob war. Dagegen besaß die aus dem Fell des Vikunja gekämmte Wolle eine größere Weichheit; sie war aber den ›Mädchen der Sonne‹ vorbehalten, die sie für die Inka verwebten. In erster Linie verwendete man für Kleidungsstücke die Wolle des Alpacas.

Die gewöhnliche peruanische Familie stellte eine Einheit dar, die sich selbst versorgte. Der Vater grub den Boden um, und die Mutter übernahm die Aussaat. Auch der Bau und die Instandhaltung des Hauses sowie die Arbeit auf der familieneigenen Parzelle bewässerten Terrassenlandes oblag dem Familienoberhaupt. Zu den Hausfrauenpflichten zählte Kochen und die Sorge um die Kleidung, während die Buben die Vögel von den Feldern jagten und kleine Tiere fingen. Die für den eigenen Bedarf gehaltenen Meerschweinchen wurden von der Mutter versorgt. Aufgabe der Mädchen waren Spinnen und Weben, aber auch Mithilfe bei der Feldarbeit und beim Saubermachen. Unter dem Inka-Regime spielte die Terrassierung der Berghänge zur Verhinderung der Bodenerosion und die Anlage von Wassergräben eine große Rolle. So kam jede Familie zu ihrem Stück bewässerten Landes. Von der Ernte und den Textilerzeugnissen der Familie waren etwa zwei Drittel als Steuern abzuführen, von denen die Sonnenpriester und der Inka je die Hälfte bekamen. Mit dem Rest konnte eine Familie durchaus zurechtkommen.

Niemand in Peru konnte faulenzen, da selbst im kleinsten Ort jede Familie für ihre Nachbarn verantwortlich war. Fall jemand schlampig war, bekam er von den anderen einen Rüffel. Das Dorf als ganzes erhielt sich sein Produktionsniveau zum Teil durch den natürlichen Wetteifer seiner Bewohner. Jeder 10. Haushaltsvorstand führte Buch über die Produktionsleistungen der einzelnen Familien, jeder 50. über die des ganzen Dorfes. Im Falle einer Sturm- oder Erdbebenkatastrophe wurde ein Bote in die nächstliegende Stadt geschickt, von wo aus der lokale Gouverneur Hilfsmaßnahmen einleitete. Die Wiederaufbauarbeiten wurden dann von speziellen Reparatureinheiten in Angriff genommen, und aus den Vorratshäusern der Inka schaffte man Lebensmittel und Kleidung heran. Das Ganze hielt man in Knotenschrift auf *quipus* fest, und der Vorfall war erledigt.

Alle jungen Männer mußten in einem Alter zwischen etwa 15 und 20 Jahren beim Militär dienen. Schon mit 12 schickte man sie zur Mannesweihe, wo sie eine ganze Reihe anstrengender Spiele und Übungen zu absolvieren hatten. Hierbei wurden sie auf militärische Märsche, die

Entbehrungen langer Reisen und harte Schlafstellen vorbereitet. Bei der Armee gab es Verpflegung und Kleidung, und die Disziplin war streng, wurde aber gut eingehalten. Die Neueingetretenen merkten bald, daß alle zusammenarbeiten mußten, wenn man gut miteinander auskommen wollte. Es gab mehrere Befehlsränge, von denen die höchsten und die ständigen Dienste der Inka-Familie vorbehalten waren. Viele der Eingezogenen kamen in Arbeitseinheiten, die Häuser und Brücken reparierten. Einige der gemeinen Soldaten blieben in der Armee, und es gab eine kleine Gruppe, die wegen Tapferkeit und Eigeninitiative hoch geehrt wurde. Noch kleiner war die Anzahl der Auserwählten, die durch den Inka geehrt wurden. Diese konnten unter Umständen *curacas*, Distriktvorsteher, werden und vielleicht sogar ein Inka-blütiges Edelfräulein heiraten, was den Aufstieg ihrer Kinder in die Kreise des Adels sichergestellt hätte. Für die meisten jungen Männer war der Militärdienst die Gelegenheit, Tahuantinsuyú zu sehen, für ihren Sapa Inka zu arbeiten und dann in ihr Dorf zurückzukehren. Nach ihrer Dienstzeit durften die jungen Männer heiraten. Mädchen passenden Alters gab es normalerweise genügend, wenn auch die Auswahl durch Verwandtschaftsverhältnisse eingeschränkt war. Auch die Zustimmung der Behörden mußte vorliegen. Wenn dies alles geregelt war, zogen die jungen Paare an einem bestimmten Festtag im Jahr in die Stadt, wo die Hochzeiten begangen wurden. Der *quipucamayoc* knotete dann die entsprechenden Dokumente und reihte sie als neue Haushalte in die Liste der Familien ein. Bei ihrer Rückkehr hatten die Nachbarn ein kleines Haus bereitgestellt, und auch Land und Wasser wurde ihnen zugeteilt. Ein Jahr lang und in den ersten beiden Lebensjahren jedes neugeborenen Kindes brauchten sie keine Steuern zu zahlen. Den Rest des Lebens verbrachten sie mit ihrer Arbeit und genossen den Wechsel der Jahreszeiten und die Freundschaft ihrer Nachbarn. Ihre Steuern führten sie regelmäßig ab; mit den Jahren wurden diese Belastungen aber geringer, und im Alter gewährte man ihnen Unterstützung durch Nahrung und Kleidung aus den königlichen Vorratshäusern. Nach dem Tode wurden ihre Leichen in der Sonne getrocknet und anschließend, nach einem Abschiedszeremoniell, in einer Grabhöhle bestattet.

Von diesem normalen Lebenslauf im Inkastaat gab es viele Möglichkeiten der Abweichung. So wurden die Kinder im Alter von 8 oder 9 Jahren von einem Regierungsinspektor in Augenschein genommen, der geistig besonders bewegliche Buben und schöne Mädchen mit außergewöhnlichen Fertigkeiten in der Weberei ihren Familien fortnahm und sie in spezielle Aufbauschulen brachte. Dort bildete man die Jungen zu einfachen Verwaltungsbeamten aus, die unter Umständen zu geschickten *quipucamayocs* aufsteigen konnten. Die Mädchen kamen in besondere Tempel und vornehme Wohnhäuser nach Cuzco selbst. Hier wurden sie ›Jungfrauen der Sonne‹, und man lehrte sie die herrlichsten Webtechniken mit Vikunjagarn und die Tempeldienste. Die meisten wurden später von Edelleuten geheiratet, denen der Inka damit eine Ehre erweisen wollte; aber es gab auch viele, die beim Weben und Dienen bleiben wollten, bis sich einige dann entschlossen, ihr ganzes weiteres Leben in den Dienst der Religion zu stellen. Diese kümmerten sich dann um die Tempel und waren Lehrerinnen der nachfolgenden Generationen junger Frauen.

Jedes Dorf hatte seinen einfachen Schulmeister, der die Grundregeln sozialen Verhaltens, gute Manieren und die Anfangsgründe der *quipu*-Nachrichtentechnik unterrichtete. Jeder konnte zumindest soweit mit den Knoten-schnüren umgehen, wie es die Berichterstattung über die eigenen Arbeiten, die von Zeit zu Zeit der Dorfführung übergeben wurden, erforderte.

Natürlich forderte auch die persönliche Individualität ihr Recht und kam manchmal in Konflikt mit der Regle-mentierung. Hierfür gab es eine Rechtsprechung, die von den Stadtrichtern weise gehandhabt wurde. Es handelte sich um Inka-Richter, aber dennoch war ihre Position und sogar ihr Leben in Gefahr, wenn sich ihre Urteile als vor-eingenommen erwiesen. Auf mehreren Verbrechen stand die Todesstrafe, die oft grausam vollzogen wurde – durch Aufhängen und Aufschlitzen, so daß die inneren Organe herausfielen. Weniger schlimme Vergehen wurden mit Verstümmelungen geahndet. Hierzu zählten das Ab-schlagen einer Hand oder eines Fußes oder das Abschnei-den der Nase oder der Ohren. Dies sollte den Frevler kenntlich machen und andere von dem Verbrechen ab-schrecken. Bei schweren Verstümmelungen wurde der Delinquent bei Gewährung von Essen und Kleidung vor den Stadteingang gesetzt, um Neuankömmlingen ein warnendes Beispiel zu sein. Die Einkerkerung als Strafe gab es kaum, wenn man einmal von solch hochstehenden Personen wie dem unglücklichen Inka Huascar absieht. Mit dem Tode bestraft wurden Anstiftung zum Aufruhr, die Verunglimpfung Sapa Inkas, Gotteslästerung und Ehebruch.

Zum Anlaß jedes Neumondes und bei besonderen Ern-ten und Aussaatfestlichkeiten, leiteten die Priester öffent-liche Kultveranstaltungen. Es gab jährlich auch zwei Ze-remonien für den Sonnengott, mit denen seine Rückkehr nach Peru und seine weiteste Reise begangen wurde. Letztere schloß ein großes Bußritual ein, nach dem das neue Jahr frei von Sünden und mit einer Erneuerung der ganzen Nation beginnen konnte. Hierzu wurden kleine Bußtafeln getragen und die Sünden des einzelnen in Knotenschrift und auf alten Stoffstücken aufgezeichnet. Alle waren voll religiöser Ergriffenheit, und nachdem man über die begangenen Sünden geweint hatte, wurden die Bußtafeln zum nächsten Fluß gebracht und hineingeworfen. Man hoffte, daß mit dem langsamen Davonschwimmen der Täfelchen die Sünden vergeben wurden, und die Bevölkerung konnte frisch und sauber das neue Jahr beginnen. In der heiligen Stadt Cuzco leitete der Inka persönlich eine Zeremonie, bei der die Sünden des Volkes auf den Rücken eines schwarzen Lamas gebunden wurden, das dann in die Wildnis getrieben wurde, damit es dort zugrunde ging. Selbst der Oberste Inka bedeckte bei diesem Anlaß genau wie alle seine Untertanen seinen Kopf mit einem weißen Tuch und bejammerte seine Sünden.

Beim Sonnenfest feierte das Volk Perus die Tatsache, daß sich die Sonne ihnen wieder zuwandte. Die Bevölkerung erlaubte es an diesem Tag Besuchern, Tribute aus allen vier Provinzen von Tahuantinsuyú in die Stadt selbst zu bringen. Anschließend mußten sie sich von der heiligen Stätte, wo Roca Inka den goldenen Keil im Boden versinken ließ. wieder entfernen. Die Bewohner Cuzcos aber überkam große Freude. Der Inka legte bei seiner Nachtwache im Coricancha, dem Haus des Goldes und der Sonne, seine Krone ab, und betete allein im Beisein seiner Ahnen. Beim ersten Sonnenstrahl am Morgen, der auf die goldene Wand fiel, erhob er sich und ging in seinem prächtigsten Kostüm hinaus, um die Freudenfeier zu leiten. Jetzt wurde ausgelassen getanzt, wobei die Edelleute mit einer Kette aus reinem Gold in den Händen einen

Ringtanz aufführten. In der Mitte eines großen Karrees ging der Inka auf ein geheiligtes reines weißes Lama zu, das rot aufgeputzt war. Er sprach zu dem Tier, und es antwortete, worauf er dessen Worte als Weissagung für künftiges Glück im bevorstehenden Jahr verkündete. Darauf erhob sich großes Freudengeschrei und ausgelassener Gesang. Es gab viele Umzüge, und man trank kräftig. (Als einst der weise Inka Pachacuti den Peruanern die Bierrationen halbiert hatte, verweigerten sie die Arbeit. Er hat diesen Versuch kein zweites Mal gemacht.) Nach einigen Tagen mit Tanzen und Trinken war das Fest zu Ende und die Leute legten sich erst einmal schlafen. Und am nächsten Tag durften Fremde ein zweites Mal nach Cuzco hinein.

Die Inka-Kultur gründete sich im wesentlichen auf Dörfer, die um Kultzentren gruppiert waren. Das bei weitem bedeutendste Zentrum war Cuzco, der Nabel der Welt. Die anderen Städte bildeten eher große Verteilungs- und Sammelmittelpunkte, wo das gesamte Leben zum Wohle der ansässigen Bevölkerung und zum Ruhm der Sonne und ihres Kindes, dem Inka, durchgeplant wurde. Zu einem Gutteil waren die Städte auch Hauptorte der dort ansässigen Stämme. Diese kontrollierten ihren Bezirk, und alle hier lebenden Menschen zeichneten sich durch den typischen lokalen Kleidungs- und Schmuckstil aus. Dies war wichtig für die Inka-Beamten, die so jederzeit mit einem Blick feststellen konnten, ob es Fremde in ihrem Gemeinwesen gab und woher sie stammten. Falls sich zu viele Menschen aus anderen Bezirken ansammelten, war dies Grund genug, der Sache nachzugehen. Mit großer Wachsamkeit spürte man jede Art von Unzufriedenheit auf und versuchte, Abhilfe zu schaffen, denn die Staatsmacht lebte in ständiger Furcht vor Aufständen. Die Kleiderordnung gestattete ein rechtzeitiges Aufdecken und Niederschlagen derartiger Versuche.

Von Zeit zu Zeit ereigneten sich aber dennoch Revolten gegen den Inka. Die Auslöser waren hierfür gewöhnlich lokale Mißwirtschaft, aber auch alte Stammestraditionen hatten ein zähes Leben. Falls der Aufstand größeren Umfanges war, brachte man die Bevölkerung des gesamten Bezirks in die Stadt und verbannte jeweils die Hälfte der Bewohner der einzelnen Teilbezirke in andere Landesteile. Dies war eine milde Bestrafung, denn die Exile wurden so ausgewählt, daß sie der früheren Heimat der Verbannten ähnelten. Auch brauchten die Ausgewiesenen im ersten Jahr in ihrem neuen Siedlungsgebiet keine Steuern zu zahlen. So ließ sich ein friedliches Gleichgewicht sicherstellen und die Leiden wurden so gering wie möglich gehalten.

Die Rangordnung innerhalb der Inka-Sippe fand äußerlich in Abzeichen ihren Ausdruck, die gewöhnlich in Form von Ornamenten am Kopfschmuck getragen wurden und über Stellung und Pflichten ihres Trägers Auskunft gaben. Alle Männer der Sippe trugen riesige Ohrringe und waren berechtigt, feine *cumpi*-Stoffe zu tragen, deren besondere Musterung wahrscheinlich ebenfalls mit ihrer Position in Zusammenhang stand. Sie waren die Verwaltungsbeamten von Tahuantinsuyú und mußten alles beobachten. Natürlich wurde ihre Organisation im Bürgerkrieg, als Atahualpa die Macht an sich riß, zerstört. Es ist wahrscheinlich, daß eine immer stärkere Bespitzelung um sich griff und daß es lokale Verfälschungen in den Aufzeichnungen gegeben hat. Die spanischen Berichterstatter müssen deshalb ein verzerrtes Bild der Dinge bekommen haben.

Die Größe der Inka-Sippe hat ihre Ursache darin, daß

jeder Inka neben seiner Schwester, die seine Frau und Königin war, eine große Zahl weiterer Frauen haben durfte. Bedeutende Edelleute durften zwei, in seltenen Ausnahmefällen drei Frauen ehelichen, der Inka selber aber war verpflichtet, hochstehende junge Damen von unterworfenen Völkern zu heiraten, und er durfte sich auch die schönsten Mädchen von *acclahuasi*, dem Haus der Sonnenjungfrauen, aussuchen. In dieser natürlichen Welt, in der eine erotische Phantasie wie die der Chimú wenig Platz hatte, wurden dem Inka viele Kinder geboren. Sie alle wurden Mitglieder einer Adelslinie, die den Namen ihres Vaters trug. Zur Zeit des 11. Inka gab es mithin 11 Gruppierungen in der Sippe, deren Zahl in die Tausende ging. Sie stellten eine wahrhafte Aristokratie dar, die unter dem Regime des jeweiligen Sapa Inka den gesamten Wohlfahrtsstaat Peru unter Kontrolle hatten.

Die Inka-Mädchen beschäftigten sich intensiv mit der Webkunst, und sie trugen herrliche Kleider. Ihr langes Gewand hatte einen reich verzierten Saum und der Mantelumhang wurde von einer großen Nadel gehalten, die aus Gold, häufiger noch aus Silber, dem Metall des Mondes, gefertigt war. Sie gingen in Sandalen, hatten Halsketten und Armreifen und trugen auf dem Kopf eine gefaltete Haube aus feinem Tuch. So waren im Grunde alle peruanischen Frauen gekleidet, nur hatten die Inka-Mädchen feinere und reicher geschmückte Sachen. Auch ihr Lebensablauf glich dem der gewöhnlichen Frauen, wenn man einmal davon absieht, daß sie in Palästen wohnten. Die mächtigsten Edelfrauen hatten Diener, aber von allen wurde erwartet, daß sie mit Wolle und Baumwolle umgehen konnten, und viele hatten Erfahrung auf dem Gebiet der Töpferei.

Die Männer der Inka-Sippe hatte vielseitige Verwaltungsaufgaben zu erfüllen. Die höchsten Positionen, die sie erreichen konnten, waren die des Bezirksgouverneurs und die des Stadtoberhauptes, aber auch die Lesekundigen der *quipus* und die Berichtführer hatten wichtige Stellungen, und es gab eine riesige Zahl Inspektoren mit breitem Aufgabenspektrum. Sie überwachten Straßen- und Brückenbauarbeiten und berichteten darüber. Beim Militär dienten sie als Befehlshaber und Organisatoren der Intendantur. Sie überprüften in den königlichen Vorratshäusern die eingehenden Tributzahlungen und glichen die ständig wechselnden Produktionsanteile der einzelnen Provinzen einander an. Man kann sagen, daß die gesamte Organisation des Landes in den Händen eines Beamtenstandes mit Erbrecht lag. Die niederen Verwaltungsränge waren nicht von der Inka-Familie besetzt. Das waren Dorfoberhäupter, die Vormänner der Arbeitsgruppen, die Führer von je 100 und die von je 10 Familien. Wenn diese mit ihren Aufzeichnungen in die Städte kamen, hatten sie ihre Berichte Beamten zu geben, die die großen goldenen Ohrringe der Kinder der Sonne trugen.

Als sich die Inka in ihren frühen Tagen entschlossen, die Falken-Festung (Sacsahuaman) zum Schutze Cuzcos zu bauen, übernahmen die Männer die Rolle der Steinmetze, die mit Hebeln und Rollen die riesigen Felsbrocken bewegten und sie derart geschickt bearbeiteten, daß die geglätteten Oberflächen exakt aufeinanderpaßten. Das dreiterrassige Bauwerk mit dem gewaltigen Rundturm im Zentrum muß als phantstisches Vorhaben angesehen werden, das, allein durch inkaische Handwerkskunst entstanden, die Bestimmung der Inka für die Macht demonstriert. Groteskerweise wurde es niemals von den Inka benutzt, diente aber den Spaniern im 16. Jahrhundert während eines Inka-Aufstandes als Zuflucht. Ein

Werk wie dieses schmiedet eine Sippe fest zusammen und schafft eine Tradition, die alle mit Stolz erfüllt. Bis zur Revolte Atahualpas, der nur durch seinen Vater zur Sippe gehörte, gab es keine Spaltung in der Inka-Familie.

Es ist das Chimú-Gebiet, an dem man die kulturzerstörende Wirkung der inkaischen Eroberung deutlich bemerken kann. Hier entstehen keine feinen Goldarbeiten mehr, und die Töpferei degeneriert; man versucht, Inka-Formen zu imitieren und scheitert. Eine solche Zerstörung naturwüchsiger Kunst ist oft die Folge von Unterwerfung durch fremde Eroberer, was beispielsweise die orientalische Kunst des vergangenen Jahrhunderts belegt. In Peru hätte der Wandel wohl nicht lange gedauert, aber bevor sich die Traditionen einander nähern konnten oder eine hybride Kunst entstanden war, brachte die spanische Eroberung die einheimische Kunst bis auf die Alltagsproduktion zum Stillstand. Überall trat mit dem Wandel der Gesellschaftsstruktur ein Zusammenbruch der alten Inka-Organisation ein. Es gab einen regelrechten Rückschritt, denn alle Möglichkeiten der Weitergabe von Kunstfertigkeiten und das soziale Sicherungssystem bestanden nicht mehr. Der aufgepfropfte Feudalismus europäischer Art brachte eine Periode des Hungers und der Isolation, besonders für die Hochlandstämme. Fortan diente die Kunst nur noch den Spaniern, und sie kopierten rasch ihre Vorbilder und übertrafen sie gar.

Die Inka-Kultur in Peru war der Schlußstein einer Entwicklung immer geschickterer und zentralisierterer Regierungsformen. Die Vereinigung vieler Stämme und Königreiche in einem durchorganisierten Großreich ist keinem anderen amerikanischen Volk gelungen. Sein Erfolg zeigt auch die Schwäche kleinerer Kulturen, die es in Peru vor der Inka-Zeit gab. In der Tat, tribale Aufsplitterung und ein gleichmäßig pendelndes Kriegsgeschehen waren stets der Hauptgrund für die stagnierende Entwicklung der Indianer in Amerika. Einzig die Inka in Peru durchbrachen diesen Kreis. Wir werden nie erfahren, ob sie den Gedanken von Tahuantinsuyú auf ganz Amerika übertragen hätten, aber es sei daran erinnert, daß der Zusammenbruch von innen kam. Die Revolte Atahualpas, die durch Huayna Capacs Entschluß, die imperiale Macht zu teilen, heraufbeschworen wurde, bildet den entscheidenden Einbruch, nach dem Peru kraftlos darniederlag, als Pizarro der Unabhängigkeit des Landes ein Ende setzte.

Schlußbemerkung

Gegenstand dieses Buches waren die ›Goldenen Länder‹. Sie fallen mit den Gebieten der Hochkulturen des alten Amerika zusammen. Daß hier auch gleichzeitig die größten Goldmengen Amerikas zu finden waren, scheint mehr zufällig, denn immerhin war in Mexiko und bei den Maya vor der toltekischen Invasion im späten 8. Jahrhundert Gold kaum bekannt. Es verlieh vielen Gegenständen Schönheit und Glanz, bewirkte aber keine wesentliche Änderung der Zivilisationen. In Mittelamerika fand man vor Beginn unserer Zeitrechnung große Goldmengen. Das Metall begründete zum Teil ein glanzvolles Häuptlingstum, und gab der Kunst neue Ausdrucksmittel. Seinen höchsten sozialen Wert erreichte das Gold im Land der Chibcha um Bogotá in Kolumbien. Hier war der Häuptling wahrhaft ›der Goldene‹, und Gold war das Symbol für das Entrinnen des Menschen aus den Gewalten der Sintflut.

In Peru ist Gold sei dem 2. Jahrtausend v. Chr. bekannt, und es galt hier als Zierde der Götter und Herrscher. Die Inka machten das Metall zum Symbol der Sonne, von der sie abzustammen glaubten, und sie nannten ihren großen Tempel ›Haus des Goldes‹.

Die Spanier, die alle die in diesem Buch beschriebenen Länder eroberten, veränderten mit den erbeuteten Goldschätzen das Gesicht Europas. Die spanischen Habsburger finanzierten mit dem Metall Kriege, um die Herrschaft über das gesamte Europa zu erlangen und um die türkische

Bedrohung für Zentraleuropa zu brechen. Aber die Gold-stücke, die den Glanz der amerikanischen Häuptlinge ausmachten, wurden von den Eroberern fast durchweg eingeschmolzen. Die herrlichen Gegenstände, die wir heute bewundern können, entstammen verborgenen Schätzen aus Gräbern und Ruinen, und sie sind der matte Rest eines Reichtums, der einst als Inbegriff der Schönheit galt.

Anhang

In diesem Buch wurden, um keine Verwirrung aufkommen zu lassen, prähistorische Datierungen in Übereinstimmung mit den C 14-Messungen verwendet. Aber die Entdeckung einer alten Borstenkiefer ermöglicht eine genaue Datierung nach der Baumringmethode bis fast in die Zeit um 5000 vor Christus. Damit kann man den Widersprüchlichkeiten entgehen, in die sich die C 14-Datierung immer stärker verwickelt hat. Wie es scheint, müssen wir die Daten vor unserer Zeitrechnung nach einer progressiv wachsenden Skala vorlegen. Diese Skala ist für jedes Jahr verschieden und stellt nur näherungsweise eine glatte Kurve dar. Nach dem gegenwärtigen Stand müssen Daten um 1000 v. Chr. um etwa 100 Jahre, die um 1500 v. Chr. um etwa 300 Jahre und die um 3000 v. Chr. sogar um etwa 800 Jahre vorverlegt werden. Daten, die nach C 14-Messungen um 5000 v. Chr. liegen, sind in Wirklichkeit 1 000 Jahre früher anzusetzen. Es müssen deshalb alle frühen Datenangaben in diesem Buch um einen bestimmten Betrag heraufgesetzt werden, wobei diese Veränderung für Daten nach Christi Geburt praktisch gleich Null ist.

Es wird in wissenschaftlichen Kreisen noch heftig über die Irrmessungen des C 14-Systems diskutiert, aber die Änderungen, die durch die Baumringdatierung erforderlich wurden, haben Widersprüchlichkeiten zwischen historischen Daten von ägyptischen und babylonischen Funden ausgeräumt. Von den Änderungen ist natürlich auch alles Fundmaterial betroffen, für das keine definitiven historischen Daten verfügbar sind, und dies gilt für alle frühen amerikanischen Funde.

Kurze Bibliographie

Frühe Quellen

de Ayala, Felipe Huaman Poma: *Nueva Coronica y Buen Gobierno*, Faksimileausgabe (Paris, Institut d'Ethnologie, 1936).

de Landa, Diego: *The Things of Yucatan* (engl. Übers.).

Diaz del Castillo, Bernal: *Wahrhafte Geschichte der Entdeckung und Eroberung von Neuspanien (Mexiko)*. (Stuttgart, 1965).

Sahagún, Fray Bernardino de: *General History of the Things of New Spain* (School of American Research & university of Utah, Salt Lake City, 1960-70).Cieza de Leon, Pedro: *The Incas of Pedro Cieza de Leon* (Norman, 1959).

Spätere Publikationen

Basler, Adolphe und Brummer, Ernest: *L'Art Precolombienne* (Paries, 1928).

Bennett, Wendell C.: *Ancient Arts of the Andes* (New York, 1954)

Bergsøe, Paul: *The Metallurgy and Technology of Gold and Platinum among the Precolombian Indians* (Kopenhagen, 1937).

Bogotá, Museo de Oro Nacional: *Masterpieces from the Gold Museum* (Bogotá, 1954 u. spätere Auflagen).

Burland, Cottie A.: *Magic Books from Mexico* (London, 1953).

The Gods of Mexico (London, 1967).

The People of the Ancient Americas (Feltham, 1970).

Montezuma (London, 1973).

Bushnell, Geoffrey H. S.: *Peru* (London, 1963).

Bushnell, G. H. S. und Digby, Adrian: *Ancient American Pottery* (London, 1955).

Caso, Alfonso: *The Aztecs, People of the Sun* (Oklahoma, 1958).

Collier, Donald: *Survey and Excavations in Southern Ecuador* (Chicago, 1943).

Covarrubias, Miguel: *Indian Art of Mexico and Central America* (New York, 1957).

Cruxent, Jose und Rouse, Irving: *An Archaeological Chronology of Venezuela* (Washington, 1958-1959).

d'Harcourt, Raoul: *Primitive Art of the Americas* (Paris, 1950).

Dockstader: *Indian Art of Central America* (London, 1954).

South American Indian Art (London, 1967).

Ford, James A.: *Excavations in the Vicinity of Cali, Colombia* (New Haven, 1944).

Hagen, Victor von: *Highway of the Sun* (New York, 1957).

Hemming, J.: *The Conquest of the Incas* (London, 1970).

Huxley, M. und Capa, C.: *Farewell to Eden* (London, 1965).

Hyams, W. und Ordish, G.: *The Last of the Incas* (London, 1963).

Joyce, Thomas Athol: *Mexican Archaeology* (London, 1914).

South American Archaeology (London 1912).

Kendall, Ann: *Everyday Life of the Incas* (London, 1973).

Kubler, George: *Art and Architecture of Ancient America* (Harmondsworth, 1962).

Lanning, E.: *Peru Before the Incas* (Englewood Cliffs, 1967).

Lanning, E. u. a.: *Prehispanic America* (London, 1974).

Leon Portilla, Miguel: *Rückkehr der Götter. Die Aufzeichnungen der Azteken über den Untergang ihres Reiches.* (Köln, 1962).

Longyear, John M. III: *Archaeological Excavations in El Salvador* (Cambridge, 1944).

Lothrop, Samuel Kirkland: *Archaeology of Southern Veraguas, Panama* (Cambridge, 1950).

Coclé, an Archaeological Study of Central Panama (Cambridge, 1937 and 1942).

Treasures of Ancient America (New York, 1964).

Mason, J. Alden: *The Ancient Civilizations of Peru* (Harmondsworth, 1957).

Costa Rican Stonework (New York, 1945).

Moser, B. und Taylor, D.: *The Cocaine Eaters* (London, 1965).

Nicholson, Irene: *Mexican and Central American Mythology* (Feltham, 1967).

Firefly in the Night (London, 1959).

Osborne Harold: *South American Indian Mythology* (Feltham, 1968).

Osgood, Cornelius und Howard, George D.: *An Archaeological Survey of Venezuela* (New Haven, 1943).

Perez de Barradas, Jose: *El Arte Rupestre en Colombia* (Madrid, 1941).

Soustelle, Jacques: *Daily Life of the Aztecs* (Harmondsworth, 1961).

Stone, Doris Z.: *Introduction to the Archaeology of Costa Rica* (San José, 1958).

Tax, Sol: *Civilizations of Ancient America* (Chicago, 1951).

Thompson, Sir J. Eric S.: *The Rise and Fall of Maya Civilization* (London, 1956).

Vaillant, George C.: *The Aztecs of Mexico* (Harmondsworth, 1952).

Register